Familienforschung

W0177851

Franz Josef Burghardt

FAMILIENFORSCHUNG

Hobby und Wissenschaft

Fünfte, überarbeitete Auflage

Karl Thomas Verlag

Meschede 2003

Die Deutsche Bibliothek - CIP-Einheitsaufnahme

Burghardt, Franz Josef:
Familienforschung - Hobby und Wissenschaft / von Franz Josef Burghardt -
5. überarb. Aufl. - Meschede: Karl Thomas, 2003
ISBN 3-926089-03-2

1. Aufl. 1989
2. Aufl. 1992
3. Aufl. 1995
4. Aufl. 2000
5. Aufl. 2003

Für beigefügte Software wird keine Haftung und kein Service übernommen.
Umschlagbild: Familienwappen Burghardt (siehe S. 152).
Vertrieb: Karl Thomas, Postfach 1709, 59857 Meschede.
Druck und Verarbeitung: Hundt Druck GmbH, Köln.

Vorwort

Das vorliegende Buch ist als eine praxisorientierte Einführung in die neuzeitliche Familienforschung in den letzten zehn Jahren zu einem Standardwerk geworden. Es entstand aus der Erfahrung als Leiter von Seminaren und Kursen zu diesem Thema mit insgesamt über 2000 Teilnehmern aus nahezu allen Alters- und Berufsgruppen und wendet sich gleichermaßen an Einsteiger und Fortgeschrittene. Mit zahlreichen Beispielen und Hinweisen sollen Möglichkeiten, Methoden und Probleme genealogischer Forschung verdeutlicht werden.

In diesem Sinne liegt also kein Lehrbuch der Genealogie in der Tradition von Lorenz (1898), Heidenreich (1913), Forst de Battaglia (1948) und Henning/Ribbe (1972) vor, auch kein Ersatz für das *Taschenbuch der Familiengeschichtsforschung* von Ribbe und Henning. Vielmehr ist das Buch als eine „Hilfe zur Selbsthilfe" zu verstehen.

Die nunmehr vorliegende fünfte Auflage war erforderlich, da die Vorgängerauflage vergriffen ist. Neben zahlreichen Aktualisierungen wurden die Beiträge zur Computergenealogie grundlegend neu bearbeitet und insbesondere immer wieder auf die zunehmende Bedeutung des Internets auch für die Familiengeschichtsforschung hingewiesen

Port Grimaud, im Oktober 2002   Franz Josef Burghardt

Aus dem Vorwort zur 2. Auflage (1992):

Das Interesse an Familienkunde, auch Familienforschung oder Genealogie genannt, hat in den letzten Jahren einen außergewöhnlichen Aufschwung erlebt. Dafür spricht besonders der große Zulauf, den die genealogischen Vereine erfuhren:

Damit entstand ein großer Bedarf an Informationen über die Möglichkeiten und Methoden der Familienkunde, dem die einschlägige Literatur und die genealogischen Vereine - beides den Anfängern nur selten bekannt - kaum nachkommen konnten. So beobachtet man bei vielen Anfängern und selbst bei Genealogen mit mehrjähriger Forschungserfahrung immer wieder die gleichen Fehler, die aus Unkenntnis durchaus erreichbarer Informationen und vor allem aus einer oberflächlichen, kritiklosen Handhabung der Quellen resultieren.

Inhaltsverzeichnis

EINFÜHRUNG

Sie interessieren sich für Ihre Herkunft? Für Ihre Vorfahren? Für die Geschichte Ihrer Familie?

Um das zu erfahren, sollten Sie erst einmal aufschreiben, was Sie selbst wissen, und sich umhören, was andere noch berichten können. Dazu gehört auch das Sammeln von Schriftstücken und Fotografien. So kommt man zurück bis etwa 1900.

Dann können Sie in Standesämtern Urkunden anfordern, die in Deutschland spätestens 1876, in einigen Gebieten schon um 1800 beginnen In jedem Fall müssen alle Geburts-, Heirats- und Sterbedaten durch Urkunden belegt werden, da in Aufzeichnungen und Erinnerungen auch Fehler vorkommen.

Ihre Vorfahren vor etwa 1850 finden Sie in den alten Kirchenbüchern, die allgemein zwischen 1600 und 1700 beginnen. Dazu muss man wissen, wo man diese Kirchenbücher findet und wie man sie benutzt.

Wollen Sie mehr über Ihre Vorfahren wissen als Taufe, Heirat und Tod, stehen Ihnen umfangreiche Akten in den staatlichen Archiven zur Verfügung. Die sollten Sie aber erst benutzen, wenn Sie im Lesen der alten Handschriften etwas geübt sind.

Das Lesen in den alten Aufzeichnungen macht zwar viel Spaß, verlangt aber auch viel Zeit. Um unnötige Nachforschungen zu vermeiden, nehmen Sie rechtzeitig Kontakt auf zu anderen Familien- und Heimatforschern, die Ihnen gute Hinweise geben können. Vielleicht finden Sie auch in Büchern schon etwas zur Geschichte Ihrer Familie.

Und vergessen Sie nicht, Ihre Unterlagen gut zu sichern. Andere Familienforscher freuen sich einmal darüber!

Schritt 1
SAMMELN und FRAGEN

Schritt 2
PERSONENSTANDS-REGISTER

Schritt 3
KONTAKTE

Schritt 4
KIRCHENBÜCHER

Schritt 5
ARCHIVAKTEN

Schritt 6
LITERATUR

Schritt 7
SICHERUNG

BURGHARDT, Wilhelm
aus Niederhof/Waldbröl
Uhrmacher zu Ziegenhardt
HAPP, Katharina Ursula
aus Kammerich/Ruppichteroth

REIFFENRATH, Balthasar
aus Altenbrendebach/Wissen
Landwirt zu Ruh
KUGELMEIER, Elisabeth
aus Bohlenhagen/Waldbröl

SCHMITZ, Konst.Leonh.Andreas
aus Waldbröl
Schreiber zu Waldbröl
LEESER, Anna Christine
aus Lommersum/Erft

ROSENBAUM, Johann
aus Niederziehlenbach/Morsbach
Schreiner zu Waldbröl
STANGIER, Anna Katharina
aus Volperhausen/Morsbach

WEIDLICH, Christian Ernst
aus Gleina/Gera
Schreiner zu Schwerin
SCHMIDT, Anna Dorothea Joh.
aus Suckow/Meckl.

HOCHGESCHURTZ, Heinrich
aus Vinxel/Stieldorf
Landwirt zu Vinxel
BELLINGHAUSEN, Katharina
aus Vinxel/Stieldorf

WÖRSDÖRFER, Christian
aus Herschbach/Selters
Schreiner zu Köln
BERENHÄUSER, Amalie
aus Sinzig/Rhein

SCHNEIDER, Wilh.Konst.Moritz
aus Löwenberg/Schlesien
Masch.bauer zu Deutz
RODENBACH, Katharina
aus Belg/Hunsrück

BURGHARDT
Johann Wilhelm
* Velken 17.02.1822
+ Ziegenhardt 10.08.1900
Uhrmacher und Gastwirt
zu Ziegenhardt
REIFFENRATH
Brigitte
* Ruh 21.06.1829
+ Ziegenhardt 16.05.1875

oo Waldbröl
15.02.1850

SCHMITZ
Ignatz Alb.Heinrich Aug.
* Waldbröl 26.01.1842
+ Waldbröl 18.01.1890
Gerichtsschreiber
zu Waldbröl
ROSENBAUM
Lisette
* Waldbröl 27.06.1840
+ Köln 05.03.1923

oo Waldbröl
17.06.1867

WEIDLICH
Christian Heinr.Ernst
* Schwerin 04.01.1851
+ Nippes 05.04.1886
Schuhmacher
zu Nippes
HOCHGESCHURTZ
Christine
* Vinxel 08.12.1853
+ Nippes 08.08.1919

oo Nippes
03.08.1878

WÖRSDÖRFER
Franz
* Köln 08.08.1853
+ Köln 28.12.1937
Schreinermeister
zu Nippes
SCHNEIDER
Anna
* Köln 28.09.1860
+ K.-Bayenthal 14.09.1917

oo Köln
06.11.1880

BURGHARDT
August
Schmiedemeister
* Ziegenhardt
07.01.1869
+ Ziegenhardt
27.01.1941

SCHMITZ
Anna
* Waldbröl
21.02.1869
+ Ziegenhardt
16.04.1935
oo Waldbröl 19.02.1897

WEIDLICH
Ferdinand
Friseur
* Köln-Nippes
26.06.1880
+ Bonn
11.03.1948

WÖRSDÖRFER
Marg. Antonie
* Köln-Nippes
19.12.1889
+ Köln-Nippes
14.05.1966
oo Köln-Ehrenfeld 12.02.1908

BURGHARDT, Franz
Elektromeister
* Ziegenhardt 15.12.1906
+ Köln 18.04.1973

WEIDLICH, Hermine Christine
* Köln 30.11.1916
+ Köln 12.10.1988

oo Waldbröl 25.08.1951

BURGHARDT, Franz Josef
* Waldbröl 23.08.1952
oo Köln 30.12.1981 Daniela Topp aus Frankfurt/Main

Ahnentafel

Fast jeder Familienforscher beginnt mit der Zusammenstellung seiner Vorfahren in einer Ahnentafel. Er selbst erscheint darin ganz unten als **Proband/in**. Darüber stehen seine Eltern, dann folgen die 4 Großeltern, 8 Urgroßeltern, 16 Ururgroßeltern usw. Dabei beschränkt man sich zunächst auf folgende Angaben, die auch **genealogisches Gerüst** genannt werden:

Familienname, Vornamen
* Geburt (Ort und Tag)
+ Tod (Ort und Tag)
oo Heirat (Ort und Tag)

Diese Informationen können in einen **Ahnentafel-Vordruck** eingetragen werden, wie er auf den folgenden beiden Seiten zu finden ist. Neben einfachen Vordrucken für 0,40 € gibt es auch künstlerisch gestaltete **Schmuck-Ahnentafeln** für ca. 10 €, die auch als Wandschmuck dienen.
Vordrucke sind in großen Büro-Fachgeschäften oder direkt bei folgenden Verlagen erhältlich, deren Angebote speziell auf die Bedürfnisse der Familienforscher abgestimmt sind:

Abb. links:
Ahnentafel
Die väterliche Seite ist die typische Ahnentafel einer bodenständigen ländlichen Familie, die mütterliche Seite verdeutlicht den Zuzug in ein Wirtschaftszentrum Westdeutschlands während der industriellen Revolution 1850-1900.

C.A. Starke Verlag
Postfach 1310
Frankfurter Str. 55
65549 Limburg/Lahn
Tel. (06431) 96150
Fax (06431) 961515
Internet: www.starkeverlag.de

Verlag Degener & Co.
Postfach 1360
Nürnberger Str. 27
91403 Neustadt/Aisch
Tel. (09161) 886037/39
Fax (09161) 1378
Internet: www.degener-verlag.com

Bei diesen Verlagen können Sie auch jederzeit kostenlos Prospekte zu Vordrucken und Büchern anfordern. Aber Vorsicht: Kaufen Sie nicht vorschnell Bücher, die Sie nicht wirklich brauchen. In den folgenden Kapiteln werde ich darauf hinweisen, was Sie nach und nach anschaffen sollten.

Ahnentafeln haben den großen Vorteil, auf einen Blick die Verbindung zu und zwischen den Vorfahren zu erkennen, sie haben aber auch einen Nachteil: Selbst die größten Vordrucke oder eigene Anfertigungen können nicht alle Vorfahrengenerationen aufnehmen. Hier muss man weitere "Anschluss-Tafeln" benutzen, in denen etwa ein Ururgroßvater als Proband erscheint.
Aber auch dann reicht der Platz nicht aus, um all das einzutragen, was man vielleicht im Laufe der Forschungen über einen Vorfahren herausfindet: Taufe, Paten, Ausbildung, Beruf, Besitz, Wohnorte, weitere Ehen und Kinder. Hier muss man zu anderen, über Ahnentafel-Vordrucke hinausgehenden Darstellungsformen greifen (siehe S. 16-17).

8	9	10	11

oo

oo

4

* _____

+ _____

5

* _____

+ _____

oo _____

2

* _____

+ _____

oo _____

1

| 12 | 13 | 14 | 15 |

oo   oo

6

*
+

7

*
+

oo

3

*
+

Name, Vorname: _____ **64**

* _____

~ _____

  (Paten: _____)

\+ _____

= _____

Ausbildung/Beruf: ...
Wohnorte: ...
Besitz: ...
Steuern: ...

oo (1. Ehe) ...
Name, Vorname: _____ **65**

* _____

~ _____

  (Paten: _____)

\+ _____

= _____

oo (2. Ehe) ...
Name. Vorname: _____

* _____

~ _____

  (Paten: _____)

\+ _____

= _____

Kinder aus 1. Ehe:

a) _____

  * ..., ~ ... (Paten: ...), + ...

  oo ... mit ...

b) _____

  * ..., ~ ... (Paten: ...), + ...

  oo ... mit ...

c) _____ siehe **32**

Kinder aus 2. Ehe:

d) _____

  * ..., ~ ... (Paten: ...), + ...

  oo ... mit ...

e) _____

  * ..., ~ ... (Paten: ...), + ...

  oo ... mit ...

Personen- und Familienblatt

Wegen des Platzmangels in der Ahnentafel ist früher oder später jeder Genealoge dazu gezwungen, seine Forschungsergebnisse in anderer Form darzustellen. Dabei wird z.B. für jeden Vorfahren ein eigenes **Personenblatt** angelegt, auf dem man alle über ihn bekannten Informationen einträgt. Ebenso kann man **Familienblätter** verwenden.

Familienblätter sind für viele Genealogen der Anstoß zu einer Nachfahrenforschung, also zum Aufbau einer **Stammtafel**, die alle Namensträger des eigenen Familiennamens umfasst (siehe S. 65). Dann können zu einem späteren Zeitpunkt die angelegten Familienblätter die Bausteine einer Familienchronik bilden.

Um die Zuordnung dieser Blätter zur Ahnentafel sicherzustellen, erhält jeder Vorfahr eine ganz bestimmte Zahl, die sogenannte **Ahnenziffer**. Heute ist international die Verwendung folgender Zahlen üblich, die 1898 durch Stefan Kekulé von Stradonitz eingeführt wurde:

1 Proband/in
2 Vater
3 Mutter
4 Großvater väterlicherseits
5 Großmutter väterlicherseits
6 Großvater mütterlicherseits
7 Großmutter mütterlicherseits usw.

Nacheinander werden alle Vorfahrengenerationen jeweils von links nach rechts in der Ahnentafel durchgezählt. Vergleicht man die Ahnenliste auf der folgenden Seite mit der Ahnentafel auf Seite 12, so stellt man fest, dass männliche Vorfahren immer gerade Ahnenziffern (2, 4, 6 usw.) haben, weibliche immer ungerade (3, 5, 7, 9 usw

Ahnenziffern	Generation	(ältere) Bezeichnung	Anzahl der Vorfahren		Lebenszeit ca.
1		Proband/in	1	$= 2^0$	1950-2025
2-3	I	Eltern	2	$= 2^1$	1915-1990
4-7	II	Großeltern	4	$= 2^2$	1885-1960
8-15	III	Urgroßeltern	8	$= 2^3$	1850-1925
16-31	IV	(Alteltern)	16	$= 2^4$	1820-1895
32-63	V	(Altgroßeltern)	32	$= 2^5$	1785-1860
64-127	VI	(Alturgroßeltern)	64	$= 2^6$	1755-1830
128-255	VII	(Obereltern)	128	$= 2^7$	1720-1795
256-511	VIII	(Obergroßeltern)	256	$= 2^8$	1690-1765
512-1023	IX	(Oberurgroßeltern)	512	$= 2^9$	1655-1730
1024-2047	X	(Stammeltern)	1024	$= 2^{10}$	1625-1700
2048-4095	XI	(Stammgroßeltern)	2048	$= 2^{11}$	1590-1665

Proband:
1 BURGHARDT, Franz Josef (1952 -   )

1. Vorfahrengeneration (Eltern):
2 BURGHARDT, Franz (1906 – 1973)
3 WEIDLICH, Hermine (1916 – 1988)

2. Vorfahrengeneration (Großeltern):
4 BURGHARDT, August (1869 – 1941)
5 SCHMITZ, Anna (1869 – 1935)
6 WEIDLICH, Ferdinand (1880 – 1948)
7 WÖRSDÖRFER , Margarethe (1889 – 1966)

3. Vorfahrengeneration (Urgroßeltern):
8 BURGHARDT, Johann Wilhelm (1822 – 1900)
9 REIFENRATH, Brigitte (1829 – 1875)
10 SCHMITZ, Heinrich (1842 – 1890)
11 ROSENBAUM, Lisette (1840 – 1923)
12 WEIDLICH, Christian (1851 – 1886)
13 HOCHGESCHURTZ, Christine (1853 – 1919)
14 WÖRSDÖRFER, Franz (1853 – 1937)
15 SCHNEIDER, Anna (1860 – 1917)

4. Vorfahrengeneration (Ururgroßeltern):
16 BURGHARDT, Wilhelm (1784 – 1848)
17 HAPP, Catharina Ursula (1783 – 1856)
18 REIFENRATH, Balthasar (1783 – 1856)
19 KUGELMEIER, Elisabeth (1786 – 1849)
20 SCHMITZ, Constantin (1821 – 1844)
21 LEESER, Anna Christine (1818 - ?)
22 ROSENBAUM, Johann (1804 – 1892)
23 STANGIER, Catharina (1817 – 1885)
24 WEIDLICH, Christian Ernst (ca. 1820 – 1880)
25 SCHMIDT, Maria Dorothea (1819 – 1876)
26 HOCHGESCHURTZ, Heinrich (1821 – 1865)
27 BELLINGHAUSEN, Catharina (1813 – 1867)
28 WÖRSDÖRFER, Christian (1821 – 1900)
29 BERENHÄUSER, Amalie (1820 – ca. 1900)
30 SCHNEIDER, Wilhelm Constantin (1818 – 1877)
31 RODENBUSCH, Catharina (1826 – 1879)

5. Vorfahrengeneration (Urururgroßeltern):
32 BURGHARDT, Christian Wilhelm (1760 - 1820)
33 SCHENCK, Anna Maria (1765/66 - 1826)
…

18

Ahnenliste

In einer **Ahnenliste** werden die Vorfahren entsprechend ihrer Ahnenziffer fortlaufend untereinander aufgeführt. Gegenüber einer Ahnentafel hat eine solche Liste mehrere Vorteile: Sie ist schreibtechnisch einfacher, bei einer Veröffentlichung wesentlich kostengünstiger, und der Raum für die Informationen zu einem Vorfahren ist praktisch unbegrenzt.

Allerdings erkennt man in der Ahnenliste nicht mehr unmittelbar den verwandtschaftlichen Zusammenhang der Personen. Man muß ihn mit Hilfe der Ahnenziffern errechnen: Den Vater einer männlichen Person (z.B. 14) erhält man durch Verdoppeln (also 28), sein Kind durch Halbieren der Ahnenziffer (also 14:2 = 7), seine Ehefrau durch Hinzufügen der 1 (also 14+1 = 15). Bei weiblichen Personen (z.B. 9) erhält man den Vater wieder durch Verdoppeln (also 18), den Ehemann aber durch Abziehen der 1 (also 8), das Kind also, indem man die Ahnenziffer des Mannes halbiert (also 8:2 = 4). Das klingt am Anfang etwas verwirrend, doch erkennt man nach kurzer Zeit, wie einfach und nützlich dies ist.

Bei Veröffentlichungen werden aus einer Ahnenliste häufig nur die jeweils ältesten Vorfahren genannt, alle "Zwischenahnen" also weggelassen. Man spricht dann von **Ahnenspitzen** oder **Spitzenahnen**.

Die Ahnenliste ist auch die einfachste Form, in der Ahnenforschungsergebnisse mit Hilfe eines **Computers** festgehalten werden können. Es genügt bereits die Verwendung einer **Textverarbeitung**, z. B. WORD. Ist dann einmal eine Datei "Ahnenliste" eingerichtet, sind später immer wieder Korrekturen und Ergänzungen an der richtigen Stelle sowie jederzeit ein Ausdruck auf dem jeweils neuesten Stand möglich.

Eine Sammlung von 7000 Ahnenlisten befindet sich in der Deutschen Zentralstelle für Genealogie (DZfG) in Leipzig. Diese und die meisten der weiteren 5000 im Krieg verlorenen Ahnenlisten wurden in Form von Stammreihen auf Karteikarten übertragen. Diese **Ahnenstammkartei des Deutschen Volkes (ASTAKA)** umfasst etwa 1,4 Millionen Personen auf ca. 1,1 Millionen Karteikarten. Die größte inhaltliche Dichte dieser Informationen wird für die Zeit 1600-1800 erreicht.
Ebenfalls in Leipzig verfügbar sind 800 Listen aus dem **Ahnenlistenumlauf (ALU)**, der seit 1999 von Dieter Zwinger (Osannstr. 24, 64285 Darmstadt) wieder organisiert wird. Eine Auswertung dieses ALU erfolgte 1975-1988, umfaßt über 150.000 Namen und liegt als **Ahnenlisten-Kartei** in Buchform und auf CD-ROM vor (Verlag Degener), ab 2001 auf der CD-ROM „Familienforschung".

Abb. links: Beispiel einer **Ahnenliste** (hier nur mit Namen und Lebenszeitraum. Vgl. Ahnentafel S. 12)

Gebühren 0,50
Kontr. Nr. 1103.

Der Kinder Vornamen	Geburtstag Tag/Monat/Jahr	Eingetragen in das Geburtsregister des Standesamtsbezirks / Urkunde No	Unterschrift des Standesbeamten bzw. des Stellvertreters
Ernst Kothagen	25.2.1909	Cöln II / 517	F. Hecker.
Hermann Hoffmann	30. ... 1916	... Cöln IV.	
Amalia Margarethe Yippes	6.11.18	Cöln-Yippes / 58...	

Bescheinigung der Eheschließung.

... zwischen dem ... Ferdinand Werd ...

Katholischer Religion, geboren den 26ten Juni 1880 zu Cöln Yippes ...
wohnhaft in **Cöln-Ehrenfeld,**

Sohn der ... Eheleute ...

und der Unverehelichten Antonie Thörödörfer ohne ...
Katholischer Religion, geboren den 19ten Dezember 1889 zu Cöln Yippes,
wohnhaft in **Cöln-Ehrenfeld,**

Tochter der Eheleute Franz Thörödörfer, ... und Anna Kathrina geboren Schneider,

ist vor dem Standesbeamten des Standesamts Cöln-Ehrenfeld am 10ten Februar 1908 (Heir.-Urk. Nr. 47)
die Ehe geschlossen worden.

Der Standesbeamte:
F. W.

Gebühren 50 Pfg.
Nr. ... des Gebühren-Registers.

Familienpapiere

Aus eigenem Wissen wird man nur wenig in eine Ahnentafel und die dazugehörigen Ahnenblätter eintragen können. Die Namen der Großeltern, Tanten und Onkel sind wohl noch bekannt, kaum aber mehr die der Urgroßeltern, der Großonkeln und -tanten. Hierzu ist häufig die sorgfältige Durchsicht der **Familienpapiere** hilfreich, in denen Informationen über Familienangehörige zu finden sind. Dazu gehören:
- Hausstandsbücher (Abb. links),
- Urkunden (zu Geburt, Heirat oder Tod, Zeugnisse, Verträge u.a.),
- familiengeschichtliche Aufzeichnungen (Ahnentafeln, -pässe),
- Briefe und Ansichtskarten,
- Fotos (siehe folgende Seite),
- gedruckte Anzeigen zu Geburt, Verlobung, Heirat oder Tod,
- Totenzettel (Abb. unten) usw.

Gerade in den letzten Jahren wurde der besondere Wert der bei katholischen Beisetzungen üblichen **Totenzettel**, die zahlreiche Informationen über einen Verstorbenen enthalten können, für die sozialgeschichtliche Forschung erkannt. Die genealogischen Vereine bemühen sich um ihre Sammlung und Ordnung. Hingewiesen sei hier auf die Veröffentlichung von *H.M. Schleicher: 80.000 Totenzettel aus Rheinischen Sammlungen, Bd.I-VII,, Köln.*

Abb. links: Auszug aus einem **Hausstandsbuch** (Köln 1908/18)

Dem vorgesteckten Ziele eile ich zu, dem Siegespreise der himmlischen Berufung Gottes in Christo Jesu.　　Phil. 3,14.

Gedenket im Gebete
und beim hl. Meßopfer
unseres lieben Bruders in Christo
Mitglied des St. Michaelspfarrvereins
und des Kirchenvorstandes

Schmiedemeister

August Burghardt

aus Ziegenhardt

Geboren zu Ziegenhardt am 7. 1. 1869, vermählte er sich in Waldbröl am 19. 2. 1897 mit Anna Schmitz, mit der er bis zu ihrem Tode am 16. 4. 1935 in überaus glücklicher Ehe lebte. Aus der Ehe gingen 8 Kinder hervor, von denen der Sohn Wilhelm am 21. 6. 1940 auf dem Felde der Ehre starb. 8 Enkel sah er noch um sich geschart. Seit 1925 gehörte er dem Kirchenvorstande an. Sein Hauptstreben war, mit dafür zu sorgen, daß das untere Kirchspiel eine Kirche bekam, was 1936 auch gelang. Die dann errichtete Konradkirche in Ziegenhardt war sein Stolz und seine Freude. Nach einem längeren, mit großer Geduld ertragenem Leiden, in dem er sich mustergültig auf den Tod vorbereitete und öfters mit den Heilsmitteln der kath. Kirche versehen wurde, gab er am Sonntag, den 27. Juli 1941, abends gegen 10,15 Uhr, seine reine Seele seinem Schöpfer zurück.

Wer eingegangen ist in seine Ruhe, der ruht auch aus von seinen Werken, gleichwie Gott von den seinen.　　Hebr. 4,10.

Herr, gib Frieden dieser Seele,
Nimm sie auf zum ewigen Licht;
Gib Erbarmen ihr und zähle,
Vater, ihre Mängel nicht!
Gib ihr, was dein Sohn erworben
Durch sein schweres Kreuz und Leid,
Durch den Tod, den er gestorben:
Gnade für Gerechtigkeit.

Milder Herr Jesu, gib ihm die ewige Ruhe!

Flamm-Druck, Waldbröl

Bilder

Abb. links oben:
Personenporträts vor 1900
Links: Ölgemälde, Köln 1666. Amalie Weyer, Tochter des Dr. jur. Wilhelm Weyer, Richter und Rentmeister des bergischen Amts Windeck.
Rechts: Kohlezeichnung, Bergisches Land um 1890. Johann Wilhelm Burghardt, Sohn des Uhrmachers Wilhelm B. zu Ziegenhardt.

Abb. links unten:
"Im Wohnzimmer" 1917
Eine scheinbar friedliche Familienrunde in einem typischen bürgerlichen Wohnzimmer der Kaiserzeit: Familie des Kölner Schreinermeisters Franz Wörsdörfer (1853-1937) mit seinen Töchtern (v.l.) Katharina, Margarethe und Amalie, den Schwiegersöhnen Ferdinand Weidlich und Karl Schmitz sowie drei Enkelinnen.
Auf dem Brett an der Wand stehen neben den Büsten des Kaiserpaares zwei Bilder, vermutlich die Eltern des Karl Schmitz, da die Aufnahme in dessen Wohnung entstand.

Zu den begehrtesten Sammelobjekten eines Familienforschers gehören ältere Familienfotos. In Gesprächen mit Verwandten und Bekannten sollte immer wieder nach Bildern, die dem Umfeld der eigenen Familie zuzurechnen sind, gefragt werden.

Dass man ältere Fotos als Geschenk erhält ist die Ausnahme. Häufig werden sie aber kurzzeitig ausgeliehen. In diesem Fall muss umgehend eine **Sicherheitskopie** mit Fotokopiergerät oder Scanner angefertigt werden. Dann erst folgt eine **Bild-vom-Bild-Reproduktion** oder eine **Neuverfilmung**. Ein Bildnegativ bietet die Möglichkeit, jederzeit Vergrößerungen - auch einzelner, auf dem Bild dargestellter Personen - anfertigen lassen zu können. Das Original des Bildes ist anschließend sofort dem Eigentümer zurückzugeben, der dann vielleicht zur Herausgabe weiterer Unterlagen bereit ist.
In vielen Fällen werden ältere Bilder aber nicht entliehen. Dann hilft nur eine Fotografie vor Ort bei möglichst guter Beleuchtung.

Unbedingt erforderlich ist es, nach Vorliegen der Reproduktion auf der Rückseite dieser Aufnahme mit haltbarem Schreibstoff (Faserstift) alle das Bild betreffenden Informationen festzuhalten:

- Ort und Zeit der Aufnahme,
- dargestellte Personen,
- Alter der Personen,
- evtl. Grund der Aufnahme,
- Herkunft des Bildes,
- erkennbare Gebäude u.ä.

Liebe Tante Resi,

*seit einiger Zeit interessiere ich mich sehr für die
Geschichte unserer Familie und habe auch schon viele
Einzelheiten erfahren. Leider fehlen mir immer noch
einige Angaben über Opa und Oma und über Deine Kinder.
Sei doch bitte so gut, und schreibe die Antworten ein-
fach hinter die Fragen auf dem beiliegenden Blatt, das
Du einfach mit dem ebenfalls beigefügten frankierten
Umschlag an mich zurücksenden kannst.
Ich würde mich sehr freuen, wenn wir uns in diesem Jahr
wieder einmal sehen könnten. Bis dahin wünsche ich Dir,
Rainer und seiner Familie alles Gute*

Dein Ralph

Und hier meine Fragen:

Wo wurde Dein Vater beerdigt?

Existiert noch sein Grab?

War er Soldat? (Wo war er im Einsatz?)

Wo und wann wurde Dein Sohn Rainer geboren?

Wo und wann hat er geheiratet?

Wo und wann machte er sein Abitur?

Woher stammt seine Frau?

Befragung

Man sagt, dass mit dem Tod eines älteren Menschen eine ganze Bibliothek untergeht. In der Tat haben gerade die Historiker in den letzten Jahren erkannt, dass die "gehörte Geschichte" (oral history), die in alten Zeiten die einzige Form der Geschichtsvermittlung darstellte, von außerordentlicher Bedeutung ist. Allerdings muss man die so gewonnenen Informationen auch sehr kritisch betrachten.

Die systematische Befragung von Personen, die etwas über unsere Vorfahren wissen können, sollte daher mit großer Sorgfalt durchgeführt werden. Dabei ist keineswegs nur an die nächsten **Verwandten** - Eltern, Großeltern und deren Geschwister - zu denken. Vielmehr müssen auch **Bekannte** aus Nachbarschaft, Beruf, Kirchengemeinde, Schul- und Militärzeit usw. berücksichtigt werden. Denn Geschwister haben sich allzu häufig bei der Erbteilung nach dem Tod der Eltern zerstritten und auseinandergelebt, während Freundschaften oder eine gemeinsame Berufstätigkeit oft bis ins hohe Alter anhielten.

Gerade ältere Menschen sollten möglichst umgehend befragt werden, da sie wenig später vielleicht schon gestorben sind oder in hohem Alter weit zurückliegende Ereignisse nur noch lückenhaft wiedergeben. Natürlich enthalten Erzählungen fast immer **Fehler** und auch immer ganz persönliche **Bewertungen**. Um so mehr kommt es darauf an, das beiläufig Erwähnte festzuhalten, das sich im Nachhinein als viel wichtiger erweisen kann als die vermeintliche Hauptsache. So kann am Rand des Gesprächs von Möbeln, Kleidung oder Mahlzeiten die Rede sein, was Rückschlüsse auf die soziale Stellung der Familie zulässt. Überhaupt lassen sich gerade frühere **Lebensumstände** sehr gut aufgrund von Erzählungen rekonstruieren, sei es der Anbau oder der Kauf von Lebensmitteln sowie deren Kühlung und Konservierung, die Anlage von Wasserleitungen und Elektrizität, die Bedeutung der Eisenbahn usw.

Schwieriger ist es schon, aus den Berichten etwas über den **Charakter** eines Vorfahren zu entnehmen. Vielleicht war der Erzählende sein bester Freund, der Schwächen übersah, oder ein Nebenbuhler des Vorfahren, an dem er kein gutes Haar lässt.

Für jüngere Familienforscher ist die vormals große Bedeutung der **Vereine** kaum noch nachvollziehbar. Sie bildeten neben der eigenen Familie häufig einen zweiten Mittelpunkt im Leben früherer Generationen.

Während eines Gesprächs sollte man sich **Notizen** machen oder ein **Diktiergerät** (bzw. Kassettenrekorder) zur Aufnahme benutzen. Verlässt man sich nämlich auf die Gesprächserinnerung, so wird man später häufig feststellen, vieles wieder vergessen zu haben.

Ist ein Besuch nicht möglich, so muss man versuchen, mit einem kurzen, sehr höflich abgefassten Brief zum Ziel zu kommen. Erfahrungsgemäß ist es günstig, dem Brief einen **Fragebogen** beizufügen, der genügend Raum für die Antworten lässt. Vergessen Sie nicht, einen ausreichend frankierten und adressierten Rückumschlag beizufügen!

a b c d e f g h i j k l m n

o p qu r s st u v w x y z

sch ä ö ü

A B C D E F G H I J K L M N

O P Qu R S St T U V W X Y

Z Ä Ö Ü

Alte Schrift

Anfänger befürchten häufig, ältere Handschriften nicht lesen zu können. Tatsächlich ist aber noch kein Familienforscher daran gescheitert. Langjährige Übung im Umgang mit alten Dokumenten bringt natürlich die nötige Erfahrung und damit die Sicherheit im Lesen. Aber selbst dann muss man sich im konkreten Einzelfall immer wieder einige Minuten - oder sogar Stunden! - lang in die jeweilige Handschrift "einlesen".

Eine erste Hürde ist das Lesen der **Deutschen Schrift**, teilweise auch "Sütterlin" genannt, die etwa 1800-1945 z. B. in Personenstandsregistern (Beispiel auf der folgenden Seite) und in Kirchenbüchern benutzt wurde. Ihre Buchstaben sind links abgebildet und müssen von jedem Familienforscher gelesen werden können. Gute Übungsbücher zum Erlernen der Deutschen Schrift sind:
F. Verdenhalven: Die deutsche Schrift (2. Aufl. Neustadt a.d. Aisch 1991, Verlag Degener) und
H. Süß: Deutsche Schreibschrift. Lesen und Schreiben lernen (Augsburg 1991, Augustus-Verlag).

Vor 1800 wurden sehr verschiedene Handschriftenformen benutzt. In der zweiten Hälfte des 18. Jahrhunderts findet man - bedingt durch den starken französischen Einfluss - eine ähnliche Schreibschrift wie heute (Beispiele auf S. 54, 120 und 124).

Dagegen ist die Schrift zwischen etwa 1650 und 1750 häufig schwer lesbar, da es vielfältige Mischformen verschiedener Schrifttypen und zahlreiche Abkürzungen gab (Beispiele S. 52 und 128). Vor 1650 ist die Schriftform wieder strenger und nach einer gewissen Einarbeitungszeit gut lesbar.

Wer sich über die Entwicklung der Schrift von der Antike bis ins 18. Jahrhundert informieren möchte, sei auf das preisgünstige Buch von *H. Sturm: Unsere Schrift. Einführung in die Entwicklung ihrer Stilformen (Neustadt a.d. Aisch 1961, Verlag Degener)* verwiesen.

Zur Abbildung auf der **folgenden Seite**:

Waldbröl, am 17. Dezember 1906.
Vor dem unterzeichneten Standesbeamten erschien heute, der Persönlichkeit nach bekannt, der Schmied August Burghardt, wohnhaft in Ziegenhardt, katholischer Religion, und zeigte an, daß von der Anna Burghardt geborenen Schmitz, seiner Ehefrau, katholischer Religion, wohnhaft bei ihm, zu Ziegenhardt, am fünfzehnten Dezember des Jahres tausend neunhundert sechs Nachmittags um zehn einhalb Uhr ein Knabe geboren worden sei und daß das Kind den Vornamen Franz erhalten habe.
Vorgelesen, genehmigt und unterschrieben August Burghardt
Der Standesbeamte.
In Vertretung Thienel.

Abb. links:
Alphabet in Deutscher Schrift

(Abbildungen weiterer Urkunden dieser Art im Anhang.)

Nr. 170 178

Waldbröl, am 17. Dezember 19 16.

Vor dem unterzeichneten Standesbeamten erschien heute, der Persönlichkeit

nach _____

_____ der kannt,

Der Bauer August Burghardt,

wohnhaft in Ziegenhardt, _____

_____ Katholischer Religion, und zeigte an, daß von der

Anna Burghardt geborenen _____

Schmitz, seiner Ehefrau, _____

_____ Katholischer Religion,

wohnhaft bei ihm, _____

_____

zu Ziegenhardt _____

am _____ fünfzehn _____ ten Dezember _____ des Jahres

tausend neunhundert sechs _____ Nach mittags

um zehn einhalb _____ Uhr ein Knabe _____

geboren worden sei und daß das Kind den _____ Vornamen

_____ Franz _____

erhalten habe. _____

_____

Vorgelesen, genehmigt und unterschrieben _____
_____ August Burghardt _____

Der Standesbeamte.
In Vertretung
Thines

Personenstandsregister

Unter **Personenstandsregistern** versteht man die von den Standesämtern angefertigten Urkunden über Geburt, Heirat und Tod. Ihre einheitliche Einführung im Deutschen Reich erfolgte mit dem *Gesetz über die Beurkundung des Personenstandes und der Eheschließung* vom 6. Feb. 1875, das am 1. Jan. 1876 in Kraft trat. Dieses Gesetz wurde später mehrfach, aber nur geringfügig geändert. Das **Recht auf Auskunftserlangung** und Einsichtnahme haben für diese Register aber (nach §61 PStG und §86 AVV) nur bestimmte Personen:

a) Diejenigen Personen, auf die sich die Eintragungen beziehen,
b) Ehegatten und Verwandte in gerader Linie (**Vorfahren oder Nachkommen**) von a,
c) Vollmachtsinhaber von a und b,
d) Personen mit rechtlichem Interesse.

Familienforschung gilt in diesem Sinn nicht als "rechtliches Interesse", auch dann nicht, wenn es sich dabei um eine wissenschaftliche Untersuchung handelt. Dagegen ist die Verfolgung eines Erbanspruches i.a. ausreichend. Zu beachten sind ferner landeseigene Datenschutzgesetze, z. B. das GFD-NRW von 1988. Diese Einschränkung stellt - abgesehen von der zunehmenden Mobilität und den weitreichenden Bevölkerungsverschiebungen der letzten 100 Jahre - für die genealogischen Forschungen nach 1875 ein schweres Hindernis dar. Dies macht sich besonders für junge Familienforscher und bei Stammtafelrecherchen im 20. Jahrhundert bemerkbar und ist immer wieder Anlaß zu Diskussionen über die mögliche Einführung einer "100-Jahre-Sperrfrist".

Die **Bestellung** einer Personenstandsurkunde erfolgt formlos beim zuständigen Standesamt, z.B.:

> *Sehr geehrte Damen und Herren, hiermit bestelle ich die Kopie der Sterbeurkunde meines Großvaters Peter Müller, verstorben in Hannover am 14.11.1950.*

Man erhält dann nach 1-2 Monaten die gewünschte Urkunde per Nachnahme oder mit einer Rechnung zugeschickt. Die Gebühren pro Urkunde liegen bei 7-8 €, zusätzlich sind Porto und Nachnahmekosten zu bezahlen.

Ist der Tag von Geburt, Heirat oder Tod nicht genau bekannt, so kann man eine Bestellung etwa in folgender Form abfassen:

> *Sehr geehrte Damen und Herren, bitte senden Sie mir die Heiratsurkunde meiner Großeltern Johann Müller und Anna Schmitz, die kurz vor 1890 in Hannover heirateten.*

Die Antwort auf einen derartigen Brief kann sehr unterschiedlich ausfallen, da vielleicht das Ehepaar gar nicht in Hannover heiratete. Häufig weisen Standesämter solche Anfragen auch zurück, weil kein genaues Datum der Eheschließung angegeben wurde und die Standesbeamten zu einer Sucharbeit nicht verpflichtet sind, aus Zeitgründen dieses auch selten durchführen können.

Abb. links: **Geburtsurkunde 1906**
(Text siehe vorhergehende Seite)

Kleingladbach (Stadt Hückelhoven, Kreis Heinsberg), Gem.; Nachf. s.u. — LG Aachen —
GHS VII, VIII
—, mairie, ab 1815 Gem./Bm.; Vorg. s.o. und Matzerath
GHS IX — 1875;
B 1813 — 75 (LL);
A XI — 1808, 13 — 75;
D XI — 1872
Kleinkempen (wohl vor allem bei Stadt Willich, z.T. auch bei Stadt Viersen, Kreis Viersen), Gem., ab IX mairie[29], ab 1815 Gem./Bm., seit 1819 mit Anrath (von Neersen übergegangen); Nachf. s. Anrath — LG Düsseldorf —
G IX — 1839, H VII, IX — 1839, S VII — 1839 (GH VIII s. Neersen)
B 1816 — 39;
A XI — 1807, 09 — 39;
D XI — 1842
Kleintroisdorf (Stadt Bedburg, Erftkreis) s. Troisdorf
Kleve (Kreis Kleve), Gem., ab IX mairie, ab 1815 Gem./Bm. — LG Kleve —
GS IX — 1875, H VII — 1875;
B XIII — 1875 (LL), BG 1807, 08, BS 1806, 07, 10, 11;
A XII — 1875 (LL);
D XI — 1872
Clörath (Stadt und Kreis Viersen), Gem. (Kt. Neersen); Nachf. s. Neersen — LG Düsseldorf —
G VII, VIII, HS VII (H VIII s. Neersen)
Klüppelberg (Stadt Wipperfürth, Oberbergischer Kreis), Muniz., ab 1815 Stgem./ Bm. — LG Köln —
GHS 1810 — 75;
B 1810 — 71, 73 — 75, BG 1862, 71, BS 1859 — 75 (LL);
A 1810 — 75;
D 1810 — 69
Köln, Gem., Kt., ab IX mairie, ab 1815 Gem./Bm. — LG Köln —
G VI — 1875, HS VII — 1875;
B XI — 1875, BG XI, XII, XIV — 1875 (LL), BS XI, XII, XIV — 1821, 23 — 75, B Ehescheidung XI, BA 1870;
A XI — 1875;
D XI — 1872
Königshoven (Stadt Bedburg, Erftkreis), Gem., ab IX mairie, ab 1815 Gem./Bm. — LG Köln —
GHS (VI), VII — 1875;
B 1808 — 75 (LL), BG 1859, 61;
A XI — 1875;
D XI — 1872

(Abkürzungen: G Geburten, H Heiraten, S Sterbefälle, B Belege, A Aufgebote, D Dezennaltabellen, LG Landgericht, Die römischen Jahreszahlen beziehen sich auf den Französischen Revolutionskalender; siehe S. 146–149.)

Zivilstandsregister

In einigen Regionen Deutschlands gab es bereits vor 1875 von staatlicher Seite aus geführte oder beaufsichtigte Beurkundungen für Geburten, Heiraten und Sterbefälle. Diese werden in Abgrenzung zu den späteren reichseinheitlichen Personenstandsregistern allgemein **Zivilstandsregister** genannt und sind für Forschungen ohne jede rechtliche Einschränkung benutzbar.

Erstmals vorgeschrieben wurden derartige staatliche Beurkundungen im Gesetzbuch der Französischen Revolution, dem **Code Civil**. Daher beginnen die Zivilstandsregister in den seinerzeit von Frankreich annektierten **linksrheinischen Gebieten** Deutschlands durch eine Verordnung vom 12. Floréal VI (1.5.1798). Im rechtsrheinischen Großherzogtum Berg folgte ihre Einführung durch Art. 27 des Dekrets vom 12.11.1809. Diese Register wurden nach Französischem Recht auch nach dem Wiener Kongress (1815) in den an Preußen fallenden Gebieten des Rheinlands fortgesetzt mit Ausnahme der Kreise Dinslaken, Rees, Duisburg, Mülheim/Ruhr und Oberhausen. Ebenfalls keine Fortführung der französischen Zivilstandsregister gibt es im Gebiet des ehemaligen Herzogtums Nassau einschließlich der Gebiete im nördlichen Westerwald, die 1803/15 vorübergehend zu Nassau gehörten und dann an Preußen fielen.

Heute befindet sich die Erstausführung der rheinischen Zivilstandsregister in den jeweiligen Gemeinden, die Zweitausführung überwiegend in staatlichen Archiven.

Abb. links aus: *Die **Zivilstandsregister** im Nordrhein-Westfäl. Personenstandsarchiv Rheinland, Brühl 1985.*

So sind im Personenstandsarchiv Brühl die Zweitschriften der Zivilstandsregister aus den Regierungsbezirken Köln und Düsseldorf gesammelt. Aus dem Mittelrhein-Mosel-Raum befinden sich zahlreiche Zivilstandsregister im Landeshauptarchiv Koblenz. Eine Übersicht dazu bietet das *Verzeichnis der Bestände des Landeshauptarchivs Koblenz, Teil 2, 2. Aufl. Koblenz 1982 (Veröff. aus rheinland-pfälzischen und saarländischen Archiven, Kl. Reihe, Heft 5), S.118-157.* Im Saarland sind die Zweitschriften der Zivilstandsregister im Landeshauptarchiv Saarbrücken gesammelt, nicht aber in der Pfalz.

Auch in anderen, von Napoleon regierten oder beeinflussten Gebieten Deutschlands wurden vor 1815 kurzzeitig Zivilstandsregister eingeführt, so in Baden, Frankfurt, Nassau, Westfalen, Hannover, Lübeck und an der Nordseeküste. Aber nur in Bremen und Lübeck wurden sie fortgeführt. In **Baden** wurden 1811 die Pfarrer zu staatlichen Standesbeamten erklärt und mit der Führung von Registern beauftragt.

Über Einzelheiten der Zivilstandsregisterführung im 19. Jahrhundert, insbesondere über die **Notzivilehe** bei konfessionslosen Brautpaaren, informiert der Artikel *Die Personenstandsregister im Deutschen Reich*, der im Anhang abgedruckt ist.

Vielfach erhalten geblieben sind auch die Heiratsbelege, die die Brautleute als Urkunden oder Bescheinigungen dem Standesbeamten bei der Eheschließung vorlegen mussten. Umfangreiche Sammlungen solcher **"Beiakten"** finden sich heute in den staatlichen Archiven Brühl (Nordrhein) und Speyer (Pfalz), teilweise auch in Saarbrücken und Koblenz.

Katholisches Pfarramt
5419 Herschbach über Selters
Telefon 293

Herschbach über Selters, den 18.8.1970.

Auszug aus dem Taufregister der Pfarrei Herschbach/Uww.

Am 20.November 1821 wurde in Herschbach geboren,und am 28.November
1821 in Herschbach getauft

    Christian Wörsdorf,
Sohn der kath.Ehel.Johannes Wörsdorf aus Elbingen,wohnhaft zu Hersch..
bach und der Anna Katharina geborene Rädig,geboren und wohnhaft zu
Herschbach.Paten waren Christian Wörsdorf von Elbingen und Marga
Gertrudis Rädig geborene Stein von Herschbach.
Unterzeichnet ist die Taufurkunde im Taufregister mit:
J.Reifferscheid,Pastor zu Herschbach.

Fol.1821 pag.32

Für die Richtigkeit des Auszuges aus dem Taufregister:
Das Kath.Pfarramt Herschbach
Josef Benner, Pfarrer

Auszug aus dem Trauregister

der ev.-luth. Kirchgemeinde Schwerin,St.Nikolai (Schelfkirche)

Jahrgang 1847   Seite ____   Nr. 6

Bräutigam:	Weidlich ------	Christian Ernst ------	Bek.: ev. luth.
	Beruf: Zimmergeselle Wohnort: Schwerin --- fam.-Stand: -------		
		Geburtstag (Alter) --------- Geburtsort: -------	

Trautag: 5.Februar 1847

Braut:	Schmidt ------	Maria Dorothea Johanna -----	Bek.: ev. luth.
	Beruf: --------- Wohnort: ------- fam.-Stand: -------		
		Geburtstag (Alter): ------- Geburtsort: -------	

Vater des Bräutigams:	wailand Zimmermann Michael Weidlich zu Gleina bei Gera
Vater der Braut:	wailand Arbeitsmann Schmidt zu Bauerkuhl

Anmerkung: Wohnschein d/datum/ d/en/ 7. Januar 1847.
Schwerin (Meckl), am 5. November 1973

Gebühr 0,60 DM

Mecklenburgisches Kirchenbuchamt
Im Auftrage:

II 16 10 Dm 660 60

Kirchenbücher im 19. Jh.

Kirchenbücher sind systematisch angelegte Verzeichnisse über die von einem Pfarrer durchgeführten Taufen, Heiraten und Beisetzungen, letztere fast immer mit der Angabe des Sterbetages. Da diese Eintragungen häufig in verschiedenen Büchern erfolgten, unterscheidet man sinngemäß zwischen **Taufbüchern, Heiratsbüchern** und **Sterbebüchern** einer Pfarrei. In wenigen Fällen enthalten derartige Bücher auch Listen von Erstkommunikanten, Konfirmanden, Firmlingen, Mitgliedern einer Bruderschaft oder gar Einwohnerverzeichnisse.

Die Kirchenbücher aus den letzten 200 Jahren befinden sich fast immer auf den jeweiligen Pfarrämtern. Will man also eine Auskunft aus ihnen erhalten, so muss man sich an den zuständigen Pfarrer wenden, der alleine über eine Einsichtnahme entscheidet. Er ist keineswegs zu einer Auskunft oder einer Vorlage der Bücher an Familienforscher verpflichtet, doch sind prinzipielle Weigerungen die Ausnahme.

Wenn ein Pfarrer auf eine schriftliche Anfrage nicht reagiert, so liegt dies am Zeitmangel. Von ihm oder seinen Mitarbeitern eine Sucharbeit im Kirchenbuch zu verlangen ist heute bei den vielfältigen Aufgaben einer Pfarrgemeinde praktisch ausgeschlossen, so dass ein Besuch im Pfarrbüro nicht zu vermeiden ist. Dabei ist der Pfarrsekretärin oder der Haushälterin des Pfarrers mit besonderer Höflichkeit zu begegnen, da sie häufig im Auftrag des Pfarrers dem Besucher die Kirchenbücher vorlegt und über die Dauer der Benutzung entscheidet.

Schriftliche Anfragen sind formlos etwa in folgender Art zu stellen:

Katholisches Pfarramt
Herschbach/Uww.

Sehr geehrter Herr Pfarrer,
wie mir das Landeshauptarchiv Koblenz mitteilte, gibt es für den Raum Herschbach vor 1876 keine Personenstandsregister. Daher erlaube ich es mir, mich mit der Bitte um einen Kirchenbuchauszug an Sie zu wenden.
Für die Fortsetzung meiner Familienforschung benötige ich die Geburts- oder Taufeintragung meines Urururgroßvaters
Christian Wörsdörfer,
+ Köln-Nippes 19.9.1900,
88 Jahre alt, * zu Herschbach
Er müsste in Herschbach also 1821/22 geboren sein.
Für Ihre Bemühungen möchte ich Ihnen meinen verbindlichen Dank aussprechen. Anfallende Gebühren und Unkosten werde ich selbstverständlich sofort begleichen.
Mit freundlichen Grüßen

Zur Bearbeitung solcher Anfragen werden in den Pfarrämtern heute durchweg Kopien aus dem Kirchenbuch angefertigt. Bis in die 70er Jahre hinein wurde die gewünschte Eintragung aber vom Pfarrer gelesen und ein **Kirchenbuchauszug** hergestellt. Häufig wurden dazu Formulare verwendet und teilweise der Originaltext nur unvollständig wiedergegeben.

Abb. links:
Kirchenbuchauszüge aus dem Westerwald (oben) und aus Mecklenburg (unten).

Adelmann von Adelmannsfelden Sieg-
mund (Irma geb. Freiin von Ha'e), Gräfin,
Ww. Regier.-Präsident, Müngersdorf, Belve-
derestraße 17. ☎ 57828.
Adels Heinr., Kraftwführr., Mauritiuswall 100.[II]
- Math., kfm. Angest., Antwerpener Str. 8.[III]
- Math., o. G., Klettenb., Heisterbachstr. 33.[I]
- Math., Ww., (E) Rentn., Mauritiuswall 100.[II]
- Paul, Drogist, Mauritiuswall 100.[II]
- Salomon, Schreiner, Nippes, Wartburgstr. 12.
- Toni, Direktor, Deutscher Ring 28.[III]
- Toni jun., Ingen., Ehrenf., Schützenstr. 42. 44.
Adelsed Heinr., Ww., Pferdemetzgerei, Mülh.,
Bachstraße 23.[u]
Adelung Ernst, Bezirksleiter, Bickendorf, unter
Bergamotten 3.[u] ☎ 95362.
- Kath., Frisiererin, Bickend., unter Bergamotten 3.[u]
Ademeit Alfr., Ww., o. G., Neußer Platz 8.[II]
Adenacker Ant., Packer, Melchiorstr. 11.[bs]
- Gerh., Maschinenführer, Vingst, Homarstr. 1.[II]
- Gerh., (E) o. G., Vingst, Hetzhofpl. 27.
- Gottfr., Schlosser, Vingst, Homarstr. 18.[u]
- Heinr., o. G., Agrippastr. 104.106.[u]
- Jak., Restaur., Mülh., Heidelberg rSt. 35.☎62262.
- Jak., Schlosser, Vingst, Ostheimer Str. 51.[III]
- Joh., (E) Fbrlarb., Vingst, Hetzhofpl. 26.
- Joh., Schlosser, Deutz, Odenwaldstr. 15.[II]
- Joh., Schlosser, Höhenb., Geraer Platz 1.[u]
- Jos., Bürobtr., Merh. rrh., Rüdiger Str. 37.
- Jos., Dreher, Vingst, Hetzhofplatz 26.
- Jos., (E) Packer, Lindental, Gleueler Str. 239.[u]
- Klara, Waschanstalt, Agrippastr. 104. 106.[u]
- Vor., (E) Fachlehrer, Vingst, Hetzhofstr. 19.[u]
- Math., Vorzeichner, Vingst, Ostheimer Str. 16.[I]
- Paul, Former, Vingst, Ostheimer Str. 26.[u]
- Pet., o. G., Mülh., Heidelberger Str. 35.[u]
Abenau Fritz, Pol.-Führr., Deutz, Kasemattenstr.18.[II]
Adenauer Aug.,(E)Dr.jur.,Justizrat,Rechtsanw.,
Universitätsprofessor, siehe Justizräte Schniewind
u. Dr. Adenauer, Lindental, Stadtwaldgürtel 9.
☎ 45523.
- Johs., Domkapitular u. Generalvikariatsrat,
Burgmauer 1. ☎ 226512. Spark. 20766.
- Jos., Postinspektor, Krefelder Str. 99.[III]
- Konr., (E) Dr. h. c., Oberbürgermeister, Vor-
sitzender des Provinzialausschusses der Rhein-
provinz, Präsident des preußischen Staatsrats,
Lindental, Max Bruch-Str. 6. ☎ 46864.
PSK 53698.
Adenäuer Andr., Kaplan, Ehrenf., Marastr. 19.
- Lamb., Küster, im Klapperhof 30.[II]

Adler Christoph, Schreiner, Sülz, Zülpicher
Straße 257. ☎ 49958. PSK 56835.
- Ernst, siehe Rothschild & Adler, Mozartstr. 9.[I]
☎ 218113.
- Franz, Bahnbtr., Ehrenfeld, Sömmeringstr. 76.[II]
- Friedr., Ww., o. G., Bonner Str. 40.[I]
- Fritz, Katastertechn., Klettenberg, Königswinter-
straße 17.[I]
- Gschw. (Hedw. u. Luise), Wasch- u. Bügelanst.,
Ehrenf., Gutenbergstr. 122. ☎ 54194.
- Georg, (E) Schuhm. u. Hdlg., Bayental, Goltstein-
straße 52.[u] ☎ 95527.
- Gust., o. G., Mörsergasse 15.[II]
- Hans, Pstlhelfer, Brück, Königsforststr. 28.[u]
- Heinr., Dr. med., prakt. Arzt, Neumarkt 33.[bp]
☎ 224114.
- Helene, Damenhüte, Rich. Wagner-Straße 6.[I]
☎ 218285. PSK 60027.
- Herm., Ww., o. G., Ehrenf., Piusstr. 14.[III]
- Hub., Ww., (E) o. G., Neußer Str. 35.[III]
HubertAdler jun. (Alfr. Kreusch), Sämereien
u. Gewürze, zoolog Hdlg., Herzogstr. 6. ☎227912.
PSK 62770. Spark. 23223.

☛ **J. C. Adler**
(Inhaber: Josef Carl Adler)
Hansaring 92 u. 125. ☎ **79377.**
Bankk.: Städt. Sparkasse 17117. PSK 87260.
Polstermöbel, Innendekoration u. Festdekorationen
aller Art.
Verleih von Fahnen und Dekorationsartikeln.

- Jak., Händler, Plankgasse 56.[IV]
- Jak., Ww. Justizrat, (E) Rentn., Gereonshof 49.[u]
☎ 213397.
- Jos., Hausmstr., Kaesenstr. 28.[u]
- Jos., Kfm., Hansaring 125.[bp] ☎ 79377.
- Jos. Carl, siehe J. C. Adler, Hansaring 125.
☎ 79377.
- Jul., Dr. med., Röntgenfacharzt (9—1, 3—6,
Samst. 9—1), Hohenstaufenring 24. ☎218118;
Wohn.: Braunsf.,Herzogenratherstr. 2. ☎52280.
PSK 24865.
- Karl (E) Inh. b. Firma Carl Adler, Katten-
bug 10. 12. ☎ 225466.
- Karl (E) o. G., Ehrenf., Gutenbergstraße 122.
☎ 54194.
- Klementine, Frau, Heilkundige, Kasparstr. 2.[a]
☎ 78563. PSK 64283. Spark. 10560.
- Leo, Ww., (E) techn. Gummi- u. Asbestw.,

Adressbücher und Melderegister

Für die Familienforschung im 19. und 20. Jahrhundert haben sich die von Städten und Gemeinden herausgegebenen Adressbücher als sehr wertvoll erwiesen. Durch die Sperrung der Personenstandsregister ab 1876 für die - über die Ahnenforschung hinausgehende - Familienforschung sind sie häufig die einzige, in Archiven und Bibliotheken leicht zugängliche Möglichkeit, Informationen über Verwandte der letzten 120 Jahre zu erhalten.

In den großen Städten beginnen sie i.a. zwischen 1800 und 1850 (in Hamburg bereits 1712!) und erscheinen anfangs in fünf- bis zehnjährigem Abstand, später häufig sogar jährlich. Um 1935 wurden in 575 deutschen Städten und Gemeinden Adressbücher herausgegeben, daneben 350 Fachadressbücher von Ständen, Berufen und Branchen. Einen ersten Überblick über die erschienenen Adressbücher gibt das *Taschenbuch für Familiengeschichtsforschung (Verlag Degener)*.

Ein besonderer Wert der Adressbücher, die in jüngerer Zeit in ein alphabetisches und ein Straßenregister unterteilt sind, liegt in der Angabe über Beruf und Eigentum der Hausbewohner.

Vorläufer des Adressbuches waren die **Hof- und Staatskalender** des 18. Jahrhunderts, in denen die Behörden und Beamten der Residenzstädte aufgelistet wurden.

Nachdem in der Bundesrepublik um 1980 nahezu alle Haushalte einen Telefonanschluß erhalten hatten, erübrigte sich die Herausgabe von Adressbüchern weitgehend. Ihre Funktion haben die **Telefonbücher** übernommen. Mit Telefon-CD-ROMs ist heute auch ein gezielter Zugriff auf einzelne Straßen möglich.

Bislang erst wenig von Familienforschern genutzt sind die für die Zeit vor 1945 in den Stadt- und Gemeindearchiven liegenden **Melderegister**, die ausführliche Informationen (Heirat, Geburt, Tod, Herkunft, Beruf) über die dort wohnenden Familien enthalten. Sie beginnen im Verlaufe des 19. Jahrhunderts, sind aber leider in einigen Großstädten im Zweiten Weltkrieg untergegangen.

So verfügt z.B. Bonn über Melderegister ab 1880, Düsseldorf ab 1856. Für die alte Stadt Hamburg liegen nur noch kleine Reste vor; vollständig dagegen sind die Melderegister der 1920-1940 nach Hamburg eingemeindeten Vororte, z.B. die von Altona ab 1865. Hannover hat Bestände ab 1870, Köln verzeichnet einen Totalverlust. Einzelne Städte, wie Düsseldorf 1926-1975, verfügen über **Hausbücher**, die zu jedem Haus systematisch die Veränderung seiner Bewohner festhalten. In jedem Einzelfall muss bei der Stadt- oder Gemeindeverwaltung angefragt werden, welche Register noch vorliegen.

Auskünfte müssen schriftlich beantragt werden. Die Kosten für die Sucharbeit sind je nach kommunaler Gebührenordnung und Zeitaufwand unterschiedlich. Sie können 5 bis 50 € betragen, daher sollte immer eine Obergrenze der Kosten vereinbart werden. Zur Erlangung einer Auskunft muss kein rechtliches Interesse nachgewiesen werden.

Abb. links:
Kölner Adressbuch 1930 (Auszug mit Angaben zum Namen Adenauer)

Gesellschaft für Familienkunde in Kurhessen und Waldeck e.V.

Postfach 10 13 46, 34013 Kassel

Internet	http://gfkw.genealogy.net
E-Mail	gfkw@genealogy.net
Bankverbindungen	Postbank Frankfurt/Main, BLZ 500 100 60
	Postscheck-Konto 140 99-605
	Kasseler Bank eG, BLZ 520 900 00, Konto-Nr. 107 12 12 18

Veranstaltungsprogramm 2002

Die Veranstaltungen finden statt im Restaurant „**Zum Berggarten**" in **Kassel-Kirchditmold**, Zentgrafenstraße 178. Das Lokal liegt gegenüber der Ev. Kirche in Kirchditmold und ist mit der Straßenbahn Linie 8 (Richtung Hessenschanze) zu erreichen. Beginn an jedem **letzten Dienstag** im Monat (Ausnahme: Ausflug, Adventstreffen) um **19.00 Uhr.**

28.05.2002	Barbara und Hans-Erich Braune, Kassel; Holger Zierdt, Göttingen: „Datenschutz, Personenstandsgesetz. Was Familienforscher können, dürfen oder nicht dürfen"
25.06.2002	Gustaf Eichbaum, Fuldabrück; Marjorie Heppe, Kassel: Bücherschau
29.06.2002 **14:00 Uhr**	Ausflug nach Oberkaufungen Winfried Wroz, Kaufungen: Führung durch die Ausstellung „Kaiserin Kunigunde und Kaufungen vor 1000 Jahren" Treffpunkt: Museum/Stift 14:00 Uhr. Führung, anschließend gemeinsames Kaffeetrinken
30.07.2002	Ferientreffen ohne Vortragsprogramm
27.08.2002	Ferientreffen ohne Vortragsprogramm
24.09.2002	Rolf Siemon, Hann. Münden: „Samuel Thomas Soemmerring (1755-1830). Bedeutender Mediziner und Naturwissenschaftler - Professor am Collegium illustre Carolinum"
29.10.2002	Gustaf Eichbaum, Fuldabrück: Bücherschau. Holger Zierdt, Göttingen: Bericht vom 54. Deutschen Genealogentag in Bremen
26.11.2002	Dr. Tobias Schmidt, Göttingen-Rosdorf: „Vom genetischen Fingerabdruck zur DNA-Genealogie. Familienkunde mit molekularbiologischen Methoden"
10.12.2002	Adventstreffen ohne Vortragsprogramm
28.01.2003	Bruno Straube, Nordhausen: „Genealogie im hessisch-thüringischen Grenzgebiet. Die Interessengemeinschaft für Familiengeschichtsforschung Nordhausen stellt sich vor"

Genealogische Vereine

In Deutschland sind weit über 15.000 Familienforscher in genealogischen Vereinen organisiert. Fast alle diese Vereine sind für eine bestimmte Region zuständig, deren Grenzen häufig historisch bedingt sind. So gibt es u.a. genealogische Vereine für das Rheinland, Franken, die Pfalz und Oldenburg. Mit über 1600 Mitgliedern sind der *Verein für Familien- und Wappenkunde in Württemberg und Baden* und die *Westdeutsche Gesellschaft für Familienkunde* besonders groß.

Eine ausführliche Übersicht über die in Deutschland ansässigen genealogischen Vereine findet man im Internet (genealogienetz.de mit Links auf die Vereinshomepages) und im *Mitgliederverzeichnis der DAGV (Verlag Degener)*. Die DAGV, die **Deutsche Arbeitsgemeinschaft genealogischer Verbände**, ist eine Dachorganisation fast aller deutschen genealogischen Vereine.

Im Gebiet der alten Bundesländer sind die Vereine durchweg 1900-1930 entstanden. Viele von ihnen haben **Arbeitsgruppen** auf Kreis- und Stadtebene oder für besondere Aufgaben wie Vereinshomepage oder Verkartungen. Diese Arbeitsgruppen veranstalten regelmäßig Vorträge und Diskussionsabende, zu denen alle Interessenten eingeladen sind (auch Nichtmitglieder! Abb. links). Hier bietet sich in einer Runde von 10-20 Personen die Möglichkeit zu Kontakten mit erfahrenen Familienforschern, die gerne zu helfen bereit sind. Häufig verfügen die Bezirksgruppen auch über Bibliotheken mit familienkundlicher Literatur, die an solchen Abenden oder nach Terminabsprache eingesehen werden kann. Näheres über die Organisation der Vereine erfährt man am besten durch eine kurze schriftliche oder telefonische Anfrage beim jeweiligen Geschäftsführer.

Häufig beziehen sich die eigenen Forschungen aber nicht auf die Region, in der man wohnt. Dann empfiehlt es sich, dem Verein beizutreten, der für den eigenen Forschungsbereich zuständig ist. Den Kontakt zum genealogischen Verein vor Ort sollte man aber nicht vernachlässigen. Wohnt also z.B. jemand in Hannover, muss aber Forschungen in Niederbayern durchführen, so sollte er dem *Bayerischen Landesverein für Familienkunde* beitreten, gleichzeitig aber die Veranstaltungen des *Niedersächsischen Landesvereins für Familienkunde* besuchen.

Eine Kurzübericht über die regionalen genealogischen Vereine Westdeutschlands finden Sie im Anhang.

In Ostdeutschland dagegen ist es noch nicht zur Bildung größerer Vereine auf Landesebene gekommen. Von großer Bedeutung ist weiterhin die **Arbeitsgemeinschaft für mitteldeutsche Familienforschung** in Marburg mit ihren Regionalreferenten für die neuen Bundesländer.

Regionale Ansprechpartner sind in den neuen Bundesländern u.a. der *Verein für mecklenburgische Familien- und Personengeschichte* (17168 Tellow), der *Genealogischer Verein Chemnitz* (Dr.-S.-Allende-Str. 134, 09119 Chemnitz), *die Leipziger Genealogische Gesellschaft.* (Schongauer Str. 1, 04329 Leipzig), die *Arbeitsgemeinschaft Genealogie* (Thiemstr. 7, 39104 Magdeburg) und die *Arbeitsgemeinschaft Genealogie Thüringen* (M.-A.-Nexö-Str. 62, 99096 Erfurt).

WGi 5930 Knauff, Manfred, Vermessungs-Ingenieur, * 18.08.1938, Gehlbachstr. 6, 53894 Mechernich-Scharen, F: 02443/5295   E: 01.01.85

WGi 6065 Kneib, Josef, Rentner, * Koblenz 17.11.1912, Bogenstr. 153, 56073 Koblenz, F: 0261/45131   E: 02.04.87
FN: Kneib (Kneipp), Brey, Weingarts, FG: Siebenborn

WGi 6007 Kneip, Hans-Dieter, Systemanalytiker, * Koblenz 07.10.1936, Hauptstr. 118, 56220 St. Sebastian, F: 0261/84840   E: 07.08.86

WGb 4662 Knieriem, Michael, Städtischer Museumsdirektor, * Lahr 24.05.1943, Engelstr. 10, 42283 Wuppertal, F: 0202/563498   E: 13.08.68
WP: Knieriem, FG: Baltikum, Niederrhein, Hessen, Sp: Soldaten, Förster am linken Niederrhein, Manufakturarbeiter in (Wuppertal)-Barmen, V: diverse, GV: Hessische Gesellschaft für Familienkunde, FE: ja

WGi 5568 Koch, Anni, geb. Brandenburg, Hausfrau, * 11.02.1932, Bonnstr. 346, 50321 Brühl, F: 02232/32256   E: 1981
FN: Kuhl, Breuer, Effer, Segschneider, Klett, Pingsdorf, Billig, Kribben, Sturm, Heimerathen, Kneusgen, Wallraff, Derkum, Kalderherberg, Hommelsheim, Schmitz, Geuer, Gymmich, Zingsheim, Klein, Merten(s), Falkenstein, Strick, Diefenthal, Schaefer, Wahl, Krup, Bollig, FG: Voreifel, Vorgebirge, Sauerland, Bez. Posen, GV: Arbeitsgemeinschaft Ostdeutsche Familienforscher

WGg 5989 Koch, Eleonore, geb. Jäger, Hausfrau, * 15.05.1925, Eulenhofstr. 24, 51645 Gummersbach, F: 02261/52318   E: 23.05.86

WG- 6669 Kochs, Wolfgang, Dipl.-Ing. (FH), Wilhelmstr. 42, 71034 Böblingen, F: 07031/228923   E: 01.01.92

WGk 5809 Koeker, Johann, Ingenieur, * Hüls/Krefeld 18.10.1920, Traarer Str. 257, 47829 Krefeld, F: 02151/43707   E: 01.01.84
FN: Koeker, Boken, Holtmans, Dreißen, Stelten, Nickertz, May, Reuvers, Besouw, Kitzen, Böckels, Schüpkes, Wessels, FG: Krefeld, Kerkzn, Sevelen, Selfkant, Stockum/B, Berlin, Neubrandenburg, GV: Arbeitskreis für Familiengeschichtsforschung im Kreis Heinsberg, Arbeitskreis Drei Grenzen, Familienkundlicher Verein für das Klever Land Mosaik

WGi 5567 Koenig, Ursula, geb. Hornbogen, * Lübeck 09.08.1921, Camberger Str. 22, 51105 Köln, F: 0221/812258   E: 1981
FN: Claußnitzer, Hamburg, Hornbogen, FG: Oberlausitz bis re. d. Neiße nach Hardorf, Oberrhan/Erzgebirge, Blumenau, Krs. Uelzen, Apolda, Weimar/Thüringen

WGi 5803 van Koeverden, Ludwig, Kaufmännischer Angestellter, * Rotterdam NL 24.11.1925, Lehner Mühle 25, 51381 Leverkusen, F: 02171/52972   E: 01.01.84

FN: s.FOKO, van Couverden, Dormoolen, Garseling, Koenen, Haack de Graf, van den Berg, van de Water, Aen Het Eyndt, Vinck, Bash, Pastors, Derks, Lützenkirchen, Dücker, Liebeler, Pohl, Engels, Schmitz, Thurn, Rodenbach, Alkenrath, Biesenkamp, Brand, Breuer, Gyrlichs, Kautz, Schleffer, Vogels, Weyers, FG: Niederrhein, Kleve-Emmerich und Umgebung, Raum Leverkusen

WGi 6234 Koll, Peter, Pensionär (Einkaufsleiter a.D.), * Köln-Kalk 25.01.1921, In der Kreuzau 7, 51105 Köln, F: 0221/835195   E: 20.09.88
FG: Alzenbach/Eitorf, Morgenhoven, Duisdorf, Vettelhoven, Lessenich, Oberwinter, Unkel, Rheinbreitbach, Sp: Ritter Bertram Koll von Vettelhoven (ca. 1556)

WGi 5674 Koll, Hans Peter, Beamter, * Niedermendig 22.04.1952, Untere Graben-str. 12, 56727 Mayen, F: 02651/4487   E: 01.01.82
FN: Koll, Schmitz, Schmitt, Degen, Gross, Weber, Gäb, Klees, Maur, Bings, Krämer, Jülich, Mohr, Fuchs, Buchart, Waldheem, Trümper, Huge, Dietrich, Degenhard, Seydler, Andres, Köster, Dölle, Töpfer, Mehl0s, Scheffler, Bell, Daub, Becker, Schumers, Weber, Rausch, Koch, Henseler, Worms, Grote, Bertram dicta Hottope, Orth, Cort ab Hagen, FG: Spessart, Heckenbach, Cassel/Eifel, Fronrath, Watzel, Kesseling, Weidenbach, Eichsfeld/Thüringen, Dingelstedt, Bebendorf, Großbarlloff, Wilbich oder Umgebung, Etringen, Saffig, Obermendig, Kleinaltendorf, Witterschlick, Lemgo, Grafschaft Waldeck, Satzkoten, Geeke, Sp: AT Koll/Spitzel, FU: Zugang zu Kirchenbüchern und Literatur der Stadt Mayen und Umgebung, FE: nur konkrete Anfragen betreff Kirchenbüchern Mayen

WGc 6204 Koll, Michael Friedrich, Dr., Botschafts-Angestellter, * Köln 11.07.1938, Gotestr. 6, 53424 Remagen, F: 02646/803 priv., d: 0228/5405142   E: 17.07.88
FN: Koll, FG: Köln, Bonn, Sp: Mündliche Überlieferung, Familienakten aus der Zeit des Nationalsozialismus, Beständigkeit des Familiengedankens, Sippengedankens in einer Zeit der Auflösung universaler Werte (Forscherkontakte zu diesem Gebiet erwünscht), V: Sippe Koll (mit Sippe Clostermann), Vervielfältigte Manuskripte

WGi 5199 von Kolontay, Hubert, Lacktechniker, * 16.10.1909, Schlackstr. 16, 50737 Köln, F: 0221/5994301   E: 15.05.72

WGn 5340 Koltes, Manfred, Geschäftsführer, * Trier 10.11.1936, Auf Moorbüsch 33, 54292 Trier-Ruwer, F: 0651/52293   E: 1976
FN: Koltes, Mohr, de Change/Dechange/Duchange, Rammelmeyer, FG: Trier-Hochwald/Saarland, Frankreich; USA, Brasilien, Rheinland, Ruhrgebiet, Belgien, Dudeldorf, Prüm, Schönecken/Eifel, Bayern, GV: Arge Saarländische Familienkunde, Saarbrücken, Cercle Généalogique Lorraine, Nancy/France, Centre Jeanne d'Arc in Orleans, Herold Berlin

WGc 6460 Konietzko, Jürgen, Kaufmann, * 21.06.1955, Mayener Str. 10, 53474 Bad Neuenahr-Ahrweiler, F: 02646/325   E: 01.01.90
FG: Ortsgeschichte Ramersbach

Forscherkontakte

Kontakte zu anderen Forschern sind aus zwei Gründen wichtig: Zum einen erhält man in Gesprächen immer wieder Hinweise auf neue Forschungsmöglichkeiten und interessante Literatur, zum anderen besteht die Möglichkeit, unnötige und kostenaufwendige Doppelforschung zu vermeiden, d.h. man kann vielleicht von einem anderen Genealogen Teile einer Ahnen- oder Stammtafel übernehmen.

Eine erste Kontaktmöglichkeit besteht in den Veranstaltungen der **genealogischen Vereine**, die man besuchen kann, ohne Mitglied zu sein (siehe Vorseite). Teilweise werden auch an **Volkshochschulen** Kurse oder Tagesseminare zum Thema Familienforschung angeboten (familiengeschichte.de).

Man sollte aber auch gezielt nach Forschern suchen, die gleiche Interessen verfolgen wie man selbst. Erfahrene Familienforscher wissen, dass es dabei weniger auf die gleichen Namen, nach denen man sucht, als auf die gleiche Stadt oder Gemeinde, in der man forscht, ankommt.

Besonders wertvoll sind **Mitgliederverzeichnisse** genealogischer Vereine, in denen auch die Forschungsschwerpunkte der einzelnen Mitglieder genannt werden. Die meisten dieser Verzeichnisse sind heute im Internet (genealogienetz.de) benutzbar; dort kann gezielt nach Namen und Gemeinden gesucht werden, die ein Vereinsmitglied als seinen Schwerpunkt angegeben hat. Einige Vereine verfügen über gedruckte Mitgliederverzeichnisse, die käuflich zu erwerben sind und deren Anschaffung dringend empfohlen wird.

Eine weitere gute Möglichkeit der Kontaktaufnahme mit Familienforschern ist die Durchsicht der überregionalen Datenbank FOKO auf der **CD-ROM „Familienforschung"** (vgl. S. 95). Ein etwas veraltetes Genealogen-Verzeichnis ist *Glenzdorfs Internationales Genealogen-Lexikon. 3 Bde. (Bad Münder/Deister, 1977-1984)*, das in vielen Bibliotheken benutzbar ist.

Wichtiger noch sind Kontakte zu **Heimatforschern**, die häufig in der betreffenden Gemeinde wohnen und über hervorragende Kenntnisse aus der Ortsgeschichte, speziell auch über einzelne Familien verfügen. Die Namen dieser Heimatforscher sind am besten durch die Stadt- und Gemeindearchive oder durch die Pfarrämter zu erfahren. Durch Telefonanrufe können hier unnötig lange und eventuell überflüssige Wartezeiten auf Antwortbriefe vermieden werden. Zunehmend erfolgreich sind auch E-Mail Anfragen über die Homepages der Gemeinden (vgl. S. 91).

Spätestens nach der Durchsicht der ältesten Kirchenbücher ist jeder Familienforscher dazu gezwungen, das historische, speziell das soziale Umfeld seiner Vorfahren näher zu erkunden. Nur so besteht die Möglichkeit, weitere Informationen zu erhalten. Falls kein Heimatforscher ausfindig zu machen ist, sollte man sich an den für die Region zuständigen **historischen Verein** wenden, dessen Publikationen häufig sehr wertvolle Beiträge zur Familienforschung enthalten (vgl. S. 63).

Abb. links: Gedrucktes **Mitgliederverzeichnis** eines genealogischen Vereins (Westdeutsche Gesellschaft für Familienkunde 1994)

Familiengruppenbogen

Ehemann Wilhelm Topp

					H.H. - Daten (HLT)		Tempel
Geboren	24 Apr 1873	Ort	Barmen, Rheinland				
KKT		Ort			Taufe		
Gestorben	19 Okt 1945	Ort	Rösrath, Rheinland		Begabung		
Bestattet		Ort			SiegElt		
Verheiratet	18 Okt 1902	Ort	Köln-Deutz, Köln, Rheinland		SiegEp		
Vater des Ehemannes		Friedrich Topp					
Mutter des Ehemannes		Bertha Vogel					

Ehefrau Amelia Wilson

					H.H. - Daten (HLT)		Tempel
Geboren	3 Apr 1867	Ort	London, England				
KKT		Ort			Taufe		
Gestorben	11 Feb 1953	Ort	Kleineichen, Rösrath, Rheinland		Begabung		
Bestattet		Ort			SiegElt		
Vater der Ehefrau		Menzies Wilson					
Mutter der Ehefrau		Amelia Cubley					

Kinder Führen Sie jedes Kind in der Reihenfolge der Geburt auf.

1 M Friedrich Menzies Topp

					H.H. - Daten (HLT)		Tempel
Geboren	Mai 1904	Ort	Köln, Rheinland		Taufe		
KKT		Ort			Begabung		
Gestorben	Dez 1978	Ort	Köln, Rheinland		SiegElt		
Bestattet		Ort	Köln-Merheim, Köln, Rheinland				
Ehepartner		Christina Hechemer					
Verheiratet	Dez 1948	Ort	Köln, Rheinland		SiegEp		

Computerprogramme

Mit der weltweiten Verbreitung der Computer seit dem Beginn der 80er Jahre des letzten Jahrhunderts entstanden schon frühzeitig die ersten Programme für Familienforschung. Mit Hilfe dieser „Genealogieprogramme" können alle Forschungsergebnisse statt auf Papier nun auf der Festplatte eines Computers, auf Diskette oder auf CD-RW festgehalten und jederzeit ergänzt werden. Besondere Vorteile sind dabei die systematische Verwaltung. Die schnelle und leichte Weitergabe der Daten und die Möglichkeit, immer einen Ausdruck auf dem neuesten Stand herstellen zu können.

Von den zahlreichen Programmen konnten sich nur wenige auf dem Markt behaupten. So werden heute wegen mangelnder Zuverlässigkeit kostenlose Public-Domain-Programme und billige Shareware kaum noch benutzt. Für welches Produkt sich ein Familienforscher, der „den Papierkram loswerden möchte", entscheidet, hängt von seinen Vorstellungen über das, was das Programm leisten soll, ab.

Sehr empfehlenswert ist das kostenlos erhältliche, einfach zu bedienende und seit 20 Jahren weltweit zuverlässig arbeitende Programm der Mormonen

PAF

(Personal Ancestral File).
Es kann in deutscher Sprache von der Homepage familysearch.org heruntergeladen werden (ca. 10 MB). Updates stehen dort ebenfalls kostenlos zur Verfügung. Ausdrucke von Ahnen- und Stammtafeln sowie Familienblätter sind hier einfacher Form möglich (**Abb. links**).

Genügt Ihnen dieses Programm nicht, so sollten Sie beim Kauf eines anderen Produktes unbedingt auf das verwendete **Datenformat** achten. Verwenden Sie das Programm nur dann, wenn es das Format **GEDCOM** verwendet oder sichergestellt ist, dass die Daten in dieses GEDCOM-Format umgeschrieben („exportiert") und umgekehrt GEDCOM-Dateien eingelesen („importiert") werden können. Andernfalls sind Sie, was den Datenaustausch angeht, „vom Rest der Welt abgeschnitten".

Seit über 15 Jahren bewährt und bei vielen Familienforschern immer noch beliebt sind die Programme

GENprofi

und

GES2000

Benutzer müssen für eine Vollversion zwar über 100 € bezahlen, können aber dann einen Onlineservice wahrnehmen. Die Programme sind komfortabel und bieten u.a. gute graphische Ausgabemöglichkeiten. Informationen erhält man durch preiswerte Prüfversionen oder auf den produktbezogenen Seiten im Internet (Zugang z.B. über die kommerzielle Seite ahnenforschung.net)

Daneben gibt es weitere Programme, die von Forschern gerne benutzt werden. Hierzu gehört z.B. das auch im Buchhandel für etwa 7 € (Version 2.0) erhältliche und seit mehreren Jahren bewährte Programm

Ahnengalerie.

Derzeit wird versucht, das Programm „Mein Stammbaum" für etwa 30 € am Markt zu etablieren. Hier bleibt abzuwarten, ob das Preis-Leistungs-Verhältnis stimmt.

KIRCHENBÜCHER

Die ersten Kirchenbücher wurden um 1525 in den reformierten Gemeinden der Zentralschweiz angelegt. Aus der zweiten Hälfte des 16. Jahrhunderts sind bereits zahlreiche, gut geführte evangelische Kirchenbücher Süddeutschlands erhalten, in Halle/S. ab 1547. Rechtliche Grundlagen für die Einführung von Kirchenbüchern waren in den evangelischen Gemeinden Deutschlands landesherrliche Kirchenordnungen des 16. Jahrhunderts, für die katholischen Gemeinden entsprechende Vorschriften des Trienter Konzils von 1563. Historisch ist beides im Zusammenhang mit dem fortschreitenden Eingriff des Staates in Privatbereiche, besonders aber mit dem Aufbau stehender Heere zu sehen.

Umfang und Art der Erhaltung alter Kirchenbücher sind nicht nur von Region zu Region, sondern sogar von Ort zu Ort sehr unterschiedlich, abhängig von den historischen Ereignissen und den persönlichen Lebensumständen des jeweiligen Pfarrers. So sind die Register in ein und derselben Pfarrei zeitweise ausführlich und scheinbar lückenlos, zeitweise aber auch sehr lückenhaft oder ganz ohne jede Eintragung. Die praktische Arbeit mit diesen Büchern wird noch erschwert durch unterschiedliche Papier- und Tintenqualität sowie durch die individuelle Handschrift des Pfarrers.

Nahezu alle älteren Kirchenbücher liegen heute auf **Mikrofilm** oder **Mikrofiche** vor. Die Kirchenbucharchive verfügen über entsprechende Lesegeräte, an denen teilweise vom Benutzer selbst unmittelbar Kopien hergestellt werden können ("Reader-Printer").

Die Archivierung der älteren Kirchenbücher ist in den deutschen Bistümern und Landeskirchen unterschiedlich geregelt. Grundsätzlich zuständig sind die jeweiligen **kirchlichen Archive** (Übersicht im Anhang). Teilweise haben diese besondere Abteilungen oder Außenstellen für Kirchenbücher gebildet. Trotz der intensiven Bemühungen um eine zentrale und sichere Lagerung der alten Kirchenbücher befinden sich zahlreiche Originale auch heute noch auf den jeweiligen **Pfarrämtern**.

In Nordrhein-Westfalen sind die weitaus meisten Kirchenbücher aus der Zeit vor 1800 in den beiden staatlichen **Personenstandsarchiven** Brühl (Nordrhein) und Detmold (Westfalen-Lippe) in Original oder Kopie gesammelt. Auch andere staatliche Archive können einzelne Kirchenbücher enthalten, so z.B. das Landeshauptarchiv Koblenz.

Die Benutzung kirchlicher Archive ist prinzipiell jederzeit (meistens Mo-Fr 9-16 Uhr) möglich, doch sollte man vor einem Besuch telefonisch nachfragen, ob zu dem gewünschten Besuchstermin Arbeitsplätze zur Verfügung stehen.

Der weltweit größte Kirchenbuchbestand in Form von Verfilmungen befindet sich im Zentralarchiv der Mormonen in Utah/USA und ist durch den **Family History Library Catalog** erschlossen (im Internet unter www.familysearch.org). Eine Übersicht über die regionalen **Kirchenbuchverzeichnisse** findet man im *Taschenbuch für Familiengeschichtsforschung(Verlag Degener)*.

Zur folgenden Seite: Kirchenbuchverzeichnis mit Hinweisen auf Verkartungen und Literatur (aus: V. Thorey, C. Geis: Nachweise genealogischer Quellen im Gebiet der ehemaligen Preußischen Rheinprovinz, Teil 1. Köln 1998, S. 203).

Hochelheim ev lu   Pfarrgründung (lu) 1578, Kb ab 1635   **[1014]**

Ev. Kirchengemeinde Hochelheim, Paul-Schneider-Str. 12, D-35625 Hüttenberg, Tel: 06441-4009-0, Fax: 06441-400949

[Dorfmühle (1817), Dornholzhausen (um 1800,1817), Giessen Mühle (1817), Hochelheim (um 1800,1998), Jungen Mühle (1817), Kunst Mühle (1817)]

EPA = T:1635ff; H:1636-1661,1663-1667,1703ff; S:1635-1661,1723ff; A:1662-1668;
ArchEvRB = T:1635-1989; H:1636-1661,1663-1667,1703-1962; S:1635-1661,1723-1975; K:1662-1672,1700-1942; Reg.THS:1771-1830;

Hochelten rk   erwähnt seit 963, Kb ab 1714   **[1015]**

Kath. Pfarramt St. Vitus
betreut durch: Kath. Pfarramt St. Martinus, Bergstr. 4, D-46446 Emmerich - Elten, Tel: 02828-2260
Hinweis: Eintragungen THS:1810-1815 siehe auch Kb Elten rk;
KPA = T:1815ff; H:1815ff; S:1815ff;
ABMünst = T:1714-1845; H:1714-1845; S:1723-1845;
Brühl AG = (THS:1723-? verschollen!); THS:1827-1874 (Auszüge aus Reg. der Bürgermeisterei Elten);
Emmerich StaA = T:1815-1915; H:1816-1915; S:1815-1915;
Mosaik = T:1714-1915; H:1723-1915; S:1723-1798;

Hochemmerich (= Rheinhausen) ev ref   Kb ab 1590   **[1016]**

Christuskirchengemeinde Rheinhausen, D-47204 Duisburg - Rheinhausen, Tel: 2065-6900-0, Fax: 2065-690080

[Asterlagen (um 1800), Atorp (um 1800), Bergheim (um 1800), Essenberg (ab 1910), Oestrum (um 1800), Rheinhausen (um 1800), Schwafheim (ab 1958), Werthausen (um 1800), Winkelhausen (um 1800)]

EPA = (lt.Kru) T:1645-1798ff; H:1725-1798ff; S:1644-1657,1766-1798ff;
Brühl = T:1645-1724,1740-1798; H:1725-1798; S:1645-1657,1766-1798;
Brühl GF = T:1698-1798;
Duisburg StaA = T:1645-1877,Reg.; H:1590-1798,1841-1890,Reg.1590-1798; S:1644-1880,Reg.1644-1936;
ArchEvRD = T:1644-1798; S:1644-1698,1766-1794;

Hochkirchen rk   alte Pfarrei, Kb ab 1683   **[1017]**

Kath. Pfarramt St. Viktor, Steinfelderhof 1, D-52388 Nörvenich - Hochkirchen, Tel: 02426-4059

[Dorweiler (um 1800,1998), Eggersheim (um 1800,1998), Hochkirchen (1817,1998), Irresheim (1817,1998), Gut Kauweiler (um 1800), Nörvenich (um 1800), Ollesheim (um 1800), Poll (um 1800,1998)]

KPA = T:1822ff; H:1926ff; S:1974ff;
BDA = T:1685-1755,1770-1875; H:1689-1925; S:1690-1754,1779-1974; Fb:1770ff (Lü);
Brühl = T:1683-1805,Reg.; H:1689-1798,Reg.; S:1690-1754,1770-1798,Reg:1690-1805;
Düren KrsA = T:1683-1805; H:1689-1798; S:1690-1805; Vk;
PVR = T:1683-1805; H:1741-1798;
Müller-Westphal, Lothar = Vk 1683-1798;

Hochneukirch rk   erwähnt seit 1308, Kb ab 1655   **[1018]**

Kath. Pfarramt St. Pantaleon, Hochstr. 30, D-41363 Jüchen - Hochneukirch, Tel: 02164-2213

[Dürselen (1817), Hackhausen (1817,1998), Hochneukirch (um 1800,1998), Holz (um 1800,1998), Hoppers, Kamphausen (1817), Neukirchen = Hochneukirch (um 1800,1817), Priesterath (um 1800), Waat, Wey]

KPA = T:1667-1739,1770-1800,1810ff; H:1661ff; S:1661-1798,1810ff; E:1873ff; F:1920ff;
Brühl = T:1655-1799; H:1655-1798,1810-1830; S:1661-1796;
PVR = T:1655-1798; H:1770-1798;
Dreßen, Josef = T:1655-1799; H:1655-1799,1810-1830; S:1661-1796;
Müllers, Heinrich = Reformierte Taufen und Beerdigungen zu Hochneukirch in der Mitte des 17. Jh., in:
Jülich-Bergische Geschichtsblätter Bd. 10, S. 32-33;

Verkartungen

Der Begriff "Verkartung" bezeichnet ursprünglich die Anlegung einer **Kartei** aus einzelnen Karteikarten, auf denen jeweils eine Eintragung aus einem Kirchenbuch vermerkt wurde. In der Regel wurden diese Karten dann nach dem Familiennamen geordnet, so dass auf diese Weise neben der Transkription aus der alten Schrift in die neue auch ein alphabetisches Register des Kirchenbuchs entstand.

Im weiteren Sinne wird der Begriff "Verkartung" aber auch für alle anderen Formen von Abschriften nach einem Ordnungsprinzip verwendet.

So gibt es zahlreiche **alphabetische Register** in Form von Büchern. Der Einfachheit halber wurden manche derartige Verkartungen auch nur alphabetisch-chronologisch angelegt, d.h. unter dem Anfangsbuchstaben des Familiennamens befinden sich die Eintragungen in chronologischer Reihenfolge.

Viele Verkartungen fassen unter der Heirat eines Paares auch die Taufen der Kinder zusammen. So entstehen Familienblätter und mit deren Hilfe **Familienbücher** einer Gemeinde oder einer Region. Im Dritten Reich war von Seiten der NSDAP geplant, durch systematische Verkartungen 30.000 Familienbücher bis etwa 1960 herauszugeben. In der Reihe "Die Ahnen des Deutschen Volkes" entstanden bis 1940 aber nur 30 sogenannte **Dorfsippenbücher**.

Eine zweite Reihe von Familienbüchern bilden die **Deutschen Ortssippenbücher** (seit 1956 über 60 Bände), von denen die meisten zu den Reihen der Badischen, Ostfriesischen und Waldeckischen Ortssippenbüchern gehören. Das Rheinland verfügt über die umfangreiche Reihe der **Ortsfamilienbücher**.

Eine ausführliche Übersicht dazu findet man im *Taschenbuch für Familiengeschichtsforschung*, ein alphabetisches Register auf der CD-ROM „Familienforschung" (1560 Hinweise). Die in Leipzig in der Deutschen Bibliothek und in der Zentralstelle für Genealogie befindlichen Ortsfamilienbücher sind in Teil IV des *Bestandsverzeichnisses der Zentralstelle für Genealogie* erschlossen.

In jüngster Zeit werden Verkartungen fast immer mit EDV durchgeführt. So liegen heute zahlreiche Kirchenbuchabschriften als **Computerdateien** in Datenbanken vor, und die Eintragungen können nach verschiedenen Kriterien (Familienname, Vorname, Wohnort usw.) durchsucht, geordnet oder ausgedruckt werden. Bei Verwendung gleicher Datenformate sind so auch Verbindungen mehrerer Kirchenbuch-Dateien zu einer größeren regionalen Datenbank möglich. Teilweise liegen solche Dateien schon auf CD-ROMs vor (siehe S. 95).

Um eine zeitaufwendige, unnötige Lesearbeit zu vermeiden, sollte man sich vor der Durchsicht eines Kirchenbuches immer danach erkundigen, ob zu diesem Buch eine Verkartung vorliegt. Auskunft darüber, ob eine solche Verkartung existiert, erhält man von Kirchenbucharchiven, genealogischen Vereinen und Heimatforschern, in einzelnen Regionen auch aus gedruckten Kirchenbuchverzeichnissen.

Abb. links:
Kirchenbuchverzeichnis (Hinweise dazu auf der Vorseite).

Latein in Kirchenbüchern

aet(atis)	im Alter von
annus	Jahr
avus, ava	Großvater, Großmutter
baptizatus, baptizata	getauft
coemeterium	Friedhof
condicta	genannt (bei Frauen)
conjugum	verheiratet, Eheleute
copulati	verheiratet
dimissus	entlassen (zur Heirat)
dies	Tag
dominica (Dmnca)	Sonntag
dominus, domina (D., Dna.)	Herr; Frau
ecclesia	Kirche
et	und
ex	aus
feria	Fest
filius, filia	Sohn, Tochter
frater	Bruder
infans	Kind
legitimus, legitima	rechtmäßig, ehelich
levantes	Paten
mater	Mutter
matrimonium	Ehe (in m. duxit = heiratet)
mensis	Monat
mortuus	gestorben
natus (renatus)	geboren (getauft)
obiit	ist gestorben
pagus	(Kirch-)Dorf
parentes	Eltern
parochia	Pfarrei
pater	Vater
patrini	Paten
praen(obilis)	vornehm
proclamatio	Aufgebot
puer, puella	Junge, Mädchen
sepultus	begraben
soror	Schwester
sponsus, sponsa	Bräutigam, Braut
testes	Zeugen
viduus, vidua	Witwer, Witwe

Lesen in Kirchenbüchern

Die Eintragungen in Kirchenbüchern erfolgten durchweg chronologisch, also in ihrer zeitlichen Reihenfolge. Will man also z.B. die Geburt einer Person ausfindig machen, die 1850 im Alter von 70 Jahren starb, so kann man im Taufregister der Jahre um 1780 systematisch nach der entsprechenden Eintragung suchen. Ebenso wird man die Heirat eines Ehepaares, das 1730 ein Kind taufen ließ, im Heiratsbuch vor 1730 durch "Rückwärtslesen" suchen.

Dabei muss man aber beachten, dass der Pfarrer keineswegs die Kirchenbucheintragung am Tag der Taufe, der Heirat oder der Beisetzung machte, sondern die Ereignisse fast immer zunächst auf kleinen Notizzetteln festhielt. Erst nach einigen Wochen oder Monaten wurden dann diese Notizen gemeinsam ins Kirchenbuch übertragen. Man erkennt dies heute am geschlossenen, sich über zahlreiche fortlaufende Eintragungen erstreckenden Schriftbild. Aber auch die Notizzettel sind manchmal erhalten.

Dass vor der Übertragung ins Kirchenbuch Notizzettel durch Verschmutzung unleserlich werden oder verloren gehen konnten ist verständlich. Schon von daher sind Fehler, Lücken oder eine falsche chronologische Reihenfolge der Kirchenbucheintragungen durchaus verständlich.

Eine zweite Fehlerquelle ist die Unkenntnis des Pfarrers. Gerade zu Beginn des Dienstes in einer Pfarrei waren ihm die Familiennamen oft unbekannt, und er schrieb sie nach seinem Gehör auf. Ebenso verfuhr er bei ortsfremden Namen, etwa bei Paten oder Trauzeugen, die aus einer anderen Gegend kamen, z. B. bei den aus Frankreich emigrierten Hugenotten. Es kann auch vorkommen, dass die Blätter eines Kirchenbuches bei einer Reparatur der Rückenbindung in falscher Reihenfolge zusammengelegt wurden. Dies kann zu erheblichen Fehlern beim schnellen Lesedn führen.

Die Verwendung der **lateinischen Sprache** in zahlreichen Kirchenbüchern ist für den interessierten Familienforscher schon nach kurzer Zeit kein Hindernis mehr. Der Umfang der verwendeten lateinischen Worte war nämlich sehr gering und hing vom Bildungsstand des jeweiligen Pfarrers ab. Die auf der linken Seite aufgeführten Vokabeln reichen fast immer aus, darüber hinaus kann man auch das Buch von *K.H. Lampe: Latein I für den Sippenforscher. 2. Aufl. Limburg/Lahn 1965 (C.A. Starke Verlag)* zu Hilfe nehmen. Das folgende Beispiel einer in Latein abgefassten Taufeintragung aus dem Jahr 1783 zeigt einige häufig verwendete Formulierungen (Weitere Beispiele unter familiengeschichte.de):

> *26ta Junii nata, baptizata autem est 29na ejusdem Ursula Catharina Friderici Happ et Elisabethae Quoodts conjugum ex Kammerich hac in parochia nostra copulatorum filia legitima, suscip. Joanne Happ ex Harth et Ursula Catharina Wirtz condicta Schmitts ex pago Ruppichterath.*

(Am 26. Juni wurde geboren, am 29. des gleichen [Monats] wurde auch getauft Ursula Catharina, des Friedrich Happ und der Elisabeth Quoodt, Eheleute aus Kammerich, in dieser unserer Pfarrei geheiratet, eheliche Tochter. Sie wurde aus der Taufe gehoben durch Johann Happ aus Harth und Ursula Catharina Wirtz genannt Schmitt(s) aus dem Dorf Ruppichteroth.)

Mense Jun.

aus Donnenbergs
5ta bapt: Veronica.
par. Joes Hirtz, Maria uxor.
patrin. Thaub Hirtz, Germanus Jois
Matrin. Eva Maria Wigandi Orloff jun. relicta filia in behörst

aus Brackbach
7ma bapt: Gertrudis
par. Joes Petrus Blösser, Elisab: Cath uxor
patrin. Johannes Oherhardts zbud
Matrin. Oherträudt, Jois Courder, villici
in Libanöuer

Vom Molsbergs
14ta bapt: Catharina
par. Claub Bolb, Maria, uxor
patrin. Berbarous, Germanus Nicolai
Matrin. Elisa Catharina soror Maria

aus Donnsbergs
31ma bapt: Elisabetha
par. Georg Peters Schuber, Veronica, ux
patrin. Johannes Oherhardt Hitzes sohn
Matrin. Elisabetha, soror Georgii petri

Taufen

Abb. links: **Taufen 1711**
(Kirchenbuch der katholischen Pfarrei Kirchen-Freusburg/Sieg; Original im Bistumsarchiv Trier. Der Pfarrer verwendet für "Bruder" die lateinische Bezeichnung "germanus" (leiblicher Bruder) statt des sonst üblichen Wortes "frater", das auch "Bruder" im weiteren Sinne bedeuten kann.)

Mense jun.
aus Daursberg
5ta bapt. Veronica
par. Joes Hüsch, Maria uxor
patrin. Theis Hüsch, Germanus Jois
Matrin. Eva Maria, Wigandi Aloff jun.
relicta filia von Betzdorff.
aus Brachbach
7ma bapt. Gertrudis
par. Joes Petrus Bläser, Elisab. Cath.
uxor
patrin. Johannes Gerhardts ibid.
Matrin. Gertraudt, Jois Würder(?),
villici in Eitenäuer.
von Molßberg
14ta bapt: Catharina
par. Claus Kolb, Maria uxor
patrin. Gerhardus, Germanus Nicolai
Matrin. Elsa Catharina soror Mariae
aus Daursberg
21ma bapt. Elisabetha
par. Georg Peter Schuhen, Veronica
ux.
patrin. Johannes Gerhard Hüsch ibid.
Matrin. Elisabetha, soror Georgii
Petry.

Die fast immer chronologisch aufgelisteten Taufeintragungen können sehr unterschiedlich gestaltet sein. Die nebenstehende Abbildung gibt aber den Normalfall wieder, in dem genannt werden:
- Tag der Taufe,
- Wohnort der Eltern,
- Name des Täuflings,
- vollständiger Name des Vaters,
- Vorname der Mutter,
- Paten oder Taufzeugen.

Berufsbezeichnungen finden sich selten, Verwandtschaftsangaben der Paten zu den Eltern häufig. Der Name der Mutter kann aber auch ganz fehlen, ebenso zeitweise der der Paten. Angaben über den Geburtstag findet man selten, der Geburtsort war in der Regel der Wohnort der Eltern.

Taufen **nichtehelicher Kinder** sind i.a. chronologisch eingeordnet und häufig besonders gekennzeichnet, etwa durch ein NB (nota bene) oder f.sp. (filius spurius bzw. filia spuria). Selten sind sie auf einem besonderen Blatt am Ende des Taufbuches zusammengefasst. Besonders häufig sind nichteheliche Geburten nach dem Durchzug fremder Heere infolge von Vergewaltigungen; teilweise ist dann als Vater "miles ignotus" (unbekannter Soldat) angegeben. Aus jüngerer Zeit sind die Massenvergewaltigungen deutscher Mädchen und Frauen 1944/45 durch russische Soldaten bekannt: "Ein Zimmer von diesem Behelfsheim war für die Vergewaltigungen hergerichtet. Zuerst kamen die jüngeren Frauen dran, ich erst gegen Morgen und wurde gleich von drei russischen Soldaten gebraucht. Diese Vergewaltigungen wiederholten sich täglich zweimal, jedesmal mehrere Soldaten, bis zum 7. Tag. Der 7. Tag war mein schrecklichster Tag, ich wurde abends geholt und morgens entlassen." (Bericht der E.O. aus Elbing vom 31.01.1945. Dok. der Vertreibung der Deutschen aus Ost-Mitteleuropa).

Hanß Bauer. Iacob schmitz zu Bauerdorf
sohn. mittl: Elßes /: Jakils tochter

Anno j657

Iacob, Petri schwangloch sohn zu moderbach,
mitt Barbaros /al. Thomas Jörges zu dasseroy
tochter. Zusamen gaben worden.

Kirchen
Wagnuds, meister Jacobs schmitz zu corbach kbl
geweister schwester, mit Elßes /al. Hanreiches burg
zu Niderschelt tochter eheliß zusamen gaben.

Wilhum dinß zu Bauerbach mitt Dorotheß
Johan schor pan zu Oberaules tochter copulirt.

Ebroat Hinßer weymudt dnachter sohn kbl
Bruders /al. Jacob v Brombach zu benschbach
tochter zusamen geben.

Kirchen   zu Frenßbergs
Iacobs Ebroat brochard ehelicher sohn, mitt
Eua Hinßes weyland Hanß Jacob dnß harb tochter
zur Kirchen.

Trauung

Abb. links:
Trauungen 1657
(Kirchenbuch der katholischen Pfarrei Kirchen-Freusburg/Sieg; Original im Bistumsarchiv Trier)

Anno 1657
Jacob, Petri Schmenglers sohn zu medersbach, miet Barbaren sel. Thomas Jörgen zu Saßeroth tochter zusamen geben worden.
Kirchen
Weyand, meister Jacobs Schmitz zu webach Und gerichtesscheffen, mit Elschen sel. Henrichen Bürge zu Niederschelt tochter ehelich zusamen geben.
Willreich Daub zur Brachbach mitt Lise Heyen Johan Scheffen zur Offhausen tochter copulirt.
Girret Hüsche, Weyandt Hüschen sohn Und Grietgen sal. Jacob Stembler zu taursbach tochter zusamen geben.
Kirchen
Jacob, Girret breusres ehelicher sohn [darüber:] zu Freusborgh, mitt Eva Leischen weylandt hanß Jacob Duckers tochter zur Kirchen.

Anmerkung:
Heutige Ortsnamen (alle zur Pfarrei Kirchen-Freusburg gehörig): Mudersbach, Sassenroth, Wehbach, Niederschelden, Brachbach, Offhausen, Dauersberg, Freusburg. Die nicht mit "Kirchen" bezeichneten Trauungen fanden in der Kapelle zu Freusburg statt.

Heiratseintragungen fallen in ihrem Informationsgehalt sehr unterschiedlich aus. Immer genannt werden die Namen der Brautleute und das Jahr der Heirat. Dagegen kann der Tag der Eheschließung fehlen, ebenso die Nennung von Trauzeugen. Aus Baden-Württemberg ist bekannt, dass häufig statt des Tages der Trauung der der Proklamation genannt wird.

Von den Eltern der Brautleute werden häufig nur die Väter genannt. Sind diese zum Zeitpunkt der Eheschließung bereits verstorben, so heißt es vor deren Namen *s.*, *sel.*, *weyl.* oder *weyland*. Berufe werden nur in Ausnahmefällen genannt.

Bisweilen findet man unter den Heiratseintragungen auch Vermerke des Pfarrers über die Ausstellung eines **Dimissoriale**. Dies ist eine Bescheinigung für einen Pfarrangehörigen, der außerhalb der Heimatpfarre heiraten will. Die Vorlage eines solchen Dimissoriale wird teilweise in der Heiratseintragung vermerkt, z.B. in der Form "*ex parochia N. dimissa est*", d.h. "aus der Pfarrei N. entlassen". Davon zu unterscheiden ist der Vermerk des Pfarrers über die Vorlage eines **Dispenses**, durch den ein Ehehindernis aufgehoben wird (siehe S. 57).

In einigen Fällen sind bis heute gedruckte Hochzeitsblätter, **Hochzeitsgedichte** oder Hochzeitspredigten erhalten, die in Staatsarchiven oder Universitätsbibliotheken unter „Gelegenheitsschriften" gefunden werden können. (Vgl. dazu die Leichenpredigten S. 135.)

Aug. | 14. 16. | Praenobilis R.R. Bosfidus Adolphus Langenberg ... Pastor ... Nicolaus Regius ... Langenberg ...

Septemb. | 18. 23. | Elisabetha Med. ex Enholtz ...

Septemb. | 29. 24. | Anna Elisabeth Kranz ex Bokenhagen ...

Octobris | 23. 25. | Nicolaus Eksel Müller ex Eksel ...

1780

Clara Martino dicta Schlüpers ex Habenhof.

Januarii | 9. 5. | ... manita P.F. J. Paul ...

Januarii | 15. 18. | Elisabetha Villaers ex ...... manita 18. 7. 81 ...

Februarii | 26. 27. | ... Hermanus ...... Hermann Paul ......

| | Heinrich Arnold ... 9bri ex Eksel ...

Februarii | 23. 28. | Josepha Hillshämer dicta Baum ... my ex ....

Martii | 9. 12. | ... Joisbicham ...... Henrici Andres ...... Anna Margaretha ...... ex Frauenhofel

Martii | 13. 18. | ... Infans ... Johannes ...... Hosbach catho. Honsbach ... Schneider ... Hagen

April | 16. 18. | Jacobus Nicol. Delvius ex Mikkerath ... Louisburg et ...... Eva Marcha P.F. ...

Maji | 7. | Anna Maria ... cath. Elisabeth ... ... filia ...... Gertrudis ... ex ......

Maji | 3. 7. | Joes Gerhard ...... ex oblige .... l' ...

Junii | 23. 28. | Joesgard Dougherd Villaers ex Niederhof ... Maria ...

Beisetzungen

Abb. links: **Beisetzungen 1779/80** (Kath. Pf. Waldbröl/Oberberg; Personenstandsarchiv Rheinland; Brühl)

Augsti 14 16 Praenobilis D.D. Godefridus Adolphus Langenberg Praetor et Advocatus Legalis ex Brentzingen S.S.mun. 66/2
Sept. 18 20 Elisabeth Wild ex Escherhof s.s.munit[a] R.I.S.P. 24/-
Sept. 19 21 Anna Elisabeth Schmitz ex Bohlenhagen s.s.mun. R.I.S.p. 60/-
Xbris 23 25 Andreas Schmahlschläger ex Rossenbach s.s.m.R.I.S.p.
1780 Juary 3 5 Clara Mertens condicta Schlossers ex Helsen ss. maturi munita R.I.S.Pace 63/-
Juary 15 18 Elisabetha Püttner ex Rossenbach s.s.muni[ta] R.I.P.S.
Febr. 26 27 Joes Hermannus infans 3. bonum(?) parent[um] Jacobi Schmit et Annae Cath. Klein ex Bladersbach.
Febr. 25 28 Josepha Hillesheims condicta Baum ss. mun. ex Brentzing[en] ad Eccles.
Marty 9 12 Infans Joes Bertram parentum Roderici Andres et Annae Margrethae Groß ex Krawinckel 2/-
Marty 15 18 Infans Joes Antonius parentum Adolphi Schneider et Mariae Cath. Hombach condicta Schneiders ex Bettingen -/-/13
Aprill 16 18 Joes Jacobus Neuhof adolescens ex Wilckeroth parent[um] Jois Antony et Annae Evae Neuhof s.s.munit[us] 18/3
May 4 4 Anna Maria Cath Elisabeth Baums filia Bertrami et Gertrudis conjg. ex Brentzingen ad Eccles.
May 5 7 Joes Gerhard Reinard ex Obergeilekausen s.s.munit.
Juny 23 25 Joes Gerard Burghard villicus ex Niederhoff ss. munit.

Sterbebücher, häufig in Form von Beerdigungsregistern geführt, enthalten kaum mehr als den Namen des Verstorbenen und den Tag des Todes bzw. der Beisetzung, meist den letzten Wohnort, selten das völlig unzuverlässige Alter, bei Frauen häufig den Namen des Ehemannes, bei Kindern den des Vaters.

Auch hier werden **Berufe** nur sehr selten angegeben, so bei Geistlichen (Adm. Rev. für "admodum reverendus" = Hochwürden), Pächtern ("villicus", Halfmann, Halfe), und Beamten. Im Beispiel links findet man ganz oben einen "Praetor et Advocatus legalis" (Schultheiß und Rechtsanwalt).

Teilweise werden vom Pfarrer auch **Floskeln** benutzt, z.B. R.I.P. (Requiescat in Pace = Er möge ruhen in Frieden) oder s.s.mun. (sacris sacramentis munitus = versehen mit den heiligen Sakramenten).

Der **Beisetzungsort** ist, falls nichts anderes angegeben wird, immer der Friedhof (coemeterium, "ad Coemet.") der Pfarrei, der früher neben oder in unmittelbarer Nähe der Kirche lag. Beisetzungen in der Kirche (ecclesia, "ad Eccl.") waren nur möglich, falls dort eine Gruft oder zumindest ein Begräbnisrecht existierte. Wenn überhaupt, so war es nur bei Adligen, wohlhabenden Bürgern, Beamtenfamilien oder Geistlichen der Fall.

Blutsverwandtschaft

Nach dem **kanonischem Recht** der katholischen Kirche wird die Anzahl dee Generationen bis zum gemeinsamen Vorfahren gezählt. Haben also zwei Personen A und B einen gemeinsamen Urgroßvater, so sind sie „im 3. Grad miteinander blutsverwandt".

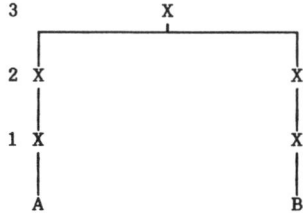

Nach heutigem **bürgerlichem Recht** (BGB § 1589) werden dagegen die Geburten gezählt, die die Blutsverwandtschaft vermitteln. Anders als in der Genealogie kennt das BGB keinen Unterschied zwischen „blutsverwandt" und „verwandt". Es unterscheidet aber zwischen Verwandtschaft „in gerader Linie" Großeltern-Eltern-Kinder) und Verwandtschaft „in der Seitenlinie".
A und B sind demnach „im 6. Grad in der Seitenlinie verwandt".

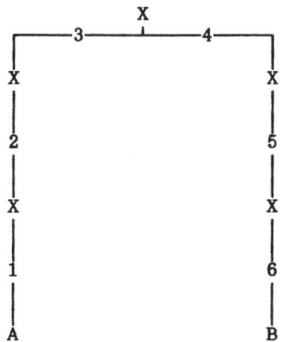

Ist eine Großmutter einer Person A mit der Urgroßmutter einer Person B identisch, so sind A und B nach kanonischem Recht „im 2. und 3. Grad blutsverwandt", nach bürgerlichem aber „im 5. Grad in der Seitenlinie verwandt".

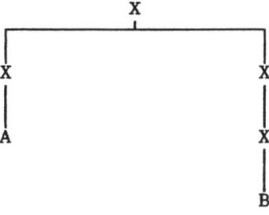

Dispens

Nach dem Recht der katholischen Kirche, dem **Kanonischen Recht**, reichte in bestimmten Fällen der beabsichtigten Eheschließung die Einwilligung des Pfarrers alleine nicht aus. Dann war die Genehmigung des Generalvikars der Diözese einzuholen. Dieser erteilte dann in der Regel den **Dispens**, d.h. die Befreiung vom Ehehindernis.

Dieser Vorgang wurde seit dem 17. Jahrhundert in den **Generalvikariatsprotokollen** festgehalten, die so eine wertvolle Quelle für die Familienforschung darstellen.

Der besondere Wert dieser Protokolle besteht darin, dass fast immer der Wohnort oder die Herkunft der Brautleute angegeben ist, teilweise auch nähere Angaben zur Person, z.B. Beruf (besonders bei Beamten und Soldaten) oder Abstammung (zeitweise sogar ausführliche genealogische Schemata). Da die entsprechenden Kirchenbücher häufig fehlen oder Lücken aufweisen, sind die Generalvikariatsprotokolle oft die einzige Möglichkeit, eine Heirat nachzuweisen oder die Herkunft einer Person zu ermitteln.

Die Durchsicht der umfangreichen Protokollbände in den Bistumsarchiven ist äußerst mühsam und verlangt einige Lateinkenntnisse. Der niederrheinisch-westfälische Raum von der Ahr bis Kleve, östlich bis Soest und Meschede verfügt allerdings über alphabetische Register der Dispense von 1662 bis 1770: *Die Kölner Generalvikariatsprotokolle als personengeschichtliche Quelle, Bd.I-VIII. Köln 1970-1998. (Hrsg.: Westdt. Ges. für Familienkunde).*

Als **Ehehindernisse** werden meistens genannt:
- das dreiwöchige Aufgebot in der Kirche, das der Eheschließung voranzugehen hat. Nur selten wird in den Generalvikariatsprotokollen der Grund dafür angegeben, warum die Brautleute nicht mindestens drei Wochen warten wollen; meistens wird aber eine Schwangerschaft der Grund gewesen sein, zumal dann, wenn nach den Aufgeboten die Fasten- oder Adventszeit begann, in der keine Trauung möglich war.
- die Blutsverwandtschaft der Brautleute (siehe linke Seite).
- die Verschwägerung der Brautleute: Falls ein Ehepartner verstorben war und der überlebende Teil einen Blutsverwandten (im 1. und 2. Grad) des Verstorbenen heiraten wollte, so war ein Dispens nötig. Es wurden aber unnötigerweise auch Dispense bei Verschwägerung im 3. und 4. Grad erteilt.
- eine "geistliche Verwandtschaft" durch eine Patenschaft: Die Taufpaten waren mit dem Täufling sowie mit dessen Eltern und Geschwistern "geistlich verwandt".

Im folgenden Beispiel erfolgte die Befreiung von diesen drei Ehehindernissen gemeinsam (Kath. Pfarrei Waldbröl, 16. Febr. 1779):

> *Bertram Baum ex Brentzingen et Anna Gertrudis Schenck ex Ziegenhard super 3tio et 4to consanguinitatis gradu, cognatione spirituali dubia et tribus bannis dispensati.*

SPEZIELLE THEMEN

Ortsverzeichnisse

Nachdem die Post ihr „Ortsverzeichnis" nicht mehr herausgibt, fehlt in Deutschland ein preisgünstiges aktuelles Ortsverzeichnis in Buchform. Ersatzweise kann auch das **Postleitzahlenverzeichnis** der Post mit gutem Erfolg benutzt werden.

Empfehlenswert sind auch ältere Ausgaben der beiden großen Ortsverzeichnisse Müllers Großes Deutsches Ortsbuch und *Ortsbuch der Bundesrepublik Deutschland (Verlag für Standesamtswesen).* Die neueren Auflagen dieser Werke sind nur bedingt geeignet, da die nach 1945 eingemeindeten Orte nicht mehr alphabetisch aufgelistet sind:

Die Tatsache, daß erfahrungsgemäß bei genealogischen Forschungen vor 1800 immer wieder Probleme entstehen, weil in den Urkunden und Akten genannte Orte nicht lokalisiert werden können, hat hauptsächlich zwei Gründe: Der Ort existiert heute nicht mehr, ist also eine **Wüstung**, oder er ist Teil eines anderen Ortes, also inzwischen ein **Ortsteil**.

In solchen Fällen kommt der Forscher meistens erst dann zum Ziel, wenn es ihm gelingt, die Lage des gesuchten Ortes auf eine gewisse Region (z.B. einen Kreis) einzugrenzen. Dann kann er nämlich heimatkundliche Literatur, selten **historische Ortsnamenverzeichnisse**, am besten aber historische Karten zu Hilfe nehmen (siehe S. 107).

Haben sich die Forschungen auf eine bestimmte Region spezialisiert, so empfiehlt es sich, das älteste vorhandene Ortsverzeichnis zu kopieren; im Kgr. Preußen liegen derartige Verzeichnisse spätestens aus dem frühen 19. Jahrhundert vor.

Wer einen Computer besitzt, sollte auf das Ortsverzeichnis einer **Telefonbuch-CD-ROM** zugreifen. Mit Internet sind auch entsprechende Homepages mit Telefonbüchern auch außerhalb Deutschlands benutzbar.

Als gut hat sich bei der Suche nach Orten in Deutschland auch die Internetseite **mapquest.de** erwiesen. Sie liefert zu dem gesuchten Ort sofort dessen Lageplan in verschiedenen Maßstäben. Besonders für Forschungen in den Vertriebenengebieten sei auf die Seite des amerikanischen Vereins für jüdische Familiengeschichte **www.jewishgen.org/StetlSeeker** hingewiesen. Hier können Sie sowohl die alte deutsche wie auch die heutige polnische, russische oder tschechische Ortsbezeichnung verwenden und erhalten nach der Eingabe eines Ortes zunächst eine Liste von gleich oder ähnlich klingenden Ortsnamen mit einer Lageangabe. Nach Ihrer Auswahl aus dieser Liste schaltet die Seite auf mapquest um.

Die Internetseite genealogienetz.de bietet ebenfalls Ortsverzeichnisse an, so das seit Jahren bewährte **GOV**.

Allgemein:
F. J. Burghardt: Familienforschung, 5. Aufl. Meschede 2003.
Taschenbuch für Familiengeschichtsforschung. Hrsg. W. Ribbe - E. Henning,
11. Aufl. Neustadt a.d.Aisch 1995 (Verlag Degener).
O. Forst de Battaglia: Wissenschaftliche Genealogie, Bern 1948.
Handbuch der Genealogie. Hrsg. E. Henning - W. Ribbe, Neustadt a.d. Aisch
1972 (Verlag Degener).
Mitgliederverzeichnis der DAGV. Neustadt a.d.Aisch 1998 (Verl. Degener).

Sammlungen von Stamm- und Ahnentafeln:
Deutsches Geschlechterbuch (DGB. Genealogisches Handbuch bürgerlicher
Familien, seit 1889, über 210 Bände; C.A. Starke Verlag).
Deutsches Familienarchiv (DFA, über 120 Bde.; Verlag Degener).
Genealogisches Handbuch des Adels (GHdA, ab 1951; C.A. Starke Verlag).
Europäische Stammtafeln („Isenburg", Adelsfamilien, seit 1956; Verlag Deg.).

Zeitschriften (mehrere Hefte jährlich):
Archiv für Familiengeschichtsforschung (C.A. Starke Verlag).
Genealogie (Verlag Degener).
Mitteilungen der genealogischen Vereine.

Bibliographien:
Familiengeschichtliche Bibliographie. Hrsg. Zentralstelle für [Deutsche] Per-
sonen- und Familiengeschichte, Bd.I-VII (vor 1945) u. XI (1960-1962)
Leipzig/Neustadt a.d. Aisch 1928-1966; Verlag Degener. Neue Folge bearb.
Von E. Henning - G. Jochum) Bd.1 (1945-1960), Stuttgart (Selbstverlag
DAGV) 1997.
Der Schlüssel. Hrsg. Genealogisch-Heraldische Gesellschaft mit dem Sitz in
Göttingen. Gesamtinhaltsverzeichnis mit Quellennachweisen für genealo-
gische, heraldische und historische Zeitschriftenreihen (Bd.1-4 u. 6: Zeit
vor 1945; Bd.5: 1945-1960; Bd.7: 1961-1975; Bd.8: 1976-1980; Bd.9:
1866-1975). Göttingen 1950 ff.
O. Spohr: Familiengeschichtliche Quellen, 13 Bde, Leipzig/Marktschellenberg/
Neustadt a.d. Aisch 1926-1959 (Bd.1-10 Neudruck Düsseldorf 1981-1984
als "Reprintreihe wichtiger genealogischer Werke").

Verzeichnisse genealogischer Bibliotheken:
Familiy History Library Catalog. Katalog der familiengeschichtlichen Bib-
liothek der Mormonen in Salt Lake City. (Benutzbar in den genealogischen
Forschungszentren der Mormonen und ständig aktualisiert im Internet unter
www.familysearch.org).
E. Przyrembel: Bibliothek der Westdeutschen Gesellschaft für Familienkunde.
Bestandsverzeichnis. 3 Bände. Köln 1976-1988 (Selbstverlag WGfF).

Literatur

Jeder Familienforscher sollte die wichtigsten genealogischen Veröffentlichungen kennen, wie sie auf der linken Seite zusammengestellt sind. Nicht etwa, dass er alles lesen oder gar kaufen müsste; vielmehr muss man wissen, wo nachzuschlagen ist, um allgemeine Hinweise für die eigene Forschung oder gar eine gedruckte Familiengeschichte zu finden, in der eigene Vorfahren genannt werden. Denn in fast jeder Ahnen- oder Stammtafel wird sich einmal eine Anbindung an eine bereits veröffentlichte genealogische oder historische Arbeit in einem Buch oder in einer Zeitschrift ergeben. So wird eine Doppelforschung vermieden, und die Ahnentafel kann häufig erheblich erweitert werden.

Die familiengeschichtliche Literatur ist sehrt vielseitig: Neben allgemeinen Werken zur Methodik und Forschungspraxis gibt es große **Reihen** von Familienchroniken (z. B. DGB und DFA). Daneben gibt es eine Fülle von Einzelveröffentlichungen (**Monographien**) zu Familien, Regionen. oder bestimmten Themen. Sowohl die Verlage Starke und Degener wie auch die genealogischen Vereine geben Zeitschriften (**Periodika**) heraus, in denen Familienchroniken, Ahnenlisten, Buchhinweise u. a. veröffentlicht werden.

Dies alles zu lesen, um etwas zu finden, ist unmöglich. Hilfen sind hier die **Namenregister** (z.T. auf CD-ROM, siehe S. 95). Zur Auffindung von Zeitschriftenartikeln sind **Bibliographien** heranzuziehen, die aber bei weitem nicht vollständig sind. Über laufenden Veröffentlichungen informieren Buchbesprechungen sowie „Zeitschriften- und Bücherschauen"..

Allgemein zur **Anschaffung** empfohlen wird neben einer Einführung (z. B. diesem Buch) das Mitgliederverzeichnis der DAGV, das *Taschenbuch der Familiengeschichtsforschung (Degener)* und *Latein für den Sippenforscher (Starke)*, bei Forschungen in den Vertriebenengebieten auch den *„Wegweiser"* (S. 83). Kaufen Sie ansonsten immer nur die Literatur, die Sie wirklich benötigen.

Neben den Bibliotheken der genealogischen Vereine verfügen auch alle **Universitätsbibliotheken** über gute Bestände an familienkundlicher Literatur, ebenso zahlreiche Stadtbibliotheken der großen Städte. Die Bestände werden immer durch Bibliotheksverzeichnisse oder Sachkataloge erschlossen.

Die größte familiengeschichtliche Bibliothek der Welt ist die **Family-History Library** der Mormonen in Salt Lake City. Sie umfasst 300.000 Bücher, 4.500 Zeitschriften, 2.200.000 Mikrofilmrollen und 742.000 Mikrofiches. Ihr Bestand ist vollständig durch einen auch im Internet (familysearch.org) benutzbaren Katalog erschlossen.

Die größte deutsche genealogische Bibliothek in Deutschland ist die der Westdeutschen Gesellschaft für Familienkunde, die im Personenstandsarchiv Brühl zu benutzen ist.

WARNUNG !

Nehmen Sie zwar die Informationsmöglichkeiten durch Bücher wahr, vergeuden Sie aber nicht Ihre Zeit beim Lesen völlig unwichtiger genealogischer Literatur !

Die Könige von Preußen

Friedrich Wilhelm *6. II. 1620 †29. IV. 1688 Kfst. 1640 (s. Taf. 62) ∞¹) 7. XII. 1646 *Luise Henriette*, T. d. Pr. Friedrich E
Philipp von Holstein-Glücksburg, *29. IX. 1636 †6. VIII. 1689

1.	1.	1.	1.	2.	2.
Wilhelm Heinrich *21. V. 1648 †24. X. 1649	FRIEDRICH III. (I.) *11. VII. 1657 †25. II. 1713 Kfst. 1688 Kg. 18. I. 1701 ∞¹) 23. VIII. 1679 *Elisabeth Henriette*, T. d. Ldgf. Wilhelm VI. von Hessen-Kassel, *18. XI. 1661 †7. VII. 1683 ∞²) 8. X. 1684 *Sofie Charlotte*, T. d. Kfst. Ernst August von Hannover, *30. X. 1668 †1. II. 1705 ∞³) 28. XI. 1708 *Sofie Luise*, T. d. H. Friedrich von Mecklenburg-Schwerin, *16. V. 1685 † 29. VII. 1735	Heinrich *19. XI. 1664	Ludwig *8. VII. 1666 †7. IV. 1687 ∞7. I. 1681 *Luise Charlotte*, T. d. Fst. Bogislaw Radziwill, *9. III. 1667 †23. III. 1695	Philipp *19. V. 1669 †19. XII. 1711, zu Schwedt ∞ 25. I. 1699 *Johanna Charlotte*, T. d. Fst. Johann Georg II. von Anhalt-Dessau, *16. IV. 1682 †31. III. 1750	Marie *26. XI 1739 ∞¹) 20. Erbpr. von Me Güstrow *18. 1688 ∞²) 5. V *Wilhelm* H. v *22. III. 1664
1. Karl *16. II. 1655 †7. XII. 1674		1. Amalie *19. XI. 1664 †1. II. 1665			

1.	2.	Friederike Dorothea	1.	2.	Georg Wilhelm	Heinrich Fr
Luise, *29. IX. 1680 †23. XII. 1705 ∞ V. 1700 *Friedrich* I. Ldgf. von Hessen-Kassel *8. V. 1676 †5. IV. 1751	FRIEDRICH WILHELM I. *14. VIII. 1688 †31. V. 1740, Kg. 1713 ∞ 28. XI. 1706 *Sofie Dorothea*, T. d. Kg. Georg I. von Grossbritannien, *26. III. 1687 †28. VI. 1757	*24. II. 1700 †7. II. 1701	Friedrich Wilhelm *27. XII. 1700 †4. III. 1771 zu Schwedt 1711 ∞ 10. XI. 1734 *Sofie*, T. d. Kg. Friedrich Wilhelm I. von Preussen, *25. I. 1719 †13. XI. 1765	Henriette Marie *2. III. 1702 †7. V. 1782 ∞ 8. XII. 1716 *Friedrich Ludwig* Erbpr. von Württemberg *24. I. 1698 † 23. XI. 1731	*u. †III./IV. 1704 Tochter totgeb. 12. X. 1705	1709 †12. X 1771 ∞ 18. T. d. Fst. L Dessau, *1 I. 1783
2. Friedrich August *6. X. 1685 †31. I. 1686		Dorothea *18. XII. 1736 †9. III. 1798 ∞ 29. XI. 1753 *Friedrich* I. Eugen H. von Württemberg *21. I. 1732 †23. XII. 1797	Luise *22. IV. 1738 †10. II. 1820 ∞ 27. IX. 1755 *Ferdinand* Pr. von Preussen *23. V. 1730 †2. V. 1813		Georg Philipp *10. IX. 1741 †28. IV. 1742	Philippin I. 1775 F sel *14.

Friedrich *28. XI. 1707 †13. V. 1708	Wilhelmine *3. VII. 1709 †14. X. 1758 ∞ 30. XI. 1731 *Friedrich* Mkgf. von Brandenburg-Bayreuth *10. V. 1711 †26. II. 1763	FRIEDRICH II. der Grosse *24. I. 1712 †17. VIII. 1786, Kg. 1740 ∞12. VI. 1733 *Elisabeth*, T. d. H. Ferdinand Albrecht II. von Braunschweig-Wolfenbüttel, *8. XI. 1715 †18. I. 1797	Friederike Luise *28. IX. 1714 †4. II. 1784 ∞ 30. V. 1729 *Karl* Mkgf. von Brandenburg-Ansbach *12. V. 1712 †3. VIII. 1757	Philippine Charlotte *13. VII. 1716 †16. II. 1801 ∞ 2. VII. 1733 *Karl* I. H. von Braunschweig-Wolfenbüttel *1. VIII. 1713 †26. III. 1780	Sofie *25. I. 1719 †13. 1765 ∞ 10. XI. 173 *drich Wilhelm* Mkgf Brandenburg-Schwedt *27. XII. 1700 †4.
	Friedrich Wilhelm *16. VIII. 1710 †31. VII. 1711	Charlotte *5. V. 1713 †10. VI. 1714		Karl *2. V. 1717 †31. VIII. 1719	

FRIEDRICH WILHELM II. *25. IX. 1744 †16. XI. 1797 Kg. 1786 ∞¹) 14. VII. 1765 ∞1769 *Elisabeth*, T. d. H. Karl I. v. Braunschweig-Wolfenbüttel, *8. XI. 1746 †18. II. 1840 ∞²) 14. VII. 1769 *Friederike*, T. d. Ldgf. Ludwig IX. von Hessen-Darmstadt, *16. X. 1751 †25. II. 1805	Heinrich *30. XII. 1747 †9. VI. 1767	Wilhelmine *7. VIII. 1751 †9. VI. 1820 ∞ 4. X. 1767 *Wilhelm* V. Pr. von Nassau-Oranien *8. III. 1748 †9. IV. 1806	Emil *30. X. 1758 †15. II. 1759

1.	2.	2.	2.	3.	3.
Friederike *7. V. 1767 †6. VIII. 1820 ∞ 29. IX. 1791 *Friedrich* H. von York *16. VIII. 1763 †5. I. 1827	FRIEDRICH WILHELM III. *3. VIII. 1770 †7. VI. 1840 Kg. 1797 ∞¹) 24. XII. 1793 *Luise*, T. d. H. Karl II. von Mecklenburg-Strelitz, *10. III. 1776 †19. VII. 1810 ∞²) 9. XI. 1824 *Auguste*, T. d. Gf. Ferdinand von Harrach, *30. VIII. 1800 †5. VI. 1873, Fstn. von Liegnitz (s. Taf. 64)	Wilhelmine *31. VIII. 1772 †14. VI. 1773	Ludwig *5. XI. 1773 †28. XII. 1796 ∞ 26. XII. 1793 *Friederike*, T. d. H. Karl II. von Mecklenburg-Strelitz, *2. III. 1778 †29. VI. 1841	Wilhelmine X. 1867 ∞ I. Kg. de VIII. 1779

Friedrich *30. X. 1794 †27. VII. 1863 ∞ 21. XI. 1817 *Luise*, T. d. H. Alexis von Anhalt-Bernburg, *30. X. 1799 †9. XII. 1882	Karl *26. IX. 1795 †6. IV. 1798	Friederike *30. IX. 1796 †1. I. 1850 ∞ 18. IV. 1818 *Leopold* H. von Anhalt-Dessau *1. X. 1794 †22. V. 1871	Amalie *4. VII. 1805 †26. XI. 1806	Tochter *3. †14. XI. 1806	Thassilo *29. X. 1811 †10. I. 1813
Alexander *21. VI. 1820 †4. I. 1896 Georg *12. II. 1826 †2. V. 1902					Sohn totgeb. 30. VIII. 1809

Stammtafel

Früher oder später interessieren sich die meisten Familienforscher nicht mehr nur für ihre Vorfahren, sondern auch für die Namensträger ihrer Familie. Diese werden dann in einer **Stammtafel** zusammengefaßt, die oben mit dem ersten bekannten Namensträger, dem "Stammvater", beginnt. Darunter folgen dessen Kinder, dann seine Enkel, Urenkel usw., aber immer nur diejenigen, die bei ihrer Geburt den Familiennamen des Stammvaters trugen.

Wie in der Ahnentafel, so ist es auch in der Stammtafel üblich, außer den Vornamen auch Geburtsort und -tag, Sterbeort und -tag und den Beruf der Namensträger anzugeben, ferner bei Eheschließungen auch Ort und Tag der Heirat sowie den Namen des Ehepartners, dessen Beruf und die Schwiegereltern.

Für Stammtafeln gibt es natürlich keine Vordrucke, da die Anzahl der Kinder, Enkel usw. sehr unterschiedlich sein kann. Daher muß der Familienforscher selbst auf einem großen Bogen Papier die Personen so anordnen, wie es in seinem Fall nötig ist. Doch gilt auch hier das gleiche wie bei der Ahnentafel: Letztlich ist der Raum in einer Tafel nur begrenzt, so daß man zu einer Stammliste (S. 67) oder zu Familienblättern (S. 16/17) übergehen muss. Oder man benutzt ein Computerprogramm wie PAF (S. 41).

Zu den führenden Adelsfamilien Europas gibt es umfangreiche Stammtafel- und Stammlisten-Sammlungen (Europäische Stammtafeln, Genealogisches Handbuch des Adels GHdA). Für bürgerliche Familien sei auf das Deutsche Geschlechterbuch (DGB) und das Deutsche Familienarchiv (DFA) verwiesen. Alle diese Bücher sind in jeder größeren Bibliothek einzusehen.

Die Stammtafel kann man als die "klassische Darstellungsform der Genealogie" bezeichnen. Ihre herausragende Stellung ist von der kulturbedingten Auffassung abhängig, daß die ausschließlich durch Männer vermittelte Verwandtschaft (**agnatisch**) stärker bindet als die auch durch Frauen vermittelte (**kognatisch**). Diese Auffassung betont also die Priorität des Mannes gegenüber der Frau, was nicht zuletzt durch die Übertragung des väterlichen Familiennamens auf die Kinder zum Ausdruck kam. Die Hervorhebung der agnatischen Verwandtschaft fand allerdings bei unehelichen Geburten - sofern das Kind nicht durch eine spätere Eheschließung legitimiert wurde - keine Beachtung, wenn man einmal von Ausnahmen in Adelsfamilien absieht ("**Bastardlinien**").

Ebenso wurde auch dann häufig die agnatische Abstammung nicht berücksichtigt, wenn ein Familienname nicht existierte und die nähere Kennzeichnung einer Person nach dem Wohnort oder dem Besitz erfolgte, so etwa bei den Grafen von Arnsberg seit Gottfried I. und bei den Habsburgern seit Maria Theresia. Die gesellschaftliche Entwicklung der letzten 50 Jahre zwingt insbesondere durch die rechtliche Gleichstellung von Mann und Frau zu einer Neufassung des Begriffs Stammtafel, die etwa folgendermaßen aussehen kann:

Nachfahrenliste

VON HABSBURG, Rudolf I., * 01.05.1218 auf Schloß Limburg im Breisgau, † 15.07.1291 in Speyer
∞ um 1253 im Elsaß
Gräfin VON HOHENBERG, Gertrud Anna, * um 1225 in Schwaben, † 16.02.1281 in Wien
  Gräfin VON HABSBURG, Mathilde, * um 1253 in Rheinfelden, † 23.12.1304 in München
  ∞ 24.10.1273 in Heidelberg
  Pfalzgraf BEI RHEIN, Ludwig II., * 13.04.1229 in Heidelberg, † 03.02.1294 ebd.
  VON HABSBURG, Albrecht I., * im Juli 1255 in Rheinfelden, † 01.05.1308 in Königsfelden bei Brugg an der Aare
  ∞ nach 1255 in Rheinfelden
  Prinzessin VON KÄRNTEN, Elisabeth, * um 1262 in München, † 28.10.1313 in Wien
   ├ Herzogin VON ÖSTERREICH, Anna, * um 1280 in Wien, † 19.03.1328 in Breslau
   ∞ im Dezember 1295 in Brandenburg
   Markgraf VON BRANDENBURG, Hermann, * um 1280 in Brandenburg, † im Januar 1308 ebd.
   ∞ um 1310 in Breslau
   Herzog VON SCHLESIEN-BRESLAU, Heinrich VI., * 28.03.1294 in Breslau, † 24.11.1335 ebd.
   ├ Herzogin VON ÖSTERREICH, Agnes, * 18.05.1281 in Wien, † 10.06.1364 in Königsfelden
   ∞ 13.02.1296 in Wien
   König VON UNGARN, Andreas III., * 1275 in Slawonien, † 14.01.1301 in Stuhlweißenburg
   ├ VON HABSBURG, Rudolf III., * um 1282 in Wien, † 04.07.1307 in Horazd'owitz bei Prag
   ∞ 29.05.1300 in Wien
   Prinzessin VON FRANKREICH, Blanka, * um 1285 in Paris, † 19.03.1305 in Wien
   ∞ 16.10.1306 in Prag
   Prinzessin VON POLEN, Elisabeth, * um 1286 in Lemberg, † 18.10.1335 in Brünn
   ├ Herzogin VON ÖSTERREICH, Elisabeth, * um 1285 in Wien, † 19.05.1352 in Nancy
   ∞ im Juni 1306 in Nancy
   Herzog VON LOTHRINGEN, Friedrich IV., * 15.04.1282 in Nancy, † 23.08.1328 in Kassel, gefallen
   ├ VON HABSBURG, Friedrich I., * um 1289 in Wien, † 13.01.1330 in Gutenstein/Niederösterreich
   ∞ 11.05.1314 in Schloß Gutenstein
   VON ARAGONIEN, Elisabeth, * um 1296 in Montpellier, † 25.03.1330 in Wien
    ├ Herzog VON ÖSTERREICH, Friedrich, * um 1316 in Wien, † um 1322 in Rheinfelden
    ├ Herzogin VON ÖSTERREICH, Elisabeth, * um 1317 in Wien, † 23.10.1336 ebd.
    ├ Herzogin VON ÖSTERREICH, Anna, * um 1318 in Wien, † 14.12.1343 ebd.
    ∞ 21.09.1328 in Landshut
    Herzog VON NIEDERBAYERN, Heinrich III., * 28.08.1312 in Nürnberg, † 18.06.1333 in Landshut
    ∞ 29.09.1336 in Görz
    Graf VON GÖRZ, Johann, * um 1322 in Görz, † 17.03.1338 ebd.
   ├ Herzog VON ÖSTERREICH, Leopold I., * vor 04.08.1290 in Wien, † 28.02.1326 in Straßburg
   ∞ 26.05.1315 in Wien
   Prinzessin VON SAVOYEN, Katharina Elisabeth, * um 1298 in Brabant, † 30.09.1336 in Rheinfelden
   ├ Herzogin VON ÖSTERREICH, Katharina, * im Oktober 1295 in Wien, † 18.01.1323 in Neapel
   ∞ um 1316 in Neapel
   Herzog VON KALABRIEN, Karl, * um 1298 in Neapel, † 10.11.1328 ebd.
   ├ VON HABSBURG, Albrecht II., * 12.12.1298 auf der Habsburg, † 20.07.1358 in Wien
   ∞ 26.03.1324 in Wien
   Gräfin VON PFIRT, Johanna, * um 1300 in Basel, † 15.11.1351 in Wien
    ├ Herzog VON ÖSTERREICH UND STEIERMARK, Rudolf IV., * 01.11.1339 in Wien, † 27.07.1365 in Mailand
    ∞ 13.07.1353 oder 13.07.1357 in Wien
    Prinzessin VON LUXEMBURG-BÖHMEN, Katharina, * um 1342 in Prag, † 25.04.0135 in Wien
    ├ Prinzessin VON LUXEMBURG-BÖHMEN, Katharina, * um 1342 in Wien, † 10.01.1381 ebd.
    ├ Herzogin VON ÖSTERREICH, Margarete, * 1346 in Wien, † 14.01.1366 in Brünn
    ∞ 04.09.1359 in Passau
    Graf VON TIROL, Meinhard III., * 09.02.1344 in Tirol, † 13.01.1363 auf Schloß Tirol bei Meran
    ∞ 26.02.1364 in Brünn
    Markgraf VON MÄHREN, Johann Heinrich, * 12.02.1322 in Prag, † 12.11.1375 in Brünn
    ├ Herzog VON ÖSTERREICH, Friedrich III., * 31.03.1347 in Wien, † 10.12.1362 ebd.
    ├ Herzog VON ÖSTERREICH, Albrecht III., * 09.09.1348 in Wien, † 29.08.1395 auf Schloß Laxenburg bei Wien
    ∞ 19.03.1366 in Wien
    Prinzessin VON LUXEMBURG-BÖHMEN, Elisabeth, * 19.03.1358 in Prag, † 19.09.1373 in Wien
    ∞ 04.03.1375 in Wien
    Prinzessin VON NÜRNBERG-HOHENZOLLERN, Beatrix, * um 1355 in Nürnberg, † 10.06.1414 in Wien
     ├ Erzherzog VON ÖSTERREICH, Albrecht IV., * 19.09.1377 in Wien, † 14.09.1404 in Klosterneuburg bei Wien
     ∞ 24.04.1390 in Wien
     Prinzessin VON BAYERN, Johanna Sofie, * um 1373 in München, † 15.11.1410 in Wien
      ├ Herzogin VON ÖSTERREICH, Margarethe, * 26.06.1395 in Wien, † 24.12.1447 in Burghausen
      ∞ 25.11.1412 in Landshut
      Herzog VON BAYERN, Heinrich IV., * um 1386 in Landshut, † 20.07.1450 oder 30.07.1450 ebd.
      ├ Herzog VON ÖSTERREICH, Albrecht V., * 16.08.1397 in Wien, † 27.10.1439 in Neszmély bei Gran, Ruhr
      ∞ 28.09.1421 in Prag, o 1410, Elisabeth war erst zwei Jahre
      Prinzessin VON BÖHMEN UND UNGARN, Elisabeth, * um 1409 in Prag, † 25.12.1442 in Raab
       ├ Herzogin VON ÖSTERREICH, Anna, * 12.04.1432 in Wien, † 14.11.1462 in Altenburg
       ∞ 20.06.1446 in Altenburg
       Herzog VON SACHSEN, Wilhelm II., * 30.04.1425 in Altenburg, † 17.09.1482 ebd.

> *Eine **Stammtafel** ist die Angabe aller Personen, die aufgrund ihrer biologisch-rechtlichen Abstammung von einer Person den gleichen Familiennamen haben.*

Damit wird zugestanden, dass die agnatische Abstammung und die Ehelichkeit einer Geburt prinzipiell keine Rolle mehr spielen. Umstritten bleibt unter Familienforschern, ob die biologische Abstammung in einer Stammtafel unverzichtbar bleiben soll. Gerade in bezug auf die **Adoptivkinder** sollte die Genealogie aber eine Darstellungsform bereitstellen, die auch die Aufnahme dieser Personen und ihrer Nachkommen gestattet, etwa eine **Familientafel** die die Angabe aller Personen enthält, die aufgrund ihrer rechtlichen Abstammung von einer Person den gleichen Familiennamen haben. Der Begriff Familie ist also hier direkt an den gemeinsamen Namen gekoppelt.

Bei der Veröffentlichung von Stammtafeln hat die Tafelform zwar den Vorteil, dass alle Verzweigungen einer Familie gut zu überblicken sind und eine Nummerierung der Personen zwecks Einordnung ganz überflüssig ist. Doch steht meistens nur wenig Platz für nähere Angaben zur Verfügung, ganz abgesehen von den schreib- und drucktechnischen Problemen. Allgemein üblich ist daher die Wiedergabe in Listenform (**Stammliste**), die die Personen einer Stammtafel nach einer bestimmten Ordnung nacheinander mit beliebig vielen Personendaten aufführt, wobei allgemein zwischen der z.B. im GHdA benutzten "fortlaufenden" und der z.B. im DGB verwendeten "unterbrechenden" Liste unterschieden wird. Hinzufügen möchte ich noch die "Generationen-" und die "Familien-Liste".

Bei Computer-Ausdrucken beliebt ist die an den Vorrechten der Primogenitur orientierte und daher bei Stammtafeln des Adels bevorzugte **fortlaufende Liste**. Sie führt grundsätzlich sofort alle Kinder einer Person auf, die nach fortschreitenden Generationen möglichst immer weiter nach rechts eingerückt werden; Querverweise sind überflüssig. Beispiel:

Johann ...
1 Peter ...
  a) Maria ...
  b) Johann ...
2 Herbert ...
  a) Albert ...
    α) Herbert ...
      i) Maria ...
      ii) Sophia ...
    β) Peter ...
  b) Friedrich ...
    α) Katharina ...
    β) Heinrich ...
3 Wilhelm ...
  a) Rudolph ...
  b) Gertrud ...
...

Abb. links:
Stammliste in fortlaufender Form
(Ausdruck des Computerprogramms GENprofi; siehe S. 39)

✠ ..., T. b. ✠ Friedrich von der Harbt⁷), u. f. S.
✠ Agnes Schwermer.

Kinder, zu Dpe geboren:
1. ✠ Michael, f. Va, älterer Stamm.
2. ✠ Peter, f. Vb, jüngerer Stamm.

A. Älterer Stamm.

Va. ✠ Michael Lyle, * Dpe ..., ✠ ebb. 17. 2. 1686, Kupfer-Gewerke, 1656 Stadtkämmerer und Bürgermeister⁸) nahe der obersten Pforte ebb., ✕ ebb. um 1647 mit ✠ Anna Hupe, * ..., ✠ ebb. 2. 3. 1699, T. b. ✠ Hans Hupe, u. f. S. (vor 1669), Weinhändler ebb., u. f. G. ✠ Elisabeth Heldmann, * ✠ Dpe 9. 1. 1679.

Kinder, zu Dpe geboren:
1. ✠ Heinrich, f. VIa, ältester (Heinrichscher) Hauptast.
2. ✠ Franz Heinrich, * um 1650, ✠ ... 1669 Student zu Mainz.
3. ✠ Anna, ✠ ..., ✕ Dpe 18. 6. 1684 mit ✠ Jakob Harnischmacher, * ebb. ..., ✠ ebb. 18. 4. 172:.
4. ✠ Margareta, * ..., ✠ ebb. 7. 5. 1703; ✕ Dpe 3. 3. 1673 mit ✠ Peter Kühn, ✠ Dpe
5. ✠ Katharina, * ..., ✠ ebb. ... 1669; ✕ ... mit ✠ Peter Zeppenfeld, gen. Hupe, * ..., (tot 1675).
6. ✠ Johannes, f. VIb, mittlerer (Johannesscher) Hauptast.
7. ✠ Johann Peter, f. VIc, jüngster (Johann Peterscher) Hauptast.
8. ✠ Hermann, * 21. 4. 1669, ✠ ebb. 28. 4. 1669.

1. Ältester (Heinrichscher) Hauptast.

VIa. ✠ Heinrich Lyle, * Dpe ... 1648, ✠ ebb. ... 1717, Kupfer-Gewerke und Stadtkämmerer, wohnte nahe der obersten Pforte ebb.; ✕ Dpe 26. 6. 1672 mit ✠ Anna Margareta Harnischmacher (Harensmacher), * ebb. ..., ✠ ebb. 29. 12. 1732. T. b. ✠ Kaspar Harnischmacher, * ✠ Dpe 1. 7. 1681, u. f. G. ✠ Maria Kipp.

Gerade Stammfolge:

1. ✠ Peter Lyle, * ... um 1580, Bürger zu Dpe, 1579 Inhaber von Lehngütern des Klosters Drolshagen⁹) im Kreuz-Ohl bei Dpe; ✕ ... mit ✠ ...

Sohn, zu ... geboren:
II ✠ Johann Lyle, * ..., ✠ Dpe⁵); 1592, Bürger vor der niedersten Pforte zu Dpe; ✕ ... mit ✠ ...

Sohn, zu Dpe geboren:
III. ✠ Johann Lile, * ..., ✠ 1582 Bürger zu Dpe; ✕ ... mit ✠ Knobbe, * ..., T. b. ✠ Wilhelm Knobbe⁶), Bürger ebb., u. f. G. ✠ Hilleberben (Beta Hille).

Kinder, zu Dpe geboren:
1. ✠ Peter, f. IV.
2. ✠ ..., * ...; ✕ ... mit ✠ Michael Bernardin (Bernhardi).
IV. ✠ Peter Lyle, * ..., Bürger zu Dpe, 1642, 1647 Lehnsträger⁴) des Klosters Drolshagen von der Harbt, * ...; ✕ ... mit ✠ Katharina

Stammtafeln, die über mehr als fünf Generationen reichen, sind mit Hilfe der fortlaufenden Liste aber kaum noch darstellbar. Außerdem - und dies ist besonders nachteilig - geht durch das ständige Einschieben späterer Generationen die Übersicht über die Familien der ersten Generationen verloren.

Das DGB bevorzugt dagegen die **unterbrechende Liste**, die zunächst die Stammtafelgenerationen (beginnend mit dem Stammvater) mit römischen Ziffern durchnummeriert und dann in jeder Generation die männlichen Personen mit Nachkommen durch Buchstaben a, b, c, ... kennzeichnet. Schließlich werden nach bestimmten Gesichtspunkten - meistens der gleiche Wohnort - Teile der Stammtafel zu sogenannten Stämmen, Ästen oder Zweigen (bisweilen auch "Hauptstämmen", "Unterstämmen" usw.) zusammengefaßt und in der Liste geschlossen abgehandelt. Da z.B. der Anschluß einer Person mit dem Zeichen IXf ohne nähere Erläuterungen völlig unklar ist, muss zu Beginn der Liste eine Übersicht angegeben werden.

Beispiel:

I Johann ...
1 Peter, s. IIa (Älterer Stamm)
2 Herbert, s. IIb (Mittlerer Stamm)
3 Wilhelm, s. IIc (Jüngerer Stamm)

Älterer Stamm:
IIa Peter ...
1 Maria ...
2 Johann ...

Mittlerer Stamm:
IIb Herbert ...
1 Albert, siehe IIIa (Älterer Ast)
2 Friedrich, s.IIIb (Jüng. Ast)
3 Elisabeth ...

Älterer Ast:
IIIa Albert ...
1 Herbert, siehe IV
2 Peter ...
IV Herbert ...
1 Maria ...
2 Sophia ...

Jüngerer Ast:
IIIb Friedrich ...
1 Katharina ...
2 Heinrich ...

Jüngerer Stamm:
IIc Wilhelm ...
1 Rudolph, siehe IIIc
2 Gertrud ...

...

Abb. links:
Stammliste in unterbrechender Form
(Deutsches Geschlechterbuch, Bd.97, S.328-331. Familie Liese im Raum Olpe/Westf. 16.-18. Jh.)

In wissenschaftlichen Publikationen wird heute die **Generationen-Liste** bevorzugt, die alle Personen einer Generation aufführt, deren Kinder aber erst in der nächsten Generation nennt. Alle Personen einer Generation werden durchnummeriert und durch diese Ziffer gekennzeichnet. Der Ziffer wird die Generationenzahl vorangestellt (z.B. II4 oder V12). Die Abstammung muss dann aber durch besondere Hinweise wie "Kinder des ..." genannt werden.

Beispiel:

> *I Johann ...*
> *II Kinder von I:*
> *1 Peter ...*
> *2 Herbert ...*
> *3 Wilhelm ...*
> *III Kinder von II1:*
> *1 Maria ...*
> *2 Johann ...*
> *Kinder von II2:*
> *3 Albert ...*
> *4 Friedrich ...*
> *Kinder von II3:*
> *5 Rudolph ...*
> *...*
> *IV Kinder von III3:*
> *1 Herbert ...*
> *2 Peter ...*
> *...*
> *V Kinder von IV1:*
> *1 Maria ...*
> *2 Sophia ...*
> *...*

Einige Genealogen benutzen eine Variante, die - vergleichbar mit der Kekuléschen Bezifferung in der Ahnenliste - eine Kennzeichnung der Personen durch Zahlen oder Buchstaben vorsieht, aus der sich die Abstammung der Personen unmittelbar ergibt.

Beispiel:
(Eingeklammert die von S. Rösch, Caroli Magni Progenies, vorgeschlagene Kennzeichnung durch Buchstaben.)

> *Erste Generation:*
> *Johann ...*
> *Zweite Generation:*
> *1 (A) Peter ...*
> *2 (B) Herbert ...*
> *3 (C) Wilhelm ...*
> *Dritte Generation:*
> *1-1 (Aa) Maria ...*
> *1-2 (AB) Johann ...*
> *2-1 (BA) Albert ...*
> *2-2 (BB) Friedrich ...*
> *3-1 (CA) Rudolph ...*
> *...*
> *Vierte Generation:*
> *2-1-1 (BAA) Herbert ...*
> *2-1-2 (BAB) Peter ...*
> *...*
> *Fünfte Generation:*
> *2-1-1-1 (BAAa) Maria ...*
> *2-1-1-2 (BAAb) Sophia ...*
> *...*

Bei mehr als fünf Generationen wird die zur Kennzeichnung einer Person erforderliche Ziffern- oder Buchstabenfolge natürlich sehr aufwendig.

Da die Generationenliste gegenüber der unterbrechenden Liste den Nachteil hat, die genealogische Einheit Vater-Mutter-Kinder nicht mehr auf einen Blick wiederzugeben, wird bisweilen auch die **Familienliste** benutzt, die in jeder Generation die Kleinfamilie aufzählt. Bei den Kindern, deren Nachkommen ebenfalls in der Liste erscheinen sollen, werden nur (wenn überhaupt) Geburts- und Todestag genannt.

Beispiel:

Erste Generation:
  Johann ...
  1 Peter, s.u.
  2 Herbert, s.u.
  3 Wilhelm, s.u.
Zweite Generation:
  1 Peter ...
    1 Maria ...
    2 Johann ...
  2 Herbert ...
    1 Albert, s.u.
    2 Friedrich ...
  3 Wilhelm ...
    1 Rudolph ...
  ...
Dritte Generation:
  2-1 Albert ...
    1 Herbert, s.u.
    2 Peter ...
  ...

Nur bei wenigen bedeutenden Persönlichkeiten wurde bislang versucht, eine Übersicht über deren gesamte Nachkommenschaft (**Nachfahrentafel**) in den ersten 8 bis 14 Generationen zu erlangen, so z.B. für Karl den Großen, den Dänenkönig Gorm d. Ält. und Martin Luther. Ein inzwischen in vielen Details korrigierter Klassiker dieser sehr schnell die Grenzen des praktisch Möglichen erreichenden Forschungsrichtung ist nach wie vor:
- *E. Brandenburg: Die Nachkommen*

Karls des Großen, I.-XIV. Generation. (Stamm- und Ahnentafelwerk der Zentralstelle für Deutsche Personen- und Familiengeschichte, Bd. XI). Leipzig 1935. (Neudruck als: *Genealogie und Landesgeschichte, Publikationen der Zentralstelle für Personen- und Familiengeschichte, Bd. 10. Frankfurt 1964*).
Für die ersten 8 Generationen überarbeitet durch
- *K. Werner: Die Nachkommen Karls des Großen bis um das Jahr 1000 (1.-8. Generation). In: Karl der Große* (Hg. *W.Braunfels et al.*), *4 Bde. nebst Registerband. Düsseldorf 1965-1967. Bd. 4 (1967. S.403-482).*
Diese mit umfangreichem Quellenmaterial ausgestattete Arbeit von Werner wurde von *S. Rösch (Caroli Magni Progenies, Verlag Degener)* für den Genealogen zusammengefasst.

Fast immer beschränkt man sich auf Ausschnitte aus der Nachfahrentafel, besonders auf Stammtafeln. Beliebt ist aber auch der **Deszent**, der die Verbindung zwischen dem Probanden und einem Vorfahren aufzeigt. Das **Deszentorium** umfasst alle Deszente zwischen diesen beiden Personen. Schließlich ist auch das **Aszentorium** zu erwähnen, das die Blutsverwandtschaft mehrerer Personen wiedergibt.

Abb. auf den folgenden Seiten (nach O. Forst de Battaglia: Wissenschaftliche Genealogie, Bern 1948):
Deszentorium zwischen den französ. Königen Hugo Capet und Ludwig IX.
Aszentorium führender Staatsmänner aus der Zeit des Ersten Weltkrieges.

Hugo Capet, König von Frankreich † 996

Hedwig von Frankreich † n. 1013 ∞ *Reginar IV., Graf von Hennegau † 1013*	Robert II., König von Fran

Reginar V., Graf von Hennegau † n. 1039

Hermann, Graf von Hennegau † 1051

Adele von Frankreich † 1079
∞ Balduin V., Graf von
Flandern † 1067

Heinrich I., König
von Frankreich
† 1060

Richilde von *Hennegau*	*Balduin I., Graf von Hennegau* *† 1070*	Robert Friso, Graf von Flandern † 1093	Mathilde von Flandern † 1083 ∞ Wilhelm der Eroberer, König von England † 1087	Philipp I., König von Frankreich † 1108	Hil(∞ Poi

Balduin II., Graf von
Hennegau † 1098

Gertrud von Flandern † 1117
∞ Dietrich II., Herzog von
Lothringen † 1115

Balduin III., Graf von
Hennegau † 1120

Adele von
England † 1137
∞ Stefan, Graf
von Champagne
† 1102

Heinrich I., König
von England
† 1135

Balduin IV., Graf von *Hennegau † 1171*	Dietrich, Graf von Flandern † 1168	Ludwig VI., König von Frankreich † 1137	Thibaut IV., Graf von Champagne † 1152	Mathilde von England † 1167 ∞ Gottfried Plantagenet, Graf von Anjou † 1150
Balduin V., Graf von *Hennegau † 1195*	Margarethe v. Flandern † 1194	Ludwig VII., König von Frankreich † 1180	∞ Alix von Champagne † 1206	Heinrich II., König von England † 1189 ∞

Eleonore von Engl

Isabella von Flandern-Hennegau
† 1190 ∞

Philipp II. August,
König von Frankreich † 1223

Ludwig .VIII., König von Frankreich † 1226   ∞

König Ludwig IX. von Frankreich † 127

auf König Ludwig IX., den Heiligen von Frankreich

ien Deszent. Ein Beispiel eines derartigen Deszents ist durch *Kursiv* hervorgehoben

kreich † 1031

Robert I., Herzog von Burgund † 1076

Beatrix von Hennegau
∞ Ebles I., Graf von Roucy † 1033

Hildegard von Burgund † 1092
Wilhelm VIII., Graf von Poitou

Konstanze von Burgund † 1092
∞ Alfons VI., König von Kastilien † 1109

Alix von Roucy † 1063
∞ Hilduin von Montdidier † 1063

Wilhelm IX., Graf von Poitou † 1126

Urraqua von Kastilien † 1126
∞ Raimund, Graf von Burgund † 1107

Beatrix von Roucy
∞ Gottfried, Graf von Perche † 1110

Juliette von Perche
∞ Gilbert von L'Aigle

Wilhelm X., Graf von Poitou † 1137

Alfons, Kaiser von Spanien † 1157

Margarethe von L'Aigle † 1144
∞ Garcia-Ramírez VI., König von Navarra †

Eleonore von Poitou † 1204

Sancho III., König von Kastilien † 1158

∞ Blanka von Navarra † 1158

...land † 1214   ∞   Alfons VIII., König von Kastilien † 1214

Blanka von Kastilien † 1252

Wilhelm der Schweiger

Charlotte von Nassau-Oranien
∞ Claude de La Trémoille, Herzog von Thouars

Charlotte de La Trémoille
∞ James Stanley, 7. Earl von Derby

Lady Amalie Stanley
∞ John Murray, 1. Marquess von Atholl

Charles Murray, 1. Earl von Dunmore

Lady Anna Murray
∞ John Cochrane, 4. Earl von Dundonald

Lady Katharina Cochrane
∞ Alexander Stewart, 6. Earl von Galloway

John Stewart, 7. Earl von Galloway

Susanne Stewart
∞ George Spencer-Churchill
5. Herzog von Marlborough

George Stewart
9. Earl von Galloway

George Spencer-Churchill
6. Herzog von Marlborough
∞ Lady Jane Stewart

John Winston Spencer-Churchill
7. Herzog von Marlborough

Lord Randolph Churchill

Winston Leonard Spencer-Churchill

Pfalzgräfin Elisabeth Charlott
∞ Kurfürst Georg Wilhelm

Friedrich Wilhelm von Bra
der grosse Kurfürst

König Friedrich I. von I

König Friedrich Wilhelm I. v

Prinz August Wilhelm von

König Friedrich
Wilhelm II. von Preussen

Wilhelmine vo
∞ Fürst Wilh
Oranien, Erbe
der Niederlan

König Friedrich
Wilhelm III.
von Preussen

Luise Wilhelmine
von Preussen

König Will
der Nieder

Kaiser Wilhelm I.

König Wilhelm II.
der Niederlande

Kaiser Friedrich III.

König Wilhelm III.
der Niederlande

Kaiser
Wilhelm II.

Sophie von Preussen
∞ König Konstantin I.
von Griechenland

Königin Wilhelmine
der Niederlande

König Georg II.
von Griechenland

König Paul I.
von Griechenland

Louise Juliane von Nassau-Oranien
∋ Kurfürst Friedrich IV. von der Pfalz

:e
von Brandenburg

Kurfürst Friedrich V. von der Pfalz

ndenburg,

Pfalzgräfin Sophie
∞ Kurfürst Ernst August von Hannover

Preussen ∞ Sophie Charlotte von Hannover   König Georg I. von Grossbritannien

von Preussen ∞ Sophie Dorothea von Grossbritannien   König Georg II. von Grossbritannien

ı Preussen   Marie von Grossbritannien   Luise von Grossbritannien   Friedrich Ludwig
     ∞ Landgraf Friedrich II.   ∞ König Friedrich II.   Fürst von Wales
     von Hessen-Kassel   von Dänemark

n Preussen   Landgraf Karl von   ! ∞ Karoline von Dänemark   König Georg III. von
:lm V. von   Hessen-Kassel   Grossbritannien
ıtatthalter
de
ıelm I.   Luise von Hessen-Kassel   Eduard, Herzog
lande   ∞ Herzog Friedrich Wilhelm von   von Kent
             Holstein-Glücksburg

König Christian IX. von Dänemark   Viktoria, Königin von Grossbritannie
                                 ∞ Herzog Albert von Sachsen-Coburg·

König Georg I.   König Friedrich VIII.   König Eduard VII.   Herzog Alfred
von Dänemark   von Dänemark   von Grossbritannien   von Edinburgh

König Christian X.   König Hakon VII.   König Georg V.   Marie von Grossbritan
von Dänemark   von Norwegen   von Grossbritannien ∞ König Ferdinand I.
                                   von Rumänien

König Friedrich IX.   Marie von Rumänien   König Karl I. von
von Dänemark   ∞ König Alexander I.   Rumänien
                       von Jugoslawien

       König Georg VI.   König Peter I. von   König Michael I.
       von Grossbritannien   Jugoslawien   von Rumänien

Sicherung

a) Private Archivierung

Sei es ein Heft, ein Aktenordner, eine Computerdiskette; jede Form des "Festhaltens" von Informationen ist bereits eine Archivierung, auf die man zurückgreifen muss. Daher sollte man schon möglichst frühzeitig einige Regeln beachten, um später unnötigen Ärger zu vermeiden.

Zunächst benötigt man mehrere **Aktenordner**, in denen alle Dokumente zu einer Person hinter dem Personenblatt (siehe S.16) eingeordnet werden. Alle eingelegten Schriftstücke sind zuvor - etwa mit Bleistift auf der Rückseite - mit der Ahnenziffer zu versehen, die jederzeit eine eindeutige Zuordnung erlaubt. Bei Stammtafelforschungen hängt die Reihenfolge der Einordnung von der gewählten Bezifferung ab. Zur besseren Orientierung sollte am Anfang des Ordners eine Ahnen- oder Stammtafel beigefügt werden.

Wertvolle Originaldokumente verwahrt man in einer **Klarsichthülle**. Dabei ist zu beachten, dass keine Hüllen mit Weichmachern verwendet werden, die das eingelegte Schriftstück schädigen, bei Kopien sogar die ganze Schrift ablösen können. Bewährt haben sich u.a. die im Bürofachhandel erhältlichen ELBA- und SONNECKEN-Hüllen.

Für handschriftliche Notizen bei Gesprächen mit Familienangehörigen oder bei Besuchen in Archiven verwendet man **Hefte** mit festem Einband. Ringbücher oder Schnellhefter verführen nämlich dazu, lose Blätter herauszunehmen und unsystematisch an anderer Stelle abzulegen. Vollständig beschriftete Hefte werden sorgfältig aufbewahrt, da viele zunächst scheinbar überflüssige Notizen sich später als wertvoll erweisen können.

Aktenordner und Hefte können natürlich weitgehend durch einen Computer mit einer Textverarbeitung (z.b. WORD) und einem Genealogieprogramm (z.b. PAF) ersetzt werden, worauf im nächsten Kapitel näher eingegangen wird. Durch EDV-Einsatz kann - und dieser Vorteil ist erheblich! - der neueste Stand der Forschungen jederzeit über den Drucker sauber ausgegeben werden, so dass auch in begrenztem Umfang eine Vervielfältigung möglich ist.

Allerdings muß mit Nachdruck davor gewarnt werden, die Archivierung des Forschungsmaterials alleine digital auf Diskette oder CD-RW vorzunehmen. Jeder weiß, wie schnell gerade die Technik bei Hard- und Software veralten, so dass schon nach wenigen Jahren die Gefahr besteht, den Datenträger nicht mehr abspielen zu können. Ausdrucke („Hardcopies") sind daher unerlässlich.

b) Vervielfältigung

Die meisten Familienforscher möchten nach mehrjähriger Arbeit die gesammelten Informationen an Familienangehörige weitergeben. In der Regel handelte es sich bisher um ein maschinenschriftlich hergestelltes Manuskript zu einer Ahnen- oder Stammtafel, oft ist es auch eine umfangreiche, bebilderte **Familienchronik**. In diesen Fällen ist die Fotokopie das übliche Vervielfältigungsverfahren, wobei anschließend die Kopien nicht in einem Ordner abgelegt, sondern für ca. 10 € als Buch gebunden werden sollten.

Nur wenige Forscher machen den Schritt zu einem **Privatdruck**, der schon fast einer Publikation gleichkommt. Modern ausgestattete, insbesondere die in Universitätsnähe angesiedelten Druckereien, bieten heute Drucke auch in Kleinstauflagen an. Bei über 50 Exemplaren wird dabei ein Offsetdruck mit einer Verkleinerung der DIN A4-Vorlage auf DIN A5 verwendet ("Dissertationsdruck"), der eine gute Qualität gewährleistet. 100 Exemplare kosten z.b. bei 100 Seiten fertig gebunden ca. 500 €. So ist eine kostengünstige Verteilung an Familienangehörige, Bibliotheken und genealogische Vereine möglich.

Leider lassen sich viele Familienforscher von einem solchen Privatdruck abhalten, da sie meinen, erst einmal "fertig" sein oder ein perfektes Textbild herstellen zu müssen. Meistens setzt der Tod diesem Zögern ein Ende, und alle genealogischen Unterlagen des Verstorbenen landen im Müll.

c) Veröffentlichung

Es ist immer wieder erschreckend, feststellen zu müssen, wie gering die Bereitschaft selbst bei erfahrenen Familienforschern ist, ihre Ergebnisse zu veröffentlichen. Als Argument wird meistens angeführt, dass andere Leute sich doch kaum dafür interessieren. Tatsächlich aber ist jede Ahnen- oder Stammtafel wertvoll und verdient eine Veröffentlichung, damit - wann auch immer - andere Forscher von der bereits geleisteten Arbeit profitieren können. Dabei sind mehrere Möglichkeiten zu unterscheiden.

Ahnenlisten werden normalerweise als **"Ahnenspitzen"** (Ahnen, deren Eltern nicht mehr bekannt sind) in den Zeitschriften der genealogischen Vereine publiziert. 1975-1988 erschienen im Verlag Degener auch 14 Lieferungen der "Ahnenlistenkartei", eine Auswertung des „Ahnenlistenum-

laufs /ALU). Interessenten können dazu ihre Ahnentafel bei Dieter Zwinger (Osannstr. 24, 64285 Darmstadt) einreichen. (Vgl. S. 19).

Stammtafeln können als Familiengeschichte in **genealogischen Buchreihen** und **Zeitschriften** oder in der **Heimatliteratur** (Heimatkalender, Heimatjahrbücher der Kreise) erscheinen. Sind sie umfangreich, so können sie auch im Deutschen Geschlechterbuch oder im Deutschen Familienarchiv untergebracht werden. Eine Veröffentlichung im DGB oder DFA ist die beste Sicherung der Forschungsergebnisse mit dem größten Verbreitungsgrad.

Die Kosten für die Veröffentlichung im DGB hängen von Umfang und Bildanzahl ab. Für Beiträge bis zu 60 DGB-Seiten hat der Autor je einen Band (i.a. zu je 35 €) abzunehmen, für ein Bild ist jeweils 105 € zu zahlen. Bei einem Beitrag von 30 Seiten mit einer Wappentafel und 4 Bildern sind also 1575 € zu zahlen, wofür man 30 Exemplare des DGB-Bandes erhält, in dem der Beitrag erschienen ist. Die „Aufnahme-Bedingungen für die Veröffentlichung von Stammfolgen im Deutschen Geschlechterbuch" sind beim Starke Verlag erhältlich.

Natürlich besteht auch die Möglichkeit, ein eigenständiges **Buch** von einem Verlag herstellen und vertreiben zu lassen. Doch ist dies sehr teuer, da der Verlag für eine spezielle Familiengeschichte selten gute Absatzchancen sieht und daher die Druckkosten weitgehend auf den Autor, also den Familienforscher abwälzen wird. Der Computereinsatz kann diese Kosten verringern, falls der Autor den Text mit einer Standardsoftware auf Diskette anbieten kann.

Nachlassvertrag

§1 Der Nachlassgeber überträgt das Eigentum an den Archivalien und der Literatur auf die Gesellschaft. Er erklärt, verfügungsberechtigt zu sein. Die Gesellschaft nimmt die Übertragung an.
Die Archivalien sind in der anliegenden Liste unter der Bezeichnung „NA" im einzelnen aufgeführt. Dem Vertrag beigefügte weitere Listen enthalten die Literatur unter der Bezeichnung „NA" und „NZ".
Die Liste der Archivalien dient gleichzeitig der Erschließung dieser Unterlagen, wozu ein Stichwortverzeichnis gehört.

§2 Die Archivalien übernimmt die Gesellschaft unter der Bezeichnung „Nachlass Burghardt" in ihr Archiv. Sie wird diesen Nachlass in geeigneter Weise geschlossen und sorgfältig aufbewahren.
Die Literatur übernimmt die Gesellschaft in ihre allen Mitgliedern zugängliche Bibliothek. Sie wird nicht geschlossen aufbewahrt, sondern, mit einem Hinweis auf den Stifter versehen, in die Bibliothek und das Bücherverzeichnis nach den üblichen Kriterien eingeordnet und sorgfältig aufbewahrt.

§3 Die Gesellschaft ist berechtigt, auch nach Übernahme die Archivalien auf ihre Archivwürdigkeit zu überprüfen. Nicht archivwürdiges Material erhält der Nachlassgeber spätestens 6 Monate nach Übergabe zurück.

§4 Die Gesellschaft ist berechtigt, die Archivalien neu zu ordnen und zu verzeichnen.
In diesem Falle erhält der Nachlassgeber eine Zweitschrift des neuen Verzeichnisses.

§5 Die Benutzung der Archivalien durch Dritte unterliegt den Benutzungsrichtlinien der Gesellschaft. Die Gesellschaft ist berechtigt, Personennamen und –daten, ferner Ortsangaben, aus den Archivalien unter Hinweis auf den Nachlass per Computer zu erfassen und die Ergebnisse der Familienforschung zugänglich zu machen.
Diese Regelung gilt nicht für solche Archivalien, die als „Private Unterlagen" besonders gekennzeichnet werden und die der Nachlassgeber im verschlossen Zustand übergeben wird. Diese dürfen nur mit Genehmigung des Nachlassgebers oder nach seinem Tode benutzt werden, jedoch nicht vor dem Jahre 2050.

§6 Die Gesellschaft erklärt sich bereit, am Aufbewahrungsort weitere Archivalien und Bücher vom Nachlassgeber zu denselben Bedingungen dieses Vertrages zu übernehmen.

Für die in der Nachkriegszeit entstandenen Familienchroniken liegt ein Verzeichnis vor von *F. Heinzmann und Ch. Lenhartz: Bibliograhie gedruckter Familiengeschichten, 3 Bde. 1946-1980; Düsseldorf 1990-94. (Bibliographie zur Genealogie, Bd. 3, 5,6; Franz Heinzmann Verlag).*

Zu den Veröffentlichungen ist auch die neuerdings mögliche Einspeisung der Daten in eine **elektronische Datenbanke** der Mormonen wie PRF (Pedigree Resource File) oder AF (Ancestral File) zu zählen, die so von anderen Familienforschern per Internet gelesen werden können. (Vgl. S. 93)

d) Abgabe von Unterlagen in ein Archiv

Eine sehr gute Sicherung der eigenen Forschungsergebnisse besteht darin, daß man die erarbeitete Ahnen- oder Stammliste, evtl. auch eine kleine bebilderte Familiengeschichte in einem Archiv abliefert. Jederzeit problemlos möglich ist dies in den Archiven der genealogischen Vereine.

Aber auch die Bezirksgruppen der großen Vereine nehmen die Unterlagen gerne entgegen und leiten sie auf Wunsch weiter. Handelt es sich bei dem abzugebenden Material z.B. um ein maschinenschriftlich hergestelltes kleines Heft oder Buch mit Titel, so wird dieses in das Bestandsverzeichnis der Vereinsbibliothek aufgenommen, so daß es von Interessenten leicht gefunden werden kann. In Offsetdruck hergestellte Privatdrucke werden auch von Stadt- oder Universitätsbibliotheken entgegengenommen und katalogisiert; bei großen Bibliotheken schickt man es am besten an den für Landesgeschichte zuständigen Bibliothekar.

Ebenso können familiengeschichtliche Unterlagen (Aktenordner, Bildersammlungen u.ä.) bei Gemeinde- oder Stadtarchiven deponiert werden, sofern sie den Bereich der Gemeinde oder Stadt betreffen.

Umfangreiches Material, das sich nicht dazu eignet, in einen bereits existierenden Bestand oder in die Bibliothek eingeordnet zu werden, wird im aufnehmenden Archiv als **Nachlaß** geführt. Dazu gibt es ein eigenes Verzeichnis der abgegebenen Unterlagen. Um spätere Besitzansprüche von Erben des Familienforschers zu vermeiden, schließt das Archiv mit diesem meistens einen Vertrag (Beispiel links).

Abb. links:
Nachlaßvertrag mit einem Archiv (abgeschlossen 1990 zwischen einem Familienforscher und der Westdeutschen Gesellschaft für Familienkunde)

Arbeitsgemeinschaft ostdeutscher Familienforscher e.V.
Auskunftstelle für die Kreise Hirschberg und Löwenberg in Niederschlesien

Ullrich Junker   Mörikestr. 16   7981 Bodnegg   den 15.10.1991   Tel. 07520/2689

Herrn
Dr. Franz Burghardt

Sehr geehrter Herr Dr. Burghardt,

zu ihren Vorfahren kann ich leider keine Informationen geben. Ich habe nur von   Bad Flinsberg im Kreis Löwenberg die erhaltenen Kirchenbücher auf dem Computer verkartet.

Die bei den Mormonen vorhandenen Kirchenbuch Verfilmungen entnehmen Sie bitte beiliegender Kopie.

Im Staatarchiv in Hirschberg (Jelenia Gora) sind von 1492 - 1940 3665 Pos. Stadtakten (75 Meter Akten) von Löwenberg vorhanden. Evtl. sind auch Einwohnerlisten darunter.

Unter dem Titel "Urzedy stanu cywilnego (USC) powiatu lwoweckiego (Zivilstandsakten Kreis Löwenberg) sind für Löwenberg 67 Pos. Akten von 1875-1940 vorhanden.

Im Adressbuch von 1935/36 des Kreises Löwenberg kam der Name *Schneider* 5 mal und er Name *Überschär* 3 mal vor.

Sollten Sie weitere Kirchenbücher für den Kreis Löwenberg ausfindig machen, so bitte ich um eine kurze Nachricht.

Sollten Sie nach Polen schreiben, so empfehle ich einen 5,-- DM Schein für Rückporto und den Rest zur freien Verfügung beizulegen.

Ich wünsche Ihnen bei Ihren Forschungen viel Erfolg.

Mit freundlichen Grüßen

Vertriebene

Durch vertragliche Vereinbarungen wurden bereits vor dem Angriff Hitlers auf den Machtbereich Stalins zahlreiche Deutsche aus dem Baltikum und Moldawien ins Deutsche Reich umgesiedelt. Aus Furcht vor der Roten Armee flohen Millionen Deutsche 1944/45 aus den ehemaligen Reichsgebieten östlich von Oder und Neiße, aus der Sowjetunion, der Tschechoslowakei, Polen, Ungarn, Jugoslawien und Rumänien. In den Nachkriegsjahren folgte die Vertreibung der Zurückgebliebenen und später die freiwillige Auswanderung fast aller restlichen Deutschen aus den ehemaligen Siedlungsgebieten Ost- und Südosteuropas, die bis in unsere Tage andauert. Durch Mord und Totschlag, infolge von Hunger, Seuchen und Vergewaltigung starben von etwa 18 Millionen Deutschen aus den genannten Gebieten bei Flucht, Vertreibung und Deportation etwa 4,5 Millionen.

Durch die Vermischung dieser Flüchtlinge, Vertriebenen und Aussiedler mit der west- und mitteldeutschen Bevölkerung, aber auch durch die Abwanderung zahlreicher Menschen aus den armen Ostprovinzen des Deutschen Reiches in die aufblühende Industrieregion an Rhein und Ruhr im 19. Jahrhundert stehen heute fast alle deutschen Genealogen vor dem Problem, mehr oder weniger umfangreiche Forschungen im ostdeutschen Siedlungsraum betreiben zu müssen. Um Mißverständnissen vorzubeugen, sei betont, dass unter Familienforschern mit "ostdeutsch" die oben genannten ehemaligen deutschen Siedlungsgebiete östlich und südöstlich des heutigen Deutschland.

Abb. links: **Auskunft der AGoFF.**

Jede ernsthafte ostdeutsche Familienforschung beginnt mit der Anschaffung des *"Wegweisers" (Verlag Degener)*. Neben Hinweisen auf Archive, Bibliotheken, Ortsverzeichnisse und Landkarten, sind besonders die bundesdeutschen Kontaktadressen für die einzelnen Kreise oder Bezirke der ostdeutschen Siedlungsgebiete von großer praktischer Bedeutung. Dabei handelt es sich um Auskunftstellen der **Arbeitsgemeinschaft ostdeutscher Familienforscher (AGoFF)**, die auch von Nichtmitgliedern genutzt werden können. Neben dem "AGoFF-Wegwieser" sei auch hingewiesen auf den *Ratgeber Familienforschung Mittel- und Osteuropa, Neustadt a.d.Aisch 1995 (Hrsg. I.u.R. Zielke, Verlag Degener)*.

Ist abzusehen, daß umfangreiche ostdeutsche Forschungen durchzuführen sind, so empfiehlt sich ein Beitritt zur AGoFF oder zu einer der folgenden, auf bestimmte ehemalige deutsche Siedlungsgebiete spezialisierten genealogischen Vereine (Anschriften im DAGV-Mitgliederverzeichnis, Verlag Degener):

Sudetenland: Vereinigung sudetendeutscher Familienforscher (Regensburg; Auskunftstelle: Sudetendeutsches Genealogisches Archiv in Regensburg).

Polen und Baltikum: Gesellschaft für ostmitteleuropäische Landeskunde und Kultur (Universität Dortmund) mit der Forschungsstelle Ostmitteleuropa (FOME).

Ost- und Westpreußen: Verein für Familienforschung in Ost- und Westpreußen (Hamburg) oder Salzburger Verein (Bielefeld, zuständig für die Salzburger Exulanten in Ostpreußen).

Südosteuropa: Arbeitskreis donauschwäbischer Familienforscher (in Schriesheim).

```
****************************************************************************
GERMANY, PREUßEN, SCHLESIEN, LÖWENBERG - CHURCH RECORDS        |EUROPE        |
                                                               |FILM AREA     |

Evangelische Kirche. Militärgemeinde Löwenberg (KrSt.
   Löwenberg).
Kirchenbuch, 1834-1888. -- Salt Lake City ; Gefilmt durch The
   Genealogical Society of Utah, 1948, 1952. -- auf 2
   Mikrofilmrollen ; 35 mm.

Mikrofilme aufgenommen vom Original in Eibenstock.
Military parish registers of baptisms, marriages, and deaths for
   Löwenberg, Schlesien, Germany; now Ludwek Sląski, Wroclaw,
   Poland.

   Garnison Gemeinde: --------------------------------------  0172515
 ' Taufen, Heiraten, Tote 1834-1887                               item 4
   Taufen, Heiraten, Tote 1834-1888 -------------------------  0072115
      Landwehr Rgt. 7:
   Taufen, Heiraten, Tote 1848-1867

****************************************************************************
GERMANY, PREUßEN, SCHLESIEN, LÖWENBERG - CHURCH RECORDS        |EUROPE        |
                                                               |FILM AREA     |

Katholische Kirche Löwenberg (KrSt. Löwenberg, Schlesien).
Kirchenbuch, 1712-1752. -- Breslau ; Erzbischöfliches
   Diözesanarchiv, 1936. -- auf 2 Mikrofilmrollen ; 35 mm.

Parish register of baptisms of Löwenberg, Schlesien, Germany, now
   Ludwek Sląski, Poland.

Taufen        1712-1752 (r. s.) -----------------------------  1203047
Taufen        1712-1752 (l. s.) -----------------------------  1203048
Auch auf Mikrofich. Reproduktion dutch the -----------------  6306773
   Genealogical Society of Utah, 1948.
   11 Mikrofiche ; 10 x 15 cm.
Taufen        1712-1713
Taufen        1718-1722 ------------------------------------  6306774
Taufen        1722-1725 ------------------------------------  6306775
Taufen        1726-1728 ------------------------------------  6306776
Taufen        1728-1732 ------------------------------------  6306777
Taufen        1732-1725 ------------------------------------  6306778
Taufen        1735-1739 ------------------------------------  6306779
Taufen        1739-1742 ------------------------------------  6306780
Taufen        1742-1746 ------------------------------------  6306781
Taufen        1746-1750 ------------------------------------  6306782
Taufen        1750-1752 ------------------------------------  6306783
```

Die **Forschungsmöglichkeiten vor Ort** haben sich nach dem Zusammenbruch der kommunistischen Diktaturen im Ostblock zwar grundsätzlich gebessert, sind aber weiterhin mit großen, oft unüberwindlichen Schwierigkeiten und erheblichem Kostenaufwand verbunden. Jüngste Erfahrungen zeigen, dass der Umgang mit Behörden besonders schwierig ist, weniger dagegen Forschungen auf den Pfarrämtern. Ausdrücklich gewarnt sei vor schriftlichen Bestellungen amtlicher Dokumente: Diese werden aus dem deutschen Original ins Polnische übersetzt und teilweise mit über 50 € in Rechnung gestellt.

Personenstandsregister der ehemals preußischen Gebiete aus der Zeit nach 1874 befinden sich durchweg auf den Standesämtern, die Kirchenbücher teils in Pfarrämtern oder Diözesanarchiven, teils aber ebenfalls auch in den Standesämtern. Eine allgemeine Übersicht darüber, wo sich heute die einzelnen Unterlagen befinden, gibt es nicht. Außer den oben genannten genealogischen Vereinen erteilen das Evangelische Zentralarchiv in Berlin und das Bischöfliche Zentralarchiv in Regensburg Auskunft (S. 203).

Bevor man zeit- und kostenaufwendige Nachforschungen vor Ort anstellt, sollte man andere Möglichkeiten wahrnehmen.
Im **Evangelischen Zentralarchiv** in Berlin befinden sich etwa 7000 Original-Kirchenbücher evangelischer Gemeinden aus den ehemaligen Ostgebieten, überwiegend aus West- und Ostpreußen.

Eine detaillierte Übersicht gibt das *Verzeichnis der Kirchenbücher im Evangelischen Zentralarchiv in Berlin, Teil I: Die östlichen Kirchenprovinzen der Evangelischen Kirche der altpreußischen Union, 3.Aufl. Berlin 1992 (Selbstverlag des Archivs)*, im Internet unter ezab.de.

In der **Deutschen Zentralstelle für Genealogie** (Schongauerstr. 1, 04328 Leipzig) liegen etwa 1400 Original-kirchenbücher, 2500 Kopiebände und ca. 16.500 Kleinbildfilme aus allen Teilen des "Großdeutschen Reiches", aber auch des Baltikums und anderer ostdeutscher Siedlungsgebiete. Die Filme entstanden 1936-1943 im Auftrag der Reichsstelle für Sippenforschung (ab 1940 Reichssippenamt). Zu diesen Kirchenbuchverfilmungen liegt ein dreiteiliges Bestandsverzeichnis vor (Verlag Degener).

Von großer Bedeutung für die Familienforschung in den ehemaligen ostdeutschen Siedlungsgebieten sind die Verfilmungen der **Mormonen**, deren Bestände weltweit in genealogischen Forschungszentren benutzt werden können (Näheres dazu S. 85 und 92/93.).

Wichtig sind ferner
- die nach dem Krieg angelegten **Heimatortskarteien**, eine Art Einwohnermeldeamt der Vertriebenen und Geflohenen (Zentralstelle der HOK. Lessingstr. 1, München),
- die **Landsmannschaften**, die neben der Kultur auch immer noch Kontakte zur alten Heimat pflegen (Bund der Vertriebenen, Godesberger Allee 72-74, Bonn) und vor allem
- die Internetseite **genealogienetz.de** mit zahlreichen wertvollen Hinweisen für Forschungen im Osten.

Abb. links: **Bibliothekskatalog der Mormonen** (Filme und Mikrofiche zu Kirchenbüchern aus Löwenberg).

FAMILYSEARCH™

My Info | Sign Off

HOME   SEARCH   SHARE   LIBRARY

Welcome | News | FamilySearch | Product | Order/Download
                   Questions   Support   Products

FEATURES

Search for Ancestors

- How to start your Family History.
- Search for your ancestors in our vast record collections.
- Get step-by-step research guidance on searching for your ancestors.
- View maps, forms, guides, and other research helps.
- Find other web sites containing family history information.

Share Information

- Find people with similar research interests and share information through e-mail collaboration lists.
- Make your family history information available to others through Share My Genealogy.
- Recommend or add a web site to FamilySearch.

Family History Library System

- Learn about the world's largest Family History Library.
- Find a Family History Center near you to access many of the library's materials.
- Search the Family History Library Catalog for records and resources.
- Identify opportunities for education to improve your research skills.

INFORMATION

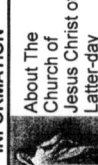

- About The Church of Jesus Christ of Latter-day Saints
- Vital Records Index: British Isles 2nd edition is available on compact disc
- Other News

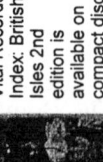

- Why family history?
- How do I get started?
- Family History Forms

THE CHURCH OF
JESUS CHRIST
OF LATTER-DAY SAINTS

Mormonen

Was vor 20 Jahren noch als Geheimtip galt, sollte heute jedem Familienforscher bekannt sein: Bibliothek und Datenbanken der Mormonen. Die damit verbundenen Möglichkeiten sind besonders wichtig für Forschungen in Ost- und Südosteuropa, denn nahezu alle bekannten Bestände an Kirchenbüchern Europas sind als Filme in der Mormonen-Bibliothek vorhanden.

Die Mormonen, deren Hauptgruppe sich selbst **Kirche Jesu Christi der Heiligen der Letzten Tage** (engl. kurz "Latter-Day Saints", LDS) nennt, bilden eine Religionsgemeinschaft, zu der sich weltweit mehr als 5 Millionen Menschen bekennen. Die meisten von ihnen leben in den USA, wo ihre Gemeinschaft 1830 von Joseph Smith gegründet wurde. Da sie sich u. a. zur Mehrehe bekannten, war eine freie Religionsausübung zunächst nicht möglich, so dass 1846-1847 über 12.000 Mormonen in die Nähe des Großen Salzsees im Westen der USA zogen und dort ihre eigene Stadt **Salt Lake City** gründeten.

An zahlreichen Orten in der ganzen Welt stehen heute „Tempel", in denen ein unterirdischer Raum für die nachträgliche Taufe bereits verstorbener Nicht-Mormonen vorgesehen ist. Jeder Mormone kann dort stellvertretend für seine dem Namen nach bekannten verstorbenen Familienangehörigen die Taufe empfangen. Nur diese Taufe nach Mormonen-Ritus - der Täufling wird wie bei Johannes d.T. unter Wasser getaucht - ermöglicht es dem Verstorbenen, in die höchste Seligkeit zu gelangen.

Daher gehört die Familienforschung zu den zentralen Aufgaben der Mormonen, die zu diesem Zweck seit über 60 Jahren alle erreichbaren Quellen mit genealogischem Inhalt in der ganzen Welt verfilmen.

Die so entstandene Sammlung von Mikrofilmen und Mikrofiches befindet sich im Zentralarchiv der Mormonen, der „Gruft", im Innern eines Granitberges in Utah („Granite Mountain Records Vault"), Duplikate in der Zentralbibliothek der Mormonen ("Familiy History Library", vgl. S. 63) in Salt Lake City. Kopien dieser Filme und Fiche aus Salt Lake City können heute weltweit in den **genealogischen Forschungszentren** der Mormonen (S. 201) bestellt und benutzt werden. Pro Film/Fiche wird eine Gebühr von 5 € berechnet.

In Deutschland dürfen allerdings nicht alle in Salt Lake City vorhandenen Unterlagen deutscher Ämter und Pfarreien benutzt werden, da einige Archive eine Verfilmung ihrer Bestände durch die Mormonen nur unter der Bedingung zuließen, die Filme innerhalb Deutschlands, teilweise sogar in Europa nicht auszuleihen. Filmmaterial, das einmal in Deutschland benutzt wurde, wird in der deutschen Mormonen-Zentrale in Friedrichsdorf/Ts. gesammelt, um es von dort bei Bedarf schnell an die Forschungsstellen in Deutschland ausliefern zu können.

Bereits vor 35 Jahren begannen die Mormonen damit, die elektronische Datenverarbeitung für die Auswertung ihrer familienkundlichen Unterlagen einzusetzen. Heute gibt es in Salt Lake City eine eigene, mit jeweils bestmöglicher Computertechnik ausgestattete Abteilung, in der ständig verfilmte Kirchenbücher gelesen und die Namen in einer Datenbank gespeichert werden. (Näheres zu den Datenbanken der Mormonen S. 92-93).

Textverarbeitung

als Ersatz der Schreibmaschine mit der Möglichkeit
zur Korrektur, Sicherung und Ausgabe
z. B. mit WORD (S. 19)

Daten- und Quellenverwaltung

als Ersatz für Karteien, Kopien und Bildern
z. B. mit EXCEL, iPhotoPlus oder Genealogieprogrammen (S.30)

Allgemeine Information

als Ersatz für Bücher und Telefon
mit Internet (S. 88-91)

Datenbanken

als leicht aktualisierbarer Buchersatz
im Internet oder auf CD-ROM
z.B. www.familysearch.org (S. 93)
und CD-ROM „Familienforschung" (S. 95)

Datenaustausch

als Ersatz der alten Briefpost oder Telefax
z.B. mit Diskette, gebrannte CD-RW, E-mail oder Homepage

Computergenealogie

Unter „Computergenealogie" versteht man die Anwendung von Computer und Internet in der Familienforschung. Die Übersicht links gibt die verschiedenen Anwendungsbereiche wieder.

Der Wert der Computergenealogie ist unter den Familienforschern umstritten. Einige Genealogen sehen darin eine sinnlose Zeitvergeudung, da lediglich Informationen hin und her transportiert werden; andere meinen, es habe sich - besonders mit dem Einsatz von CD-ROM und Internet - eine neue Dimension des Forschens mit bislang unvorstellbaren Möglichkeiten aufgetan. Fest steht jedenfalls, dass immer mehr Familienforscher nicht nur der jüngeren Generation ihre Ergebnisse in einem Computer festhalten und auch gezielt auf CD-ROMs und im Internet nach Informationen zu Vorfahren oder Verwandten suchen.

Vor dem Kauf oder dem Einsatz eines Computers sollte man sich gründlich über "Hardware" (Geräte) und "Software" (Programme) informieren. Hinweise zum Computerkauf sind durch die rasante Entwicklung der Chip-Technik schnell überholt. Zur **Hardwareanforderung** kann man allgemein Ende 2002 sagen, dass ein PC für den Einsatz in der Genealogie ein IBM-kompatibler Rechner mit hoher Taktfrequenz über 1 GHz, 256 MB RAM, einer 40-GB-Festplatte und einem 40fach DVD/CD-RW-Laufwerk sein sollte. Ferner muß ein Internetanschluss über ein 56k-Modem oder ISDN zur Verfügung stehen.

Für Familienforscher, die gerne und intensiv mit ihrem Rechner arbeiten möchten, empfiehlt sich ein Kontakt zu den zahlreichen **Computerarbeitsgruppen** der genealogischen Vereine. Auskünfte hierüber erteilen die jeweiligen Schriftführer und der

Verein für Computergenealogie e.V.,

der auch für die Internetseite genealogienetz.de verantwortlich ist (S. 200).

Zu den Pionieren der Computeranwendung in der Familienforschung gehörten in den 1980er Jahren R. Gröber, G. Junkers und K. Thomas (Leverkusen/Köln), die 1985-1998 die nichtkommerzielle

Zeitschrift COMPUTERGENEALOGIE

herausgaben. Seit 2001 erscheint eine Fortsetzung als Magazin im Zeitschriftenhandel, herausgegeben durch ein Unternehmen von S. Ziegler (Bad Nauheim). Nähere Informationen dazu findet man auf der Internetseite computergenealogie.de.

WARNUNG!

Nehmen Sie zwar die Informationsmöglichkeiten im Internet wahr, vergeuden Sie aber nicht Ihre Zeit beim „Surfen" auf völlig unwichtigen genealogischen Internetseiten!

Internetseiten

Die Bedeutung des Internets als Informationsmöglichkeit wird in den letzten Jahren zunehmend auch von Familienforschern erkannt. Inzwischen gibt es eine Vielzahl von Seiten
- mit **allgemeinen** Informationen zu Forschungspraxis,
- mit **speziellen** Informationen zu einzelnen Familien oder zur Familienforschung in einzelnen Regionen,
- zu **kommerziellen** Zwecken (Verkauf von Büchern, Zeitschriften u.ä.),
- mit allgemeinen Informationen zu einzelnen Gemeinden (**kommunale** Homepages, siehe S. 91),
- mit **Datenbanken** (siehe S. 93).
Die folgenden Seiten sollte jeder Familienforscher früher oder später einmal „besucht" haben:

Zur **Einführung** in die Familienforschung dient die Seite
www.familiengeschichte.de
Sie bietet grundlegende Informationen zur Methodik und Forschungspraxis. Ebenso ist sie als Einstieg in die Forschungsmöglichkeiten im Internet geeignet. Ferner findet man Downloads mit Beispielen zum Aufbau einer Stammtafel-Veröffentlichung und eine Familienchronik. Die Seite entstand – wie das vorliegende Buch – aus den Erfahrungen in Seminaren mit Einsteigern und Fortgeschrittenen.

Als **Informationsplattform** hat sich in den letzten Jahren zunhemend der „Deutsche Genealogie-Server"
www.genealogienetz.de
bewährt. Sie entstand durch eine Gruppe von deutschen und amerikanischen Familienforschern und wird heute durch den Verein für Computergenealogie (S. 200) betreut. Sie enthält zahlreiche Seiten in englischer Sprache, auf die man häufig auch dann gelangt, wenn man auf der Startseite „Deutsch" gewählt hatte.

Besonders zu empfehlen ist hier die Information zu den **Vereinen**, besonders die Datenbanken der Mitgliederverzeichnisse, und die Links auf die vereinseigenen Homepages.

Für Forschungen in den **Vertriebenengebieten** bietet die Seite eine große Fülle allgemeiner und auch sehr spezieller Informationen zu einzelnen Regionen des ehemaligen deutschen Siedlungsgebietes in Ost- und Südosteuropa.

Kommerziellen Zwecken dient die Seite
www.ahnenforschung.net
Sie ist Teil eines Unternehmens, dem mehrere andere Internet-Domains gehören, die miteinander verknüpft und intensiv mit Werbeblöcken versehen sind. Interessant ist hier u.a. das Angebot an antiquarischen Büchern zur Familienforschung..

Ebenfalls kommerziell ausgerichtet sind natürlich die Seiten der beiden großen genealogischen Verlage Starke und Degener (siehe S. 13).

Homepages zu einzelnen **Familien** findet man am besten durch die Eingabe des Namens in eine Suchmaschine (z.B. über google.de), Beispiele auch über familiengeschichte.de. Die Seiten der genealogischen **Vereine** sind über genealogienetz.de erreichbar.

Zum Kauf **antiquarischer Bücher**, insbesondere zur älteren Heimatliteratur, sei die Seite zvab.de empfohlen, für ältere genealogische Literatur die oben genannten kommerziellen Seiten ahnenforschung.net, starkeverlag.de und degener-verlag.com.

Stolp i.Pom.

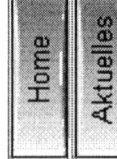

Pommern

■ = interne Links,   ■ = externe Links

20.-22.09.2002   Treffen der Stolper Familienforscher in Travemünde

21.-22.09.2002   Genealogentag in Bremen

■ Fragebogen zur Ahnen-/Familienforschung und Ihren Suchbegriffen
(Questions to your ancestres-/family-researching and what do you want)

I. Quellen zur Familienforschung in den Kreisen Stolp, Schlawe, Rummels

■ Orte (City, Village), Register: Standesamt (civil)-Kirche(church),Namen

■ Stolper Familienforscher, Forschungsgebiete + Arbeitskreis FF Stolp
(informations: genealogy-researcher)

■ Pommern-Datenbank (incl. Stolp) - von Gunthard Stübs

■ Ortsverzeichnis Kreis Stolp - polit. Statistiken - NSDAP

■ Günter Friedrich, ehem. Sprecher d.PL

II. Quellen zur Familienforschung in Pommern, Deutschland, Welt - Sonstig

■ Quellen u. Archive zur Familienforschung Pommern - in Deutschland

■ Quellen u. Archive zur Familienforschung - in Deutschland, USA

■ Sonstiges zur Familienforschung (Nachschlagewerke, **Landkarten,** Literatur,

■ Ortsverzeichnisse Pommern - polit. Statistiken - NSDAP

Home
Aktuelles
Stolp-Stadt
Stolp-Land
Nachbarkreise
Geschichte
Info-Archiv
Genealogie

Zunehmend wichtig für die Forschungspraxis werden die auf Orte, Gemeinden, Städte oder Stadtteile bezogenen Internetseiten (**lokale Homepages**). Sie werden häufig von geschichtlich interessierten Einzelpersonen aufgebaut und enthalten zumindest eine erste Einführung in die Geschichte des Ortes, oft aber auch schon Einzelheiten über Familien, die vor Ort ansässig waren oder sind (Beispiel: Köln-Brück, Abb. unten aus koeln-brueck.de).

Zu erreichen ist die Homepage eines Ortes X in der Regel über die Adresse X.de oder X-online.de. Ansonsten versuchen Sie es über eine Suchmaschine. Teilweise gibt es zu einem Ort mehrere lokale Homepages, die unterschiedliche Interessen verfolgen und mehr oder weniger brauchbare Informationen für Familienforscher enthalten (Beispiel: koeln-brueck.de und koelnbrueck.de).

Die für die lokalen Homepages verantwortlichen Webmaster sind auch immer gute Ansprechpartner bei der Suche nach Heimat- oder Familienforschern vor Ort.

Dies trifft nicht zuletzt auch auf die **Vertriebenengebiete** (z. B. stolp.de, Abb. links) zu. In diesen Fällen wohnen die Webmaster nicht vor Ort, sondern es sind Vertriebene oder deren Nachkommen, die das historische Erbe ihrer alten Heimat erhalten wollen. Hier wird es Aufgabe der genealogischen Vereine sein, die Links zu solchen Seiten systematisch zu sammeln und ein entsprechendes Register im Netz anzubieten.

Brücker Geschichte Online

Hochmittelalter (12.-13. Jh.)
Brücker Gemark (14.-19. Jh.)
Adlige Höfe (15.-16. Jh.)
Der Gräfenhof als Domäne (17.-19. Jh.)
Familienvorstände in Brück 1666
Familienvorstände in Brück 1731
Uhrmacherfamilie Bosbach (um 1800)
Hauseigentümer in Brück 1821
Siedlerfamilien in Brück 1920-1940
Die alte Schule in Brück
Alte Brücker Familien

Literatur zur Brücker Geschichte

The Church of Jesus Christ of Latter-day Saints   Feedback | Site Map | Glossary | Help

FAMILYSEARCH™   HOME   SEARCH   SHARE   LIBRARY   My Info | Sign Off

Search for | Research | Research | Web | Family History
Ancestors | Guidance | Helps | Sites | Library Catalog

SEARCH FOR ANCESTORS - ALL RESOURCES

▶ All Resources

■ Ancestral File

■ International Genealogical Index

■ Pedigree Resource File

■ US Social Security Death Index

■ Vital Records Index

■ Search Family History Web Sites

■ About The Church of Jesus Christ of

Enter at least your deceased ancestor's last name and then click *Search*.
Tips on How to Search for Your Ancestor

Father   Last Name

*First Name   *Last Name

Mother   Last Name

Spouse   Last Name

Event   Year Range   Year
All

Country   State
All Countries

☐ * Use exact spelling

Datenbanken

Unter einer Datenbank versteht man eine zentrale Speicherung von großen Datenbeständen aus teilweise unterschiedlichen Quellen mit dem Ziel, diese Daten interessierten oder zugriffsberechtigten Benutzern kostenlos oder gegen Entgelt zur Verfügung zu stellen. In diesem Sinne ist z.b. jede Bibliothek eine Datenbank.

Genealogische Datenbanken gibt es heute auf ganz verschiedenen **Medien**: auf Papier als Karteien oder Bücher, auf Filmen als Mikrofiche und auf elektronischen Datenträgern wie Festplatte, Diskette oder CD-ROM, insbesondere auch im Internet.

Ein anderes Unterscheidungsmerkmal ist der regionale **Umfang**; so gibt es regionale, nationale und internationale Datenbanken. Schließlich ist für Familienforscher auch der **Zeitraum** wichtig, auf die sich die genealogischen Eintragungen beziehen.

In fast allen genealogischen Datenbanken bestehen die Eintragungen jeweils nur aus
- Name, Vorname
- Ereignis (Geburt, Tod etc.)
- Zeitpunkt
- Ort
- Land/Region
- Quelle,

und dies teilweise in verkürzter oder verschlüsselter Form. Damit stellen die Datensätze keinen Ersatz für das Lesen des Originals dar, sondern sind nur Suchhilfen. Genau darin besteht auch der Wert einer genealogischen Datenbank: Bei "toten Punkten" in der Forschung will man in der Masse an Informationen Hinweise auf die Herkunft eines Vorfahren oder auf den Verbleib von Nachkommen finden.

Die wohl erste genealogische Datenbank überhaupt war die **Ahnenstammkartei des Deutschen Volkes (ASTAKA)**, eingerichtet ab 1923. Sie umfasst auf über 1,1 Millionen Karteikarten etwa 1,4 Mio. Namen und befindet sich heute in der Deutschen Zentralstelle für Genealogie (Leipzig; vgl. S. 83).

Von zunehmender Bedeutung für die Familienforschung sind heute die Internet-Datenbanken, unter ihnen besonders die der Mormonen. Der **International Genealogical Index** (IGI) ist die Zusammenfassung von Verkartungen zahlreicher Kirchenbücher aus der ganzen Welt. Er umfasste Ende 2000 etwa 725 Millionen Namen. Das **Ancestral File** (AF, Ahnen-Datei) entstand aus einer Sammlung US-amerikanischer Ahnentafeln, umfasste Ende 2000 etwa 35,6 Millionen Namen und wird – auch mit internationalen Ahnentafeln – weiter ergänzt. Das **Pedigree Resource File** (PRF, Stammtafelquellen-Datei) ist eine seit wenigen Jahren aufgebaute Sammlung von Ahnen- und Stammtafeln, die in der Originalsprache abgespeichert werden. Dieser Bestand umfasst derzeit etwa 40 Millionen Namen.

Anders als im AF und PRF sind die Namen im IGI nicht genealogisch untereinander verknüpft. Immer wichtiger wird die Möglichkeit, gezielt einzelne, im IGI verkartete Kirchenbücher abzurufen. Nähere Informationen dazu findet man unter **igi.wahler.org**.

In Deutschland gibt es bislang keine vergleichbare Datenbank. Allerdings findet man in den Mitgliederverzeichnissen der Vereine und in der Datenbank FOKO (auch auf CD-ROM) wertvolle Hinweise auf andere Forscher mit gleichen Interessenschwerpunkten.

Familienforschung
Die †
COMP-GEN.BOX
auf CD-ROM
(Fünfte DAGV-CD 5/2000)

CD-ROM
1
FOKO

WINDOWS

Hrsg. von Dieter Zwinger in Zusammenarbeit mit der
Deutschen Arbeitsgemeinschaft Genealogischer Verbände e.V.
in Kommission beim Verlag Degener & Co.,
91403 Neustadt (Aisch), Postfach 1360
ISBN-Nr. 3-7686-2508-7

WGfF-3

Verkartungen
von
Kirchenbüchern und
Standesamtsregistern

Herausgeber:
Westdeutsche Gesellschaft
für Familienkunde WGfF

ISBN 3-933364-04-3
yright 1996-98 Westdeutsche Gesellschaft
für Familienkunde, Köln

Deutsches Geschlechterbuch
Gesamtnamenverzeichnis der Bände 1 - 209
C. A. Starke Verlag, Limburg an der Lahn

FOKO-CD 2002

Verein für
Computergenealogie

genealogy.net
nealogienetz.de

Die genealogische Datenbank
mit über 1,25 Millionen
Namensnachweise

disc
CD-ROM

Verlag
Degener
CD 1

250 000 Namen
und Hinweise für den Familienforscher

• Namenregister
  zum Deutschen
  Familienarchiv
• Ahnenlisten-
  Kartei
• Ahnenlisten in
  der Deutschen
  Zentralstelle für
  Genealogie
• 47 Ahnenlisten

CD-ROMs

Die in der Familienforschung anfallenden großen Datenmengen wurden bis etwa 1985 nur zu einem kleinen Teil durch gedruckte Register erschlossen. Bekannt waren die alphabetischen Namenverzeichnisse zu Buchreihen wie DGB und DFA, ferner die Register zu genealogischen Zeitschriften.

Nach der in den späten 80er Jahren zunehmenden Speicherung genealogischer Daten in elektronischen Datenbanken - so z. B. im IGI (S. 93) und in der COMP-GEN.BOX von D. Zwinger in Darmstadt - begann um 1995 die Herstellung genealogischer CD-ROMs, deren Bedeutung für die Forschungspraxis aber durch die zunehmenden Informationsangebote im Internet - besonders durch den Ausbau der dort verfügbaren Datenbanken,- nicht mehr sehr groß ist. Dennoch sei auf einige empfehlenswerte CD-ROM-Datenbanken hingewiesen:

.
Die beiden großen Verlage Starke und Degener (S. 13) stellen die Register zu den Buchreihen DGB und DFA auf CD-ROM zur Verfügung:

Deutsches Geschlechterbuch
(2. Aufl.) als Gesamtregister der Bände 1-209 mit ca. 430.000 Namen.

Degener-CD
mit dem Gesamtregister der Bände 1-119 des Deutschen Familienarchivs (ca. 80.000 Namen), einem Register der Bände 1-17 der Ahnenlistenkartei (150.000 Namen) und zahlreiche Ahnenlisten und Statistiken zu den Ahnenlisten in der Deutschen Zentralstelle für Genealogie.

Immer noch sehr gut sind die nur noch antiquarisch erhältlichen, 1995-2000 von D. Zwinger herausgegebenen CD-ROMs

Familienforschung
mit ca. 750.000 Datensätze der Aktion Forscherkontakte (FOKO; im Internet unter genealogienetz.de nur sehr eingeschränkt nutzbar) und ca. 150.000 Datensätzen aus 17 Bänden Ahnenlistenkartei. Ältere Ausgaben enthalten auch noch das nach dem langjährigen Leiter des Vereins für Computergenealogie benannte „Kreplin-Register" (572.000 Datensätze aus 236 genealogischen Quellen) sowie Kirchenbuchregister des Niederrheins. Bezug im Internet unter familiengeschichte.de oder ahnenforschung.net.

Die 2002 erstmals erschienene
FOKO-CD
mit 1,25 Mio. Namennachweisen ist technisch noch nicht ausgereift, wird aber mittelfristig sicher ein gutes Hilfsmittel sein (ca. 20 €).

Sehr viel Arbeit in Archiven kann vermieden werden, wenn ein Kirchenbuch verkartet auf CD-ROM vorliegt. Diese werden privat oder von genealogischen Vereinen herausgegeben. Ob eine solche CD-ROM für eine bestimmte Pfarrei vorliegt, erfährt man am besten durch den regional zuständigen Verein.

Besonders umfangreich sind Verkartungen auf CD-ROM im Rheinland. Auf der Basis der von Johann H. Barth aufgebauten „Genealogischen Datenbank Westdeutschland" (G.D. W.) entstanden bisher 4 CD-ROMs
WGfF 1-4
Eine Übersicht über die dort verkarteten Kirchenbücher und die Bezugspreise findet man im Internet auf der Seite der Westdeutschen Gesellschaft für Familienkunde (unter genealogienetz.de) oder durch eine Anfrage bei J. H. Barth, Schillerstr. 12, 46047 Oberhausen.

Verband der Namensträger Steinke e.V.

– Sitz Siegburg –

Mitglied im Bund der
Familienverbände e.V.
(BdF)

Mitglied der Arbeitsgemeinschaft
ostdeutscher Familienforscher e.V.
(AGoFF)

Der Verband wurde am 19. April 1980 in 5216 Niederkassel-Rheidt
bei Bonn von 19 Trägern des Namens Steinke gegründet. Er ver-
folgt den Zweck, Namensgeschichte und Familienzusammengehörig-
keiten zu erforschen, darzustellen und zu fördern und den weiteren Familiensinn zu pflegen. Dem dienen die vierteljährliche
Herausgabe der Zeitschrift "Steinke-Kurier" und die Veranstal-
tung von Zusammenkünften der Mitglieder, die einmal jährlich -
in der Regel am Wohnort eines Mitglieds - im Mai oder Juni
stattfinden. Vorstand und Beirat treffen sich außerdem alljähr-
lich im Herbst zu Arbeitssitzungen.

Der Verband hat derzeit 51 Mitglieder, die nur teilweise miteinander verwandt sind. Mitglied können alle Träger des Namens
Steinke, deren Ehegatten und deren Abkömmlinge sowie solche
Personen werden, die den Verband fördern. Der jährliche Mit-
gliedsbeitrag beträgt 24 DM, für weitere Personen im selben
Haushalt 12 DM, und schließt den Bezug der Vereinszeitschrift
ein.

Die am Gründungstag beschlossene Satzung wurde am 22.5.1982 ergänzt. Vorstand im Sinne von § 26 Abs. 2 Satz 1 BGB ist der
Vorsitzende; er vertritt den Verein gerichtlich und außerge-
richtlich. Die Anschriften des Vorsitzenden, des stellvertre-
tenden Vorsitzenden und der Beiratsmitglieder sind der Titelseite des Steinke-Kuriers zu entnehmen.

Der Verband ist seit dem 12.2.1981 Mitglied des Bundes der Familienverbände e.V. (BdF) und seit dem 1.1.1983 Mitglied der
Arbeitsgemeinschaft ostdeutscher Familienforscher e.V. (AGoFF).

Der Name Steinke entstammt dem norddeutschen Raum, wo es auch
Ortsbezeichnungen ähnlicher Schreibweise gibt. Nachweise über
Namensträger, die vor 1500 lebten, konnten bisher nicht ge-
funden werden. Ähnliche Familiennamen (Steimke, Steyncken,
Steinken, Steencken) lassen sich ebenfalls nicht viel weiter
zurückverfolgen.

Die Gesamtzahl der in Deutschland lebenden Namensträger wird
auf etwa 9900 geschätzt, davon rund 8000 in den westlichen
Bundesländern einschließlich dem Westteil Berlins. In der Vor-
namenkartei des Archivars waren Ende 1989 Daten von 2100 Namens-
trägern aus fünf Jahrhunderten erfaßt. Ziel ist die Erfassung
und Darstellung möglichst vieler Namensträger auf Karteikarten
und in Ahnenlisten, die jeweils im Steinke-Kurier veröffentlicht
werden.

Familienverbände

Ein Familienverband beschäftigt sich immer nur mit der Geschichte einer einzigen Familie, in deren genealogischem Umfeld teilweise auch verwandte Familien bearbeitet werden. Die Verbandsmitglieder erhalten in meist unregelmäßigen Abständen Mitteilungen über Forschungsergebnisse, Archivierung, Familientreffen und Personalia. Neben sehr traditionsreichen Familienverbänden, z. B.
- *Verband der Familie Lampe (gegr. 1913),*
- *Sippenverband Wallmichrath (gegr. 1934),*
gibt es auch Neugründungen in jüngerer Zeit, etwa den bundesweiten Familienverband *Hundhausen*. Andere Familienverbände existierten nur eine gewisse Zeit lang, z.B. der

- *Sippenverband Burghard zur familiengeschichtlichen Forschung nach den Namen Burkhard, Burchard, Burghard und ähnlicher Namen gleichen Ursprungs (1935-1945; 1935-1937 unter dem Namen "Verband der Familien Burckhardt und verwandter Familien".*

Im deutschsprachigen Raum gibt es zur Zeit etwa 130 Familienverbände, die im **Bund der Familienverbände und –archive e.V.** (Bleibtreustr. 26, 81479 München) organisatorisch zusammengefasst sind. Aufgabe dieses BdF ist die Förderung und Vertretung der familienpolitischen und genealogischen Interessen.

Internet:
bund-der-familienverbaende-und-archive.de

 **Steinke-Kurier**

Verband der Namensträger Steinke e.V.

Erscheint vierteljährlich   10. Jahrgang - I/1989

Liebe Mitglieder und Interessenten!

Das Verbandstreffen 1989 wirft seine Schatten voraus. Deshalb steht Celle im Mittelpunkt der folgenden Beiträge:

Besondere Personengruppen

a) Beamte

Im Normalfall endet die Ahnenforschung im 17. Jahrhundert, wenn keine Kirchenbücher mehr vorliegen und andere archivalische Quellen keine eindeutige genealogische Zuordnung für früher genannte Personen gestatten. In Einzelfällen aber kann es sich bei den Vorfahren um "Standespersonen" handeln, also um Männer oder Frauen, die durch Abstammung oder Beruf eine besondere soziale Stellung einnahmen.

Hier sind neben den Adligen vor allem die Beamten in den verschiedenen Verwaltungs- und Hofdiensten zu nennen, deren Spitzen sich auf einem gesellschaftlichen Niveau befanden, das als adelswürdig galt, so dass hier **Nobilitierungen** nicht unüblich waren. Nach der Verleihung des Adelstitels kam es oft zum Konnubium des "Briefadligen" mit einer Frau aus dem "Uradel", was besonders in Südwestdeutschland, weniger aber im Rheinland zu beobachten ist. Andererseits findet man im Rheinland eine starke Versippung der kommunalen Beamtenfamilien mit dem sozial abgestiegenen Landadel im 17. Jahrhundert, so daß man genealogisch von einem **"Beamtenkanal zum Adel"** sprechen kann. Aus diesem Grund sollte jeder Familienforscher Beamte unter seinen Vorfahren sorgfältig untersuchen.

Dies beginnt mit einer Bearbeitung des genealogischen Umfeldes des Beamten, wobei festzustellen ist, ob er zu einer **Beamtenfamilie** gehörte, seine Verwandten also ebenfalls in fürstlichen Diensten standen. Dann kann man davon ausgehen, dass seine Vorfahren oder die seiner Frau bereits Beamte waren. In diesem Fall helfen auch bei Fehlen von Kirchenbüchern spezielle Quellen in Staatsarchiven weiter. Hier sind u.a. zu nennen
- Dienerverzeichnisse,
- Eidbücher,
- Bestallungsurkunden,
- Gehaltsabrechnungen usw.

Besonders wichtig sind aber die ständigen Nennungen und Unterschriften der Beamten im laufenden Geschäftsverkehr der Behörden, z.B. bei fiskalischen oder rechtlichen Vorgängen. Ebenso ihre häufige Erwähnung in Notariatsunterlagen bei Immobilienangelegenheiten. Begehrt war bei Beamten vor allem der Erwerb von steuerfreien Höfen oder Ländereien, insbesondere von Adelssitzen, da so der Anspruch auf die soziale Nähe zum Adel deutlich sichtbar zum Ausdruck kam.

Da Beamtensippen sich über viele Generationen hinweg teilweise bis in unser Jahrhundert hinein in ihrem Stand halten konnten, gibt es ferner zahlreiche gedruckte Chroniken zu Beamtenfamilien. Dabei sind aber die ersten Generationen mit Vorsicht zu betrachten, da gerade im späten 19. und frühen 20. Jahrhundert gerne eine nicht belegbare adlige Abstammung vorgetäuscht wurde. Ferner müssen die zahlreichen Beiträge über Beamtenfamilien im *Archiv für Familiengeschichtsforschung (C.A. Starke Verlag)*, insbesondere dessen Register beachtet werden.

Auskünfte zu Beamtenfamilien erhält man auch durch das **Institut für personengeschichtliche Forschung** (Schwanheimer Str. 133, 64625 Bensheim, Tel. (06251) 62211, Fax (06251) 62271), das über ein umfangreiches Archiv verfügt.

b) Juden

Jüdische Gemeinden gehörten schon seit dem Mittelalter zum Bild fast jeder größeren deutschen Stadt. Durch innere und äußere Restriktionen kam es nie zu einer Assimilation. Konvertierungen wie im folgenden Beispiel bildeten die Ausnahme:

10.1.1839 ist die Witwe des am 13. Mai 1836 zu Klein-Patschin verstorbenen jüdischen Kretschmar Jakob Schönwalder während ihres Bekenntnisses, genannt Henriette geborene Frankel in ihrem sechsunddreißigsten Jahr vor dem Pfarrer Krebs hierorts getauft, und in heiliger Taufe derselben die Namen Pauline, Catharina und Hedwig beigelegt worden. Taufzeugen waren: Bartholomäus Piohsek Schullehrer und Petronilla Madaler Pfarr-Wirthin beide aus Salesche. (Salesche bei Groß Walden, Krs. Groß Strehlitz/Oberschlesien, Frdl. Mitt. von J. Filusch, Düsseldorf).

1935 lebten in Deutschland etwa 500.000 Juden, von denen unter dem Druck der Rassegesetze und anderer Repressalien der NSDAP bis 1938 bereits 30% ihr Heimatland verließen und nach Palästina oder Nordamerika auswanderten. 160.000 der in Deutschland verbliebenen Personen jüdischer oder teilweise jüdischer Abstammung wurden wie die übrigen jüdischen Minderheiten Europas im Machtbereich der NSDAP ermordet, insgesamt etwa 4,5 Millionen.

Teilweise schon seit dem Ende des 18. Jahrhunderts gab es staatlich angeordnete Zivilstandsregister der jüdischen Gemeinden in Deutschland (siehe S. 192-194). Diese Register wurden 1938 beschlagnahmt und vom Reichssippenamt verfilmt.

Während die Filme 1943/44 vernichtet wurden, gelten die Originale seitdem als verschollen. Erhalten blieben aber die Master-Filme der Firma Gattermann, die nach dem Krieg auf die zuständigen Hauptstaats- und Landeshauptarchive aufgeteilt wurden (S. 204). Sie können in Kopie auch in den genealogischen Forschungsstellen der Mormonen eingesehen werden. Die Unterlagen der jüdischen Gemeinden aus der Zeit vor 1800 sind bei den Pogromen der NSDAP fast vollständig vernichtet worden. Auskünfte über mögliche Restbestände gibt das Zentralarchiv für die Geschichte des jüdischen Volkes (The Hebrew University Campus, Sprinzak Building, POB 1149, 91010 Jerusalem).

Ansprechpartner in Deutschland:
Zentralarchiv zur Erforschung der Juden in Deutschland. Bienenstr. 5, 69117 Heidelberg.
Jüdisches Museum. Untermainkai 14-15, 60311 Frankfurt/M.
Manfred J. Backhausen, Fasanenweg 7, 50259 Pulheim.
Henning Schröder, Postfach 100822, 51608 Gummersbach.
Gad Alexander, Brüsseler Str. 10, 51149 Köln-Porz.

Literatur:
Jüdische Familien-Forschung. Berlin 1924-1937.
L. Kahn: Jüdische Familienforschung. In: Genealogie 8 (1966), S.157-164
M. J. Backhausen: Jüdische Genealogie und ihre besonderen Probleme. In: Mitt. der. Westdt. Ges. für Familienkunde 33 (1988), S.39-43.

Internet:
www.jewishgen.org

c) Hugenotten

1685 hob der französische König Ludwig XIV. das Edikt von Nantes auf, das den Evangelischen in Frankreich die freie Ausübung ihres Glaubens gestattet hatte. Von den 1,5 Millionen betroffenen Franzosen konnten 400.000 unter Lebensgefahr nach Deutschland, England, Amerika und in die Schweiz fliehen, die übrigen wurden gewaltsam katholisiert oder ermordet.

Tausende der "Réfugiés" wurden in den reformierten Gebieten Deutschlands aufgenommen, u.a. in Hessen, in der Pfalz, am Niederrhein, in Erlangen und Bayreuth. Historisch bedeutsam war vor allem die Ansiedlung ganzer Hugenottengemeinden in Brandenburg, dessen reformierter Kurfürst Friedrich Wilhelm im "Edikt von Potsdam" 1685 den Flüchtlingen volle kulturelle Eigenständigkeit zusicherte. So waren 1697 etwa 20% der Einwohner Berlins Franzosen, die hier wie im übrigen Deutschland durch Fleiß und große handwerkliche Fähigkeiten führende gesellschaftliche Stellungen einnehmen konnten.

Durch Assimilation ging ihre anfängliche kulturelle Sonderstellung im 18. Jahrhundert verloren. Ihre französischen Namen leben aber - teilweise abgeschliffen oder in deutscher Form - noch heute weiter.

Ansprechpartner:
Deutscher Hugenotten-Verein (Hafenplatz 9a, 34385 Bad Karlshafen, Tel. (05672) 1433).
Literatur:
Die Hugenotten 1685-1985. Hrsg. R.v.Thadden u. M. Magdelaine. München 1985.
Internet:
www.hugenotten.de

d) Adel

Adelsforschung im Rahmen der Familienkunde beginnt in der Regel im sozial abgestiegenen „niederen Adel" (vgl. S. 178-179). Dessen Familien sind fast immer schlecht erforscht, so dass nur wenige Veröffentlichungen vorliegen.

Eine erste Kurzinformation findet man vielleicht in einem **Adelslexikon**, wobei die Angaben in den Werken vor 1930 sehr fehlerhaft sein können:
Adelslexikon, Limburg/Lahn 1972 ff. (bisher A-Sch).
E.H. Kneschke, Neues allgemeines Deutsches Adels-Lexicon, 9 Bde. Leipzig 1859-1870.
O.T. v.Hefner, Stammbuch des blühenden und abgestorbenen Adels in Deutschland, 4 Bde. Regensburg 1860-1866.

Ferner müssen spezielle, regional begrenzte **Stammtafel-Sammlungen** eingesehen werden, die gedruckt in Buchform oder als Handschriften in Archiven und Bibliotheken vorliegen. Allerdings müssen diese Zusammenstellungen immer mit großer Vorsicht gelesen werden, da besonders für die Zeit vor 1500 Abstammungen nur aufgrund einiger Indizien angenommen werden. Manchmal fehlen auch die Quellenangaben ganz. Auskünfte, was zu einer bestimmten Region an Stammtafel-Sammlungen vorliegt, erteilen die zuständigen staatlichen Archive, teilweise auch die großen Stadtarchive.

Besonders empfehlenswert ist aber eine Anfrage bei dem **historischen Verein**, der für das Wohngebiet der zu bearbeitenden Adelsfamilie zuständig ist. Dies ermöglicht die Kontaktaufnahme zu einem Heimatforscher, der nicht nur jüngste Veröffentlichungen über die Adelsfamilie kennt, sondern auch Hinweise auf Material in Archiven geben kann. Auf jeden Fall müssen die Register zu den Publikationen der historischen Vereine durchgesehen werden.

Über den sozial nicht abgestiegenen Adel, insbesondere also Fürsten und Grafen, erhält man problemlos Auskunft in den *Europäischen Stammtafeln* und im *Genealogischen Handbuch des Adels* (GHdA, Nachfolger der berühmten "Gothaischen Taschenbücher"), über das der Verlag C. A. Starke in Limburg informiert.

Ansprechpartner:
Deutsches Adelsarchiv, Schwanallee 21, 35037 Marburg, Tel. (06421) 26162:
C. A. Starke Verlag (siehe S. 13).

e) Auswanderer

Überbevölkerung, Hungersnot und politische Unterdrückung waren die Hauptursachen dafür, dass im 19. und frühen 20. Jahrhundert viele Millionen Deutsche ihre Heimat verließen und nach Übersee, besonders nach Nordamerika auswanderten.

Zunächst hatten sich die Ausreisewilligen in ihrer Heimatgemeinde abzumelden; im 19. Jahrhundert war hierfür die Polizei zuständig. Familienforscher müssen sich zur Einsicht in diese Akten also an die heutige Gemeindeverwaltung oder an das zuständige staatliche Archiv (S. 204) wenden.

Anschließend wurden die Auswanderer in den Abfahrthäfen, z. B. Bremerhaven oder Hamburg, in den Passagierlisten der auslaufenden Schiffe registriert. Diese Listen existieren noch, doch besitzen davon nur sehr wenige ein alphabetisches Register, so dass eine direkte Nutzung durch Familienforscher nur begrenzt möglich ist. Grundsätzlich können zwar Anfragen in den zuständigen Archiven gemacht werden, doch ist dies gebührenpflichtig, und es ist die Angabe des Schiffsnamens und des Auswanderungsjahres nötig; aber genau dies will ein Familienforscher aber erst wissen. Besser ist eine – ebenfalls kostenpflichtige – Anfrage über Internet.

Bei der Ankunft in den Zielhäfen erfolgte schließlich die Registrierung durch die dortigen Einwanderungsbehörden. Für die seit 1850 in die USA eingewanderten Personen sind die Listen schon weitgehend ausgewertet und in Buchform veröffentlicht: *Germans to America. Lists of Passangers arriving at U.S. Ports. Derzeit 60 Bde. (bis 1891). Wilmington/Delaware 1988 ff.*

Literatur:
Genealogie 25 (49-50 Jg., 2000-2001), S. 355 - 377 u. 715 – 725.
Taschenbuch für Familiengeschichtsforschung (Verlag Degener) mit Hinweisen auf regionalgeschichtliche Untersuchungen zu Auswanderern.
Genealogical Research Directory (GRD) 1994. Dort findet man unter Subjects S, S. 812-816, ca. 350 Familienforscher aus aller Welt, die sich speziell mit dem Thema Auswanderung beschäftigen. Dabei werden auch die Forschungsschwerpunkte angegeben.
CD-ROM:
Auswanderer aus dem Rheinland. 64.000 Personen aus den Regierungsbezirken Köln und Düsseldorf seit 1815 (Hrsg. Hauptstaatsarchiv Düsseldorf 1999).
Internet:
www.auswanderer-datenbank.de.
Grundlegende Informationen zu Passagierlisten der deutschen Auswanderhäfen und Anfragemöglichkeit.

Patenschaftsanalyse

Die Bedeutung der Paten in der genealogischen Forschung muss besonders betont werden. Die Paten werden von den Eltern der zu taufenden Kinder ausgewählt und sind damit unmittelbare Bezugspersonen sowohl der Eltern als auch später der heranwachsenden Kinder. Dies galt früher in einem noch viel höheren Maß als heute, da die persönlichen Bindungen im allgemeinen stärker und die religiöse Bedeutung der Patenschaft als "geistliche Verwandtschaft" bewusster war. Zudem war der vorzeitige Tod eines Elternteils und damit die Verantwortung des Paten für die Versorgung des Kindes wesentlich größer als heute.

Paten stammen grundsätzlich aus dem engsten Verwandten- und Bekanntenkreis der Eltern:

- Die noch lebenden **Großeltern** sind häufig namengebend bei der Taufe der ersten Kinder.
- **Geschwister und Schwäger/innen** der Eltern werden teilweise bei mehreren Kindern als Paten gewählt.
- **Nachbarn** drücken die sozialen Bindungen im ländlichen Dorf oder im städtischen Wohnviertel aus.
- **Bekannte** geben Hinweise auf enge Beziehungen aus der Jugendzeit der Eltern oder auf deren berufliche Kontakte.
- Die Patenschaft **hochrangiger Personen** (Beamte, Pfarrer, Offiziere, Akademiker, wohlhabende Kaufleute, Adlige usw.) drücken entweder nahe verwandtschaftliche Verbindungen oder Kontakte der Eltern zu einer sozial höherrangigen Gesellschaftsschicht aus.

Insgesamt lassen sich die Paten also zwei Gruppen zuordnen: Die Verwandten, die Hinweise auf die Herkunft der Eltern geben können, und Bekannte, die u.U. das soziale Umfeld der Eltern beleuchten.

Abgesehen von der Möglichkeit einer sozialen Einordnung der Familie kann eine sorgfältige Analyse der Paten häufig bei der Überwindung von "**toten Punkten**" weiterhelfen (S. 104).

Bei den Geschwistern der Eltern kann der Wohnort angegeben sein, also die Heimat eines zugewanderten Elternteils. Umgekehrt kann aber auch der Fall eintreten, dass trotz mehrerer vermeintlicher Geschwister diese nicht als Paten erscheinen, was durchaus ein Indiz gegen die angenommene Verwandtschaft eines Elternteils ist. Dies sei anhand eines Beispiels erläutert:

Im Kirchenbuch der katholischen Gemeinde Denklingen/Oberberg erscheinen 1754-1760 bei den Kindtaufen des Ehepaares Johann Gerard Burghardt und Anna Maria Bender folgende Paten:

Heinrich Hombach aus Schneppenberg, Maria Sophia Seelmans, Anna Maria Bonzel aus Drolshagen, Martin Bender aus Fischbach, Christian Georg Adolph aus Schneppenberg, Anna Maria Müller aus Morsbach.

Nachforschungen in Fischbach/Sieg ergaben, dass Martin Bender eine Schwester Anna Maria hatte; sein Bruder Johann Arnold Bender war zunächst Pfarrer in Denklingen, dann in Drolshagen/Westfalen. Einen Hinweis auf die Herkunft des Johann Gerard Burghardt gibt es weder hier noch bei den zahlreichen Taufen seiner Enkel 1777-1810. In der zu Denklingen benachbarten Gemeinde Morsbach wurde 1718 ein Johann Gerhard Burghardt getauft, der aber bei den zahlreichen Taufen von Kindern seiner Schwestern ab 1745 nie als Pate genannt wird. Dies spricht durchaus gegen eine Verwandtschaft der Denklinger und der Morsbacher Familien Burghardt.

Sehr gute Ergebnisse lassen sich mit einer Patenschaftsanalyse auch im Falle **namensgleicher Personen** erzielen. Wenn unter den Paten nicht die Großeltern erwähnt werden, muss man versuchen, "Blöcke" von Patenschaftsverbindungen herauszufiltern. Das folgende konstruierte Beispiel soll dies in vereinfachter Form erläutern:

Um 1750 sollen in einer Pfarrei die beiden Ehepaare *Wilhelm(1) Schmitz - Anna Müller* und *Wilhelm(2) Schmitz - Sibilla Ernst* heiraten und anschließend mehrere Kinder taufen lassen. Um 1720 sollen in der gleichen Pfarrei zwei Kinder mit dem Namen Wilhelm Schmitz geboren sein, so dass eine Zuordnung der beiden späteren Väter Wilhelm(1) und Wilhelm(2) nicht möglich wäre.

Dann müssen zunächst alle Geschwister der beiden Wilhelm Schmitz um 1710/1730 festgestellt werden, also z.B.

Peter Schmitz oo Catharina Junkers. Kinder:
*a) Elisabeth, * 1711*
oo 1730 Johann Schenck,
*b) Maria, * 1714,*
*c) Joist, * 1718*
oo 1745 Cath. Menden,
d) Wilhelm, *1719,
*e) Anna, * 1725*
oo 1750 Peter Born.

Joist Schmitz oo Anna Marx. Kinder:
*a) Margaretha, * 1719,*
*b) Sibilla, * 1720*
oo 1752 Hermann Pott,
c) Wilhelm, * 1722,
*d) Peter, * 1724.*
oo 1755 Elis. Born.

Nun ist zu prüfen, ob unter den Paten der Kinder von Wilhelm(1) und Wilhelm(2) Schmitz die Namen der Geschwister Elisabeth/ Maria/ Joist/ Anna oder aber Margaretha/Sibilla/ Peter und deren mögliche Ehepartner erscheinen. Findet man z. B. als Paten:

- bei den Kindern von Wilhelm(1):
Johann Schenck,
Maria Schmitz,
Catharina Schmitz cond. Menden,
Anna Born condicta Schmitz;
- bei den Kindern von Wilhelm(2):
Margaretha Schmitz,
Sibilla Pott,
Hermann Born (Bruder der Elisabeth Born),

so ist sicher davon auszugehen, dass Willhelm(1) der 1719 geborene Sohn des Peter Schmitz ist, Wilhelm(2) dagegen der des Joist Schmitz.

Führt die Untersuchung der Patenlisten der Kinder von Wilhelm(1) und Wilhelm(2) noch nicht zu einem eindeutigen Resultat, so sind die Paten aller Enkelkinder von Peter und Joist Schmitz zu ermitteln. Dann muss festgestellt werden, ob bei den Eheleuten Schenck/Schmitz, Schmitz/ Menden, Born/Schmitz die Ehefrau von Wilhelm(1) oder die von Wilhelm (2) evtl. mehrfach als Patin genannt wird.

Tote Punkte

Häufig versteht man in der Familienforschung unter einem "toten Punkt" einen Vorfahren, dessen Eltern nicht mehr ausfindig gemacht werden konnten. In diesem Sinne endet die Ahnenforschung in den Ahnenspitzen, also den jeweils ältesten bekannten Vorfahren, immer mit "toten Punkten".

Im engeren Sinne aber sollte man nur dann von einem "toten Punkt" sprechen, wenn wegen Zuwanderung in eine Gemeinde die Eltern einer Person nicht festgestellt werden können. In diesen Fällen müssen zunächst alle in der betreffenden Gemeinde erreichbaren Informationen über die zugewanderte Person oder Familie gesammelt und analysiert werden. Dabei muss besonders auf die Herkunft der Paten bei Kindtaufen geachtet werden (siehe Abschnitt "**Patenschaftsanalyse**").

Führt dies nicht zu Hinweisen auf die Herkunft, so muss man sich in den Nachbargemeinden umsehen, da vor 1800 i.a. eine nur geringe räumliche Mobilität zu verzeichnen ist: Einwanderungen über mehr als 30 km außerhalb von Kriegs- und Nachkriegszeiten waren relativ selten, sieht man einmal von Handwerksgesellen ab. Erst danach sind andere, raumübergreifende Hilfsmittel heranzuziehen.

a) Namenregister

Eine zweite Möglichkeit zur Überwindung "toter Punkte" besteht in der Durchsicht von Namenregistern.

Zunächst sollte immer ein Register der Region herangezogen werden, in der der "tote Punkt" liegt. Aus dem 17. und 18. Jahrhundert liegen zwar häufig umfangreiche Personenlisten vor, insbesondere Steuerlisten (S. 121), doch sind diese nur selten für die Familienforschung aufbereitet. Die Durchsicht der u. U. mehrere tausend Personen eines Territoriums umfassenden Originallisten im Archiv ist äußerst zeitaufwendig und wird daher in der Regel nicht durchgeführt. Gleiches gilt für die Dispensprotokolle der Generalvikare (S. 57).

Beachtet werden müssen die Registerbände zu den Publikationen der größeren historischen und genealogischen Vereine. Zunehmend von Bedeutung sind die regionalen genealogischen Datenbanken, besonders dann, wenn sie flächendeckend angelegt werden.

Überregionale gedruckte Namenlisten sind u.a. die Register zum Deutschen Geschlechterbuch und zum Deutschen Familienarchiv (S. 95) so für internationale Forschungen das Genealogical Research Directory (GRD). Hier und bei den Datenbanken der Mormonen (S. 93), muss aber berücksichtigt werden, dass wegen der zunehmenden regionalen und zeitlichen Streuung ein Fund, also die Klärung eines "toten Punktes", immer unwahrscheinlicher wird.

b) Suchanzeigen

In fast allen genealogischen Zeitschriften können Suchanzeigen veröffentlicht werden, teils für Mitglieder kostenlos, teils gegen eine geringe Zeilengebühr.

Auch hier empfiehlt es sich, zuerst eine Suchanzeige in der Zeitschrift zu platzieren, die für die Region des "toten Punktes" zuständig ist. Erst danach wird man eventuell zu einer überregionalen Anzeige übergehen, so z.B. in den *Familienkundlichen Nachrichten (FANA, Verlag Degener)*, die kostenlos den Mitgliedern aller genealogischen Vereine zugeht.

Was den Erfolg einer Suchanzeige angeht, so liegen bei regionaler Eingrenzung durchaus gewisse Erfolgschancen vor, besonders dann, wenn die Anzeige mehrfach wiederholt wird. Grundsätzlich ist auch jede Veröffentlichung, die einen "toten Punkt" enthält, eine Suchanzeige. Dies trifft besonders für Ahnenlisten oder Ahnenspitzen zu. Ebenso dienen auch Eintragungen in genealogische Datenbanken nicht nur der Mitteilung und Sicherung von Forschungsergebnissen; sie führen häufig zu Rückfragen und Hinweisen anderer Forscher.

c) Berufsgenealogen

Die Einschaltung eines professionellen Genealogen zur Klärung eines "toten Punktes" oder auch zur normalen Sucharbeit an einem entfernter liegenden Ort sollte grundsätzlich erst das letzte Mittel sein, zu dem ein Familienforscher greift, dies nicht nur aus Kosten- und Sicherheitsgründen, sondern auch deswegen, weil man bei der Durchsicht von Kirchenbüchern und anderem Archivmaterial immer selbst bestimmen sollte, welche Informationen als wichtig festgehalten werden oder welchen Hinweisen man verstärkt nachgehen will. Entschließt man sich dennoch dazu, einen Berufsgenealogen zu beauftragen, so sind folgende Punkte zu beachten:

Bei regional eingrenzbaren Forschungen sind immer solche Genealogen zu bevorzugen, die sich in der fraglichen Region besonders gut auskennen, also nachweislich(!) seit vielen Jahren dort genealogisch arbeiten, so dass sie nicht nur mit Quellenmaterial und Literatur, sondern vor allem

auch mit den landschaftlichen Besonderheiten gut vertraut sind und über Verbindungen zu Spezialforschern (z.B. Heimatforschern) verfügen.

Sehr unterschiedlich sind die Gebühren: Meistens erfolgt eine Abrechnung auf **Zeitbasis** mit einer Vergütung zwischen 10 und 50 € pro Stunde, wobei ein hoher Stundenpreis bei einem guten Forscher durchaus günstiger sein kann. Hinzu kommen dann die Unkosten für Kopien, Porto usw.

Einige Forscher arbeiten auf **Erfolgsbasis**, rechnen also nach der Anzahl der gefundenen Urkunden ab. Dies ist für den Auftraggeber immer wesentlich günstiger, da er vorher genau weiß, was er für eine bestimmte Information zu bezahlen hat, und bei einem Misserfolg entfallen die Suchgebühren. Bei Arbeiten in Zivilstandsregistern kann das Erfolgshonorar 5 bis 15 € pro Urkunde betragen, bei der Suche in Kirchenbüchern auch wesentlich mehr. Der Preis wird davon abhängen, welche Informationen im Umfeld der gesuchten Urkunde dem Berufsgenealogen zur Verfügung stehen, so dass er sein Risiko vor einem Archivbesuch möglichst gut abschätzen kann; andererseits wird er auch nicht für eine einzige Urkunde, die ihm vielleicht 10 € einbringt, ein Archiv aufsuchen, da der Aufwand in keinem Verhältnis zum Honorar steht.

Anzeigen von Berufsgenealogen findet man in den *Familienkundlichen Nachrichten (FANA, Verlag Degener)* und im *Archiv für Familiengeschichtsforschung* (C. A. Starke Verlag), doch sollte man auch die genealogischen Vereine um Auskunft über zuverlässige Forscher bitten.

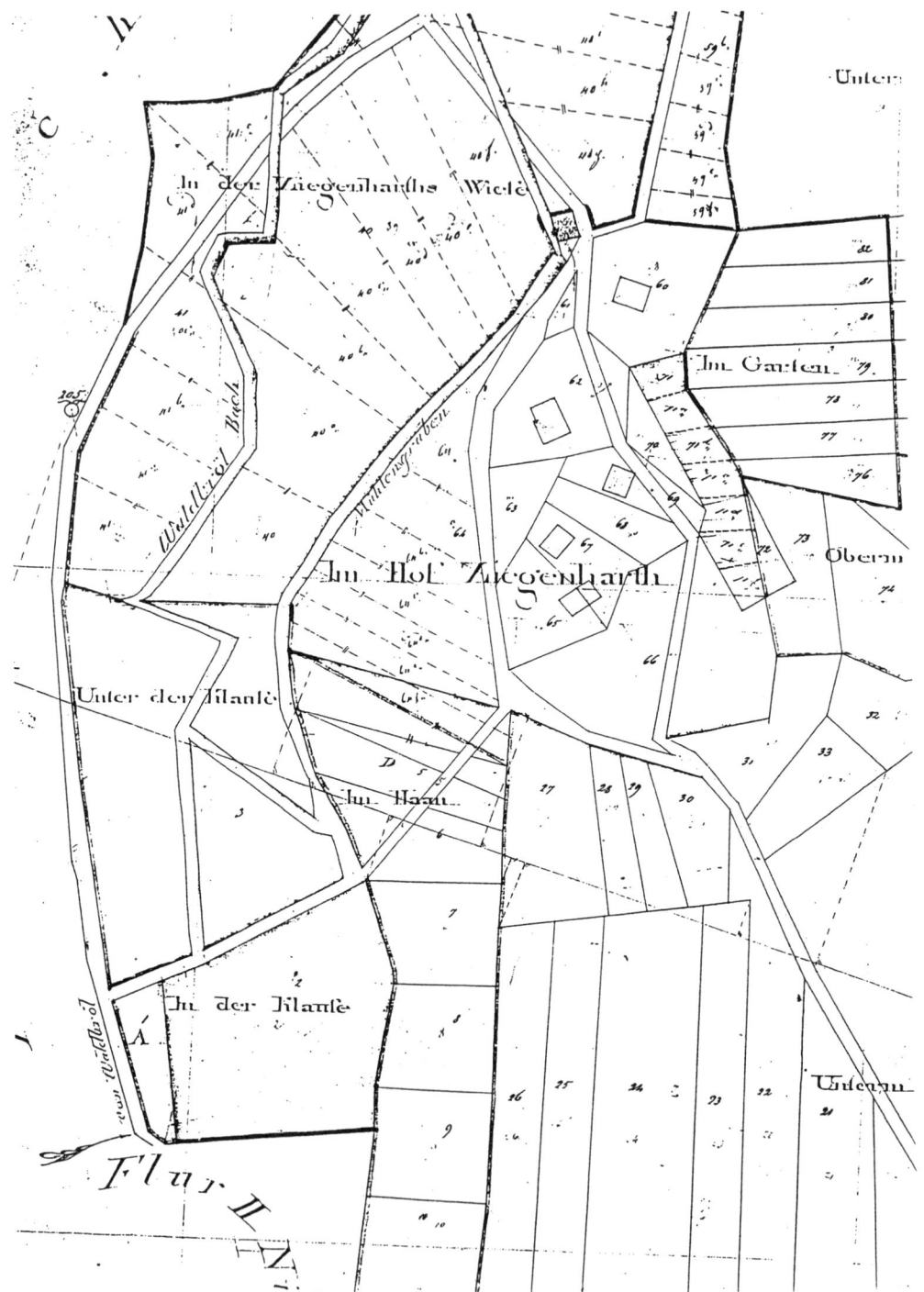

Landkarten

Jeder Familienforscher sollte ein gutes Kartenwerk für **Deutschland** besitzen, etwa die Topographische Übersichtskarte 1:200.000, den Generalatlas oder den ADAC-Atlas. Bei konzentrierten Forschungen in einem bestimmten Gebiet sind topographische Karten im Maßstab 1:25.000 („Messtischblätter") erforderlich.

Besonders wichtig sind historische topographische Karte aus dem frühen 19. Jahrhundert. Diese wurden westlich des Rheins erstmals von den Franzosen angefertigt, im Königreich Preußen ab 1820 in Abständen von etwa 25 Jahren. Im Raum Göttingen-Harz gibt es solche Karten bereits aus der zweiten Hälfte des 18. Jahrhunderts. Im Gegensatz zu noch älteren, aber ungenauen Karten geben die topographischen Landvermessungen präzise die Orts- und Infrastruktur vor den tiefgreifenden Änderungen durch die industrielle Revolution wieder. Sie geben damit weitgehend den Zustand aus der Zeit 1600-1800 wieder. Auch sind auf ihnen noch viele Orte zu finden, die im 19. Jahrhundert verlassen wurden („Wüstungen", siehe S. 61)

Alle diese Karten neueren oder älteren Datums können bei den jeweiligen **Landesvermessungsämtern** bestellt werden. Diese Ämter geben auch kostenlos Broschüren heraus, in denen die verfügbaren Kartenwerke detailliert beschrieben werden. Die Landesvermessungsämter befinden sich in den Hauptstädten der Bundesländer (Ausnahmen: Für Sachsen-Anhalt in Halle, für Rheinland-Pfalz in Koblenz, für Nordrhein-Westfalen in Bonn). Ein Sammelband dieser Broschüren aller Bundesländer kann beim hessischen Landesvermessungsamt bestellt werden. Ebenso bei den Landesvermessungsämtern können Landkarten auf CD-ROM bestellt werden. Näheres dazu findet man in en genannten Broschüren.

Sehr ergiebig sind auch die **Urkataster-Karten** aus dem frühen 19. Jahrhundert, die bei den kommunalen Katasterämtern oder Archiven einsehbar oder in Kopie zu erhalten sind. Im Urkataster sind die früheren Flurnamen angegeben und die alten Ortsstrukturen mit Wegen und Häusern besonders gut erkennbar (siehe Abb. links).

Für die **Vertriebenengebiete** findet man grundlegende Hinweise auf Kartenwerke im „Wegweiser" (S. 81). Auch hier gibt es die oben genannten historischen Karten.

Im Internet (**genealogienetz.de**) werden zahlreiche ältere Karten gerade auch aus den Vertriebenengebieten bereitgestellt. Als Erstinformation ist dies auf jeden Fall lohnenswert.

Allgemein bietet das Internet mit der Seite **mapquest.de** ein nur sehr bedingt brauchbares aktuelles Kartenwerk an. Wie die Seite jewisgen.org dient es dem Familienforscher eher als Ortsverzeichnis (S. 61).

Abb. links:
Preußischer Urkataster 1824
(aus: F.J. Burghardt, Chronik der Burghardt zu Ziegenhardt, Meschede 1995)

ARCHIVAKTEN

Neben den kirchlichen Archiven der Diözesen, Landeskirchen, Klöster und Pfarreien gibt es zahlreiche nichtkirchliche Archive, u.a.

- **staatliche Archive** des Bundes und der Länder (Übersicht im Anhang S.204),
- **kommunale Archive** der Städte und Gemeinden,
- **Universitätsarchive**, die häufig in staatlichen oder kommunalen Archiven aufbewahrt werden (S. 131),
- **Wirtschaftsarchive** großer Unternehmen oder Verbände, z.B. Handwerkskammern,
- **Familienarchive**, meistens adliger Familien,
- **Hofarchive** (S. 125),
- **Partei-** und **Gewerkschaftsarchive**.

Für den Familienforscher besonders wichtig sind die Bestände staatlicher Archive aus der Zeit vor 1800. Diese sind grundsätzlich zunächst nach den damaligen Reichsterritorien geordnet. Die Bestände der einzelnen Territorien sind auch heute noch nach der alten **Behördenstruktur** geordnet:

An der Spitze eines Territoriums stand der **Fürst**, in dessen Privaträumen alle wichtigen Staatsangelegenheiten von ihm selbst, manchmal auch unter Hinzuziehung einiger Minister entschieden wurde. Dazu verfügte er über Privatsekretäre und eine Geheime Kammerkanzlei, in der alle das Fürstenhaus betreffenden Dokumente abgelegt wurden. Zu diesen Unterlagen gehören z.B. die für den Genealogen wichtigen Huldigungs- und Einwohnerlisten (S. 117-119).

Das höchste Regierungskollegium war i.a. der **Geheime Rat**, der vorbehaltlich des fürstlichen Vetos über alle wichtigen Verwaltungsfragen zu entscheiden hatte. Sein Schriftverkehr wurde von der Geheimen Kanzlei bearbeitet. Teilweise war der Geheime Rat auch für die Vergabe von Lehen zuständig, wofür aber eine besondere "Lehenregistratur" eingerichtet war.

Der **Hofrat** war die oberste Gerichtsinstanz; bisweilen gab es auch ein Oberappellationsgericht. Sein Archiv war die Hofkanzlei, in deren Bestand u.a. zahlreiche Unterlagen über Beamte zu finden sind. Besonders wichtig aber sind alle Gerichtsakten der verschiedenen Instanzen (S. 115).

Die **Hofkammer**, auch Rechenkammer genannt, war u.a. für die Verwaltung der dem Fürsten gehörenden Ländereien (Domänen), den Bergbau, die Zölle und die Grundsteuer verantwortlich. Die (Rechen-)Kammerkanzlei erledigte den Schriftverkehr. In diesen Akten findet man zahlreiche Steuer- und Abgabelisten, sowie Rechnungen und Spezialakten zu Bergwerken, Mühlen, Zöllen usw.

Eine erst am Ende des 17. Jahrhunderts eingerichtete Behörde war das **Kriegskommissariat**, das die Militärsteuern verwaltete. Teilweise verfügte es auch über eine eigene Kanzlei, in der dann ebenfalls neben Musterungs- auch Steuerlisten zu finden sind.

In einigen Territorien gab es **Landstände**, also eine mitspracheberechtigte Versammlung von Adligen, Geistlichen und Bürgern. Der bei ihren Verhandlungen anfallende Schriftwechsel wurde von einer eigenen Kanzlei erledigt. Für den Familienforscher sind diese Akten nur von Bedeutung, wenn er sich mit Adelsfamilien beschäftigt.

Ältere Bestände kommunaler Archive befinden sich heute oft in den staatlichen Archiven. Hier sind vor allem Bürgerbücher und Ratsprotokolle von Bedeutung (S. 129).

Bestandsübersicht
(Das Staatsarchiv Düsseldorf und seine Bestände. Bd.1: Landes- und Ge-
richtsarchive von Jülich-Berg, Kleve-Mark, Moers und Geldern. (Bearb. F.W.
Oediger). Siegburg 1957. S.157.)

Monheim 1691—1806; Rottzehnte 1691, 1748 (Unteramt); Benrath,
Schloßhof 1795—1800; Brandhof zu Berghausen 1802—04; Hof Buchholz
1803; Hittorf, Honnenamt 1802—03; (Petershof zu Katzberg 1804—);
Kranenwerth 1558—1776; linksrheinische Einkünfte 1795—1802: Mon-
heim, Schatzbare Gründe 1656—57; . . . Werth 1795—1802; (Novenerhof
1803); Reusrath, Rottzehnt 1772—1803 (1798—); Richrath, Schatzgefälle
1801—02; Trappohler Heide 1798—99;. Urdenbach 1684—97 (1697—);
Porz-Bensberg: c. 1540—1806; Herzogl. Höfe c. 1540; Bensberg,
Ländereien 1799 (1799); Bonschlader Gut 1802; (Elsdorf, Geisthof 1804—);
Ensen, Steinhof 1801; Flittard 1772, 1798—1803 (1802—); Merheim,
Greuelhof; Berg.Gladbach, Fronhof und abhängige Höfe 1773—97 (1734—);
(Hardthof 1767—); (Hof Hebborn 1800—04); Herkenrath, Botamt und Höfe
1789—95 (1773—); Heumar, Rottzehnt 1789—95; Hündgeshof bei Bensberg 1794—1803 (1798); (Immekeppel, Hof und Mühle 1803—05); (Jung-
müllerhof 1796—); Langel, Diensthof 1590—1803, auch Hofgericht
(1798—); Merhausen 1560; (Milenforst 1795—1804); Mülheim-Rhein,
Märkerhof 1548—59; . . . Plätze 1784—1801 (1804—·); Niedermoitzfeld
1803; Niederscheven 1797—1802; (Niederscharfenhof 1802); Zur Obersten

Findbuch
(Verzeichnis der im Landeshauptarchiv Koblenz verwahrten Akten und Amts-
bücher der Grafschaft Sayn. Landeshauptarchiv Koblenz, Bestand 30.
(Veröffentl. aus rheinland-pfälzischen und saarländischen Archiven, Kleine
Reihe, Heft 30-32). Koblenz 1983. S.479.)

Die Hofleute zu Altenthal gegen die Hofleute zu
Mühl und Eichen, betr. strittiger Hut.
5821   1724

Johann Georg Arndt zu Dickendorf gegen die Gemeinde
Dickendorf, betr. gesuchten Anteils an der Holz-
Nutzung daselbst.
5818   1736

Der neue Rauch des Johs. Heinrich Arndt zu Nauroth.
5875   1749-5o

Der Hofpächter zu Alsdorf gegen Gemeinde Wallmeroth
betr. Viehhüten.
5823   1798

Archivbenutzung

Der Besuch staatlicher und großer kommunaler Archive ist ohne Einschränkung während der Öffnungszeiten (meistens Mo-Fr 8-16 Uhr) möglich. Einige Stadtarchive erheben inzwischen eine Benutzungsgebühr von 2 – 3 € pro Tag. Eine vorherige Anmeldung ist i.a. nicht erforderlich, da genügend Arbeitsplätze vorhanden sind. Der ständige Personalabbau erlaubt es aber den Archiven nicht mehr, den unerfahrenen Besucher individuell zu beraten, so dass eine Vorinformation anhand der gedruckten und veröffentlichten Archivführer unbedingt erforderlich ist.

Jedes große staatliche Archiv verkauft eine **Kurzübersicht** über seine Bestände für etwa 7 €. Darin wird z. T. auf detailliertere **Bestandsübersichten** verwiesen, die bereits umfangreiche Namen- und Ortsverzeichnisse enthalten. Kurzübersichten findet man heute auch durchweg auf den Internetseiten der Archive.

Die Aktenbestellung im Archiv muss aber immer mit Hilfe der Signatur aus einem **Findbuch (Repertorium)** erfolgen. Man erhält diese meist handschriftlich angelegten Bände im Benutzerraum des Archivs. In der dortigen Handbibliothek befinden sich auch immer die gedruckten Bestandsübersichten.

Bis ins 19. Jahrhundert hinein wurden Schriftstücke durchweg in Sachakten, also nach ihrem "Betreff" geordnet; man sagt, die Archivierung erfolgte nach dem **Pertinenzprinzip**. Dieses Prinzip kam zwar den Bedürfnissen der Behörde entgegen, da es den schnellen Zugriff auf fast alle einen bestimmten Sachverhalt betreffende Unterlagen ermöglichte. Es hat aber für den heutigen Benutzer den Nachteil, dass häufig die Herkunft eines Aktenstücks innerhalb des Behördenapparats nicht mehr festgestellt werden kann, ein Nachteil, der für genealogische Forschungen aber kaum von Belang ist. Seit über 100 Jahren erfolgt die Archivierung in den großen Archiven nach dem **Provenienzprinzip** (Herkunftsprinzip), wobei der ursprüngliche Registraturzusammenhang möglichst gewahrt bleibt. Das von den einzelnen Institutionen übernommene Archivgut wird in Beständen so geordnet, dass in den vom Archiv anzulegenden Findbüchern die Behördenstruktur noch erkennbar ist.

Wichtig ist der Unterschied zwischen Urkunden und Akten: Eine **Urkunde** ist ein unter Beachtung bestimmter Formen ausgefertigtes und beglaubigtes Schriftstück über Vorgänge rechtlicher Natur. Dazu gehören z. B. Personenstandsurkunden, Testamente, Erbteilungsverträge, Kaufverträge, Schuldverschreibungen und Pachtverträge, Personenstandsurkunden, Testamente und Lehenurkunden bilden immer besondere Bestände und sind mit Hilfe der Archivführer leicht auszumachen. Die anderen Urkunden dagegen sind meistens in Akten verstreut. Kirchenbucheintragungen gehören archivkundlich zu den **"notitiae"** (Vermerken), auf deren Grundlage dann später vom Pfarrer beglaubigte Tauf-, Heirats- oder Beerdigungsurkunden hergestellt werden konnten.

Akten sind im Zuge laufenden schriftlichen Geschäftsganges entstandene Aufzeichnungen und Verhandlungen, die auf Rechtsgeschäfte hinführen oder sie ausführen und die jeweils aus mehreren, in sich unselbständigen Schriftstücken bestehen. Doch können in Akten auch Urkunden enthalten sein.

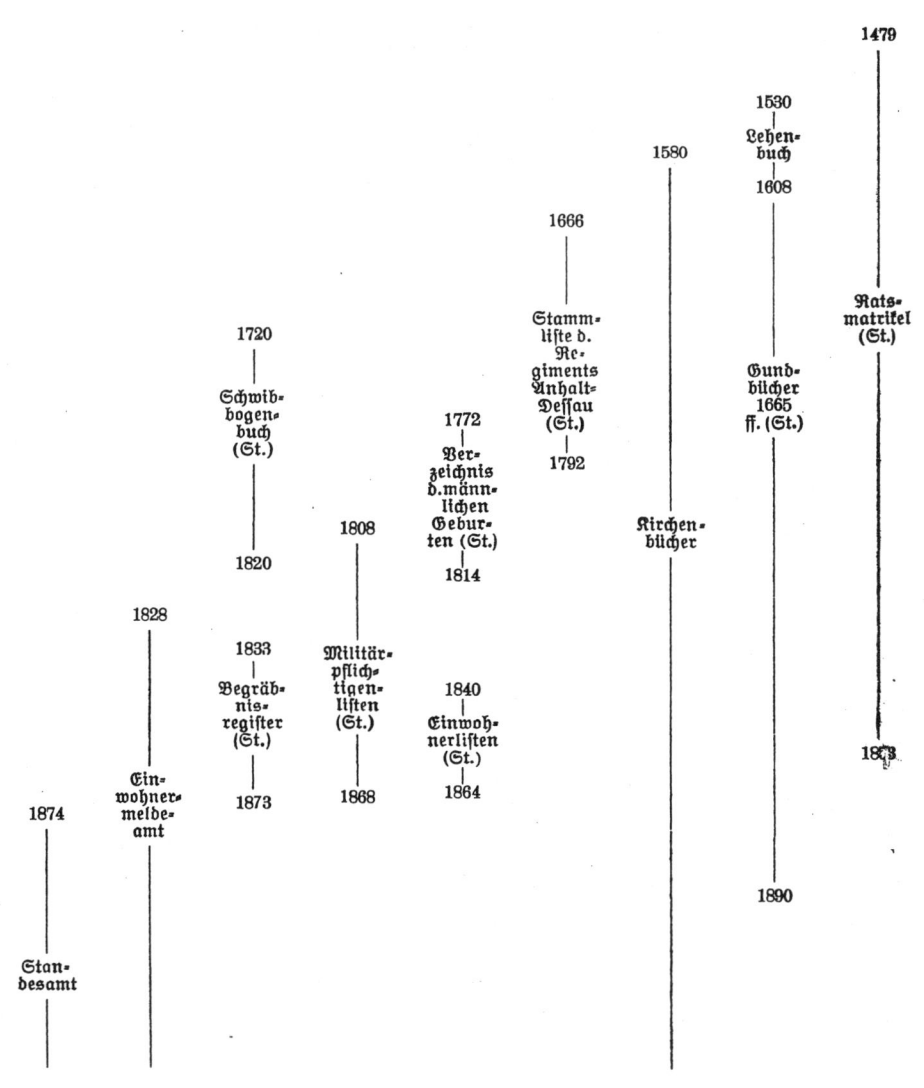

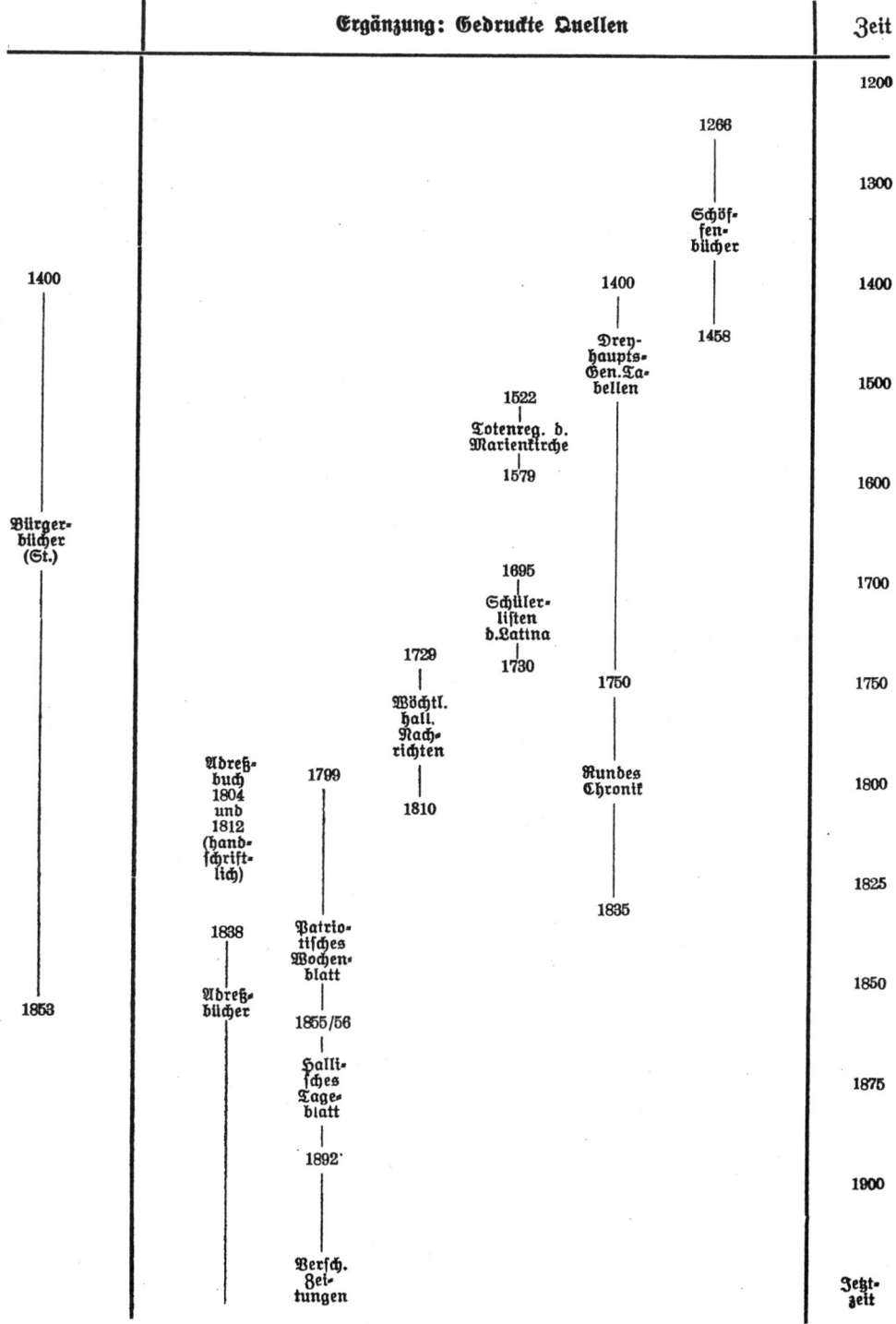

Gerichtsinstanzen im 16. – 18. Jh.

Reichsgerichte:

RHR	RKG
Reichs-	**Reichs-**
hofrat	**kammergericht**
des Kaisers	der Reichsstände
in Wien	in Speyer/Wetzlar

Territoriale Gerichte:

Oberappellationsgericht

Hofrat

Amtsgericht

Lokale Gerichte:

Gemeindegerichte
Stadtgerichte
Hofgerichte
u.ä.

Hexenprozesse 1637

Margarete Langenberg, Adam Hillesheimers Frau. Geb. in Wipperfürth, 70 Jahre alt, kath. Hat 50 Jahre in Köln, An der Vringsportzen und bei ihrer Schwester und Möhnen in der Kotzgaß gewohnt, den ersten Mann zu Köln genommen, jetzt ihren dritten Mann und 8 Kinder; hat ein Enkelgen Hans Görgen, einen Garten am Breuhoff.
Gerichtstermin: 1637, Dez. 11., 12.
Urteil und Hinrichtung: Montag, 14. Dez. 1637. Testament liegt vor.

Margret Langenberg, Dietrich Wrede Frau, im Breuhof. Geb. in Wipperfürth, 60 Jahre alt, kath. Mit ihrem ersten Mann, der an Wassersucht gestorben, habe sie 7 Kinder, von denen etliche an der Pest gestorben seien; nennt einen Sohn Johänneßgen in Düsseldorf und ein Enkelgen Margretgen.
Gerichtstermine: 1637, Dez. 14., 17., 18.; Urteil und Hinrichtung: Sa 19. Dez. 1637. Testament liegt vor.

Antgen (Agneta) Beckersche, Jans Nagelschmidts Witwe. Geb. in Düren, Alter unbekannt, kath.
Hebamme. Eltern: Korneliß und Elßgen, in Düren begraben. Bei einem Krämer in Köln, Maximinstraße, in Dienst gewesen, auch in Düren. In Köln getraut, aber in Siegburg Hochzeit gehalten. Ihr erster Mann Theis sei an Brustkrankheit gestorben; mit ihrem zweiten Mann Jan 11 Kinder;
....

(Nach den Vernehmungsprotokolle des Gerichts Siegburg/Rheinland)

Gerichte

Die unterste Gerichtsinstanz bildeten teilweise noch im 18. Jahrhundert die **lokalen Gerichte**, die etwa für das Gebiet einer Stadt oder eines Kirchspiels zuständig waren und unter dem Vorsitz eines Schultheißen (Praetor) stattfanden. Ihre Kompetenz war zwar weitgehend auf die Regelung von Erb-, Kauf- und Immobilienangelegenheiten beschränkt, doch sind gerade diese Protokolle für den Familienforscher äußerst ergiebig. Auseinandersetzungen zwischen den Bürgern einer Stadt wurden i.a. vor dem Stadtrat verhandelt und sind in den Ratsprotokollen aufgeführt. Sonderfälle bildeten die **Hofgerichte**: Einige dem Adel oder der Geistlichkeit gehörenden Höfe oder Höfeverbände hatten das Recht, in gewissem Umfang die diese Höfe betreffenden Belange mit Hilfe eines eigenen Schöffengerichts unter dem Vorsitz eines "Hofschultheißen" selbst zu regeln. Akten dieser Hofgerichte befinden sich - falls sie noch vorhanden sind - immer in den Archiven der Hofeigentümer. Zivile Streitfälle von größerer Bedeutung und Strafprozesse wurden vor dem **Amtsgericht** unter dem Vorsitz eines rechtsgelehrten Amtsrichters (Judex, Oberschultheiß, Vogt u.ä.) verhandelt. Protokolle aus dem 17. und 18. Jahrhundert sind häufig noch vorhanden, erweisen sich aber für die genealogische Forschung nur in Einzelfällen als ergiebig. Die höchste territoriale Gerichtsinstanz bildete der **Hofrat**, bestehend aus den rechtsgelehrten Hofräten (Consiliarii aulici). Appellationen an den Hofrat waren aber nur unter bestimmten Voraussetzungen möglich. Einige Territorien kannten als dritte Instanz ein **Oberappellationsgericht**.

Nach 1648 konnten mehrere Reichsfürsten das "privilegium de non appellando" erreichen. In diesen Fällen konnten die Untertanen nicht mehr an die außerhalb des Territoriums gelegenen Reichsgerichte appellieren. Als solche kamen der **Reichshofrat** (RHR) als kaiserliches Gericht in Wien und das **Reichskammergericht** (RKG) in Speyer (ab 1526) und Wetzlar (ab 1689/93) in Betracht. Die RHR-Akten befinden sich heute im Haus-, Hof- und Staatsarchiv Wien, die des RKG sind heute auf die Staatsarchive verteilt und alphabetisch geordnet. 2933 von ihnen befinden sich z.B. im LHA Koblenz mit einem gedruckten Repertorium von *O. Gf. v. Looz-Corswarem u. H. Scheidt: Repertorium der Akten des ehemaligen Reichskammergerichts im Staatsarchiv Koblenz. Koblenz 1957*, das einen guten Eindruck über den Inhalt eines RKG-Bestands vermittelt.

Bei der Bearbeitung von Gerichtsakten muss beachtet werden, dass sie aus Protokollen von Vorgängen und Zeugenaussagen, aus Originalurkunden, Abschriften älterer Urkunden, Briefen, genealogischen Schemata, Rechnungen u.a. bestehen können und daher in bezug auf die Zuverlässigkeit ihrer Bestandteile unterschiedlich zu bewerten sind: Originalurkunden und Rechnungen sind glaubwürdiger als Abschriften und genealogische Schemata, Protokolle sind zwar glaubwürdig, soweit es den protokollierten Vorgang betrifft, womit aber z.B. die Glaubwürdigkeit des Inhalts einer Zeugenaussage völlig offen bleibt. Genealogisch ergiebig sind auch die Unterlagen der **Notare**, die kaiserliche Beamte waren und deren Bestände daher in den Archiven gesondert geführt werden.

No.	Name	Alter	handwerck	land	Religion
306	Johann Ziegler	23	—	Aug.	Cathol.
307	Hans Gebhard	22	—	Aug.	Cathol.
308	Johann Fuchs	23	2	Aug.	Cathol.
309	Johannes Nachen	24	—	Aug.	Cathol.
310	Andreas Müller	43	frau	—	Cathol. reich
311	Hans L. Fischer	37	frau	Luther	Cathol. reich
312	Johann George Graf	60	—	—	Cathol. reich
313	Peter Klein	36	frau	—	Cathol. reich
314	Johann Peter Zimmermann Jun	40	frau	—	Cathol. reich
315	Johannes Schaefer	39	frau	—	Cathol. reich
316	Peter Zimmermann	30	frau	—	Cathol. reich

Einwohnerlisten

Einwohnerlisten als systematische Übersichten über die Bevölkerung sind erst seit dem Ausgang des 18. Jahrhunderts bekannt, als die Bedeutung der Statistik für Verwaltung, Steuern und Heerwesen immer größer wurde.

Abb. links:
Feuerstellenverzeichnis 1742
(Gft. Sayn-Altenkirchen, Ksp. Gebhardshain, LHA Koblenz, Sayn, 2327)
In den einzelnen Spalten findet man die laufende Nummer, den Namen (im jeweiligen Wohnort), das Alter, den Stand (beweibt/ledig/Witwe), die Religion und die Angabe, ob eine Feuerstelle (Rauch) vorhanden ist.

Schon aus wesentlich früherer Zeit sind aber Listen aller Haushaltungsvorstände erhalten: So geben **Huldigungslisten** eine Übersicht über die Personen, die dem Landesherrn einen Huldigungseid leisten mussten. Dies waren i. a. alle Haushaltungsvorstände.

Grundlage zur Besteuerung können z. B. **Feuerstellenverzeichnisse** sein Einige Städte, z. B. 1665 - 1735 Halle a.d.S., verfügen über **Hausbücher** mit Angabe der Besitzer.

Abb. unten:
Huldigungsliste 1731
(Herzogtum Berg, Amt Windeck, Kirchspiel Leuscheid, HStA Düsseldorf, JB II, 2417)

-8/ Bohlenhagen	Mayschatz	Herpschatz
Vogels Erben —	„ — 2 — „	„ — 4 — „
Gottfr... Beck „ — 6 — „		
Jaeß Bertram Berner —	„ — 2 — „	„ — 2 — „
Herr Advocat Schöler	„ — „ — „	„ — j — 4
Brentzingen		
Joan Herman Mondauer	„ — 4 — „	„ — 8 — „
... — „ — 12 — „		
Jac. Wilhelm Mondauer	„ — 4 — „	„ — 8 — „

H. Richter von Stockhausen 1 Stu, 1 kupferner Brauk, 1 Kammerherd (dieses durchstrichen)

Peter Schrage, Schreiner, 1 Stu; 1,1

Wittibe Gommersbach, 90jährig, 2 Stu, 1 Ba, 1 Braup; 0,6

Andreas Timmerman 2 Stu, 1 Ba, 1 Braup; 0,6

Joannes Kerperich 1 Stu, 1 Ba; 1,4

Wilm Schroder 1 Stu, ¼ Schm; 2,1

Wittibe Timmermanß 3 Stu, 1 eiserne Braup; 2,6

Henrich Schroder 2 Stu, 1 Ba, ¼ Schm; 2,3

Johanneß Harnßmacher 2 Stu, 1 Ba zu feilem Brot, 1 eiserne Braup zu feilem Bier; 4,0

Johanneß Ruggenberg 3 Stu, 1 Ba, 1 Brandweinskessel, so undüchtig, viele Jahre nit gebraucht, 1 Schm; 3,6

Hermannuß Roseri 2 Stu; 2,0

Tile Schneider 2 Stu; 2,0

Gerhardt Osthelder 1 Stu, 1 Ba; 1,4

Jost Niehauß 1 Stu, 1 Ba; 1,4

Henrich Mertenß 1 Stu; 1,2

Adolphi Haseni 1 Stu, 1 Ba, 1 eiserne Braup, 1 Schm, noch 1 alt Haus, so nit bewohnt ist; 1,6

Johan Wilhelm Schmidt 1 Stu, 1 Ba, 1 Braup, 1 Brandweinskessel; 2,6

Ein wüst unbewohnt Haus, so ausländischen zuständig, Tilen aufm Hauße, 1 Stu, 1 Ba; —

Steuerlisten

Die wohl älteste Steuer ist die auf Grundbesitz und Gebäude. Sie wird **Schatz** (Bede) genannt und wurde nach einem Umlegeverfahren (Matrikel) regelmäßig erhoben.

Ausgeschlossen von dieser Steuer war der Besitz gewisser Personengruppen, nämlich der des Adels, der Geistlichkeit, des Landesherren, der Lehnsleute und der Dienstreiter. Nach dem Dreißigjährigen Krieg findet man schatzfreie Güter auch im Besitz von Personen, die keiner dieser Gruppen angehören.

Aus der Höhe der Steuern können Rückschlüsse auf die Größe des Besitzes gezogen werden. Diese Listen sind allerdings nur in bezug auf den immobilienbesitzenden Personenkreis vollständig, so dass Pächter und Beiwohner (Hintersassen, Beisassen, Brinksitzer) nicht aufgeführt sind.

Abb. links oben:
Grundsteuerliste 1753
(Herzogtum Berg, Amt Windeck, Kirchspiel Rosbach, HStA Düsseldorf, JB IIIR, Windeck 55)
Unter dem jeweiligen Wohnort sind die Steuerpflichtigen angegeben, daneben die Steuerbeträge für Mai- und Herbstschatz in Reichstaler, Stüber und Raderalbus (vgl. S. 145).

Abb. links unten:
Rauchschatzregister 1664
(Stadt Olpe/Westf., Heimatstimmen aus dem Kreise Olpe 11/1953. S.692; nach: Frh. Fürstenbergisches Archiv Herdringen X-25-97, Bl. 177f.)
Angegeben sind die Stu(benöfen), Ba(cköfen), Brauk(essel), Braup(fannen) und Schm(iedeherde) sowie der Steuerbetrag in Reichstaler, Ort.

Neben diesem regelmäßig eingezogenen (landesherrlichen) Schatz gab es in Territorien mit Landständen zusätzlich den in Ausnahmefällen von den Landständen bewilligten "**landständischen Schatz**", der ebenfalls auf Grundbesitz und Gebäude erhoben wurde. Als Grundlage konnten auch Feuerstellenverzeichnisse dienen, weshalb bisweilen auch vom "Rauchschatz" die Rede ist.

Wurden die schatzfreien Güter vom Eigentümer nicht direkt bewohnt, sondern verpachtet, so mussten einerseits die Eigentümer von den anfallenden Einnahmen **Rentensteuern** und die Pächter und Halfen andererseits eine **Gewinn- und Gewerbesteuer** entrichten. Weitere Steuern waren die **Türkensteuer** und die **Kopfsteuer**, durch die häufig die nur schwer einziehbare Grundsteuer ergänzt oder ersetzt wurde.

Für alle diese Steuerarten gibt es zahlreiche Personenlisten, deren systematische Auswertung aber schwierig und daher erst ansatzweise erfolgt ist. Auch hier müsste zur Bewältigung des anfallenden Zahlenmaterials die EDV zu Hilfe genommen werden.

In den einzelnen Territorien völlig unterschiedlich war die Bedeutung der **Akzise**, die als Mehrwertsteuer beim Verkauf einer Ware erhoben wurde. In den Gebieten, in denen der Adel seine starke Stellung behaupten konnte und wegen der Schatzfreiheit seiner Güter an der Bodenbesteuerung festhielt (z.B. im Rheinland), gibt es keine Akzise, sehr wohl aber in Brandenburg und Preußen.

Familiengeschichtlich sind die zur Akzise erhaltenen Archivalien uninteressant, da keine Personen genannt werden.

Birlinthoeben hat einen freien adelichen hoff alhir in Millerscheit hontschaft gelegen in der Bachen (Bacherhof) genant, welchen für nachbarschaften uf gewin und gewerb deß halfmanß von unurdentlichen Jahren hero angeschlagen und ziehen von diesem hoebe auß 2 Pfert.

Jdem Rittmeister Scheifart hat noch einen freien adelichen hof in Veldinger (Welsen) hontschaft gelegen Rottingen (Röttingen) genant, deßen halfmanß gewin uf schaz und diensten gleich anderen Inhalt schazbücheren von unurdentlich Jahren angeschlagen und ziehen baraußer zum feltbaw . 2 Pfert.

Die Cappell zue Schoenenberg hat auch noch einen freien geistlich hof Durchhausen oder Durchbusch genant in Millerscheiter Hontschaft gelegen und hat man den halfmann Seberzeit uf gewin und gewerb im schaz steuer und bhiensten angeschlagen. Und ziehet barbon zu feltbaw auß . 1 Pfert.

Ihre Gn. Freyher bom Schait genant Welschpfenning bergischer Marschald haben auch noch einen freyen hof zue Nebberlauren=bach (Niederlaurenbach) in der Millerscheiter Hontschaft gelegen. Welchen die gemeine Nachbarschaft mit gewin und gewerb schaz Inhalt schazzetelun anschlagen so woll in den gemeinen Diensten gleich anderen nachbarn und ziehet barbon auß zum feltbaw . 1 Pfert.

Dergleichen hoebe haben Sre Gn. borgemelt noch einen hof uf der Heiden (Heide) genannt Jn Veldinger hontschaft so ebenfalß auch alß diese borschriebene hoeue in gewin und gewerb schaz und Diensten angeschlagen worden und ziehet baraußer zue felt . 1 Pfert.

Mehrgebacht Sre Gn. Herr Marschald Freiherr bom Schait genant Welschpfenning hat noch

hören barzu zwey hoeben beren einer gelegen nechst Gerethen (Gerretsen) ahm wege nacher der hoehe der New hof (Neuenhof) genant woraußer zu felt gehen . . . . 1 Pfert.

Der zweiter hof nechst der Siegen und Aschenbacher (Alzenbach) Dorf gelegen Richardshaen (Richardshohn) geheischen aufm dem Berg oder Weingarzberg bharselbsten gelegen und ziehen auch mehr nicht auf bemselben hof zu ader alß . . . . 1 Pfert.

Diese Hercher Pastorey hat auch hieselbsten ein frey hofgen gelegen sambt Wibbenhof woraußer auch zum feltt baw ziehet . 1 Pfert.

Und seint sonsten Rheine geistliche freye hoeue mehr in diesem Kirspell Herchen.

Rhairo Gumbricht von Velt Brugt zum Uwell hat auch hieselbsten in diesem Kirspell in Rödfingen Hercher hontschaft einen freyen adelichen hof barselbsten, woraußer zue feltbaw außziehen . . . . zwey Pfert.

Kirchspiel Uckerath.

Deßlich befint sich alßir im Kirspell bur=schriben und in Bulgenauwell (Bülgenauel) hontschaft ein adelich siß, das hauß Rauen=stein (Rabenstein) genant, Worauf ein half=mann ist . . . . 2 Pfert.

Jn selber hontschaft hat Junder Geber=zhan Walraef Rheinhart auch ein ade=lich Siß, das hauß Bulgenauwell genant, und wirt bewhoenet durch beßen halfmann . . . . 3 Pfert.

Gotfriedt Bampuß hat auch in dieser hontschaft ein adelich Siß wie gesagt will werden, ufm Scheit genant, welcher ber=selbe ahn jezo nochselbsten bewhonnet 2 Pfert.

Wisemanß guet zue Bulgenauwell und Peter Nachbor barselbsten haben Srer f. Dchl. Lehen

Abgabenlisten

Abb. links:
Frondienste 1644/45
(Nach W. Hirtsiefer: Die Rittersitze und Freihöfe des bergischen Amtes Blankenberg am Ende des 30jährigen Krieges; in: Jülich-Bergische Geschichtsblätter 12 (1935) S.12-19)

Abb. unten:
Kollektionsliste 1571
("Fuder-Haber Zettell" nach G. Corbach: Geschichte von Waldbröl. Köln 1973, S.137. Die mit S gekennzeichneten Personen sind saynische Untertanen, die mit B bezeichneten bergische. Die Angabe 1 bedeutet die Abgabe von 1 Sümber = ca. 50 Pfund Hafer)

Neben der Zahlung von Steuern war bis ins 17. Jahrhundert hinein die Abgabe von Naturalien an den Grundeigentümer oder Landesherrn üblich. Dazu zählten Futterhafer, Hühner, Butter, Eier und andere Naturalien. Die Entrichtung dieser Abgaben wurde in **Kollektionslisten** der Rentmeister verzeichnet.

Neben Geld- und Naturalienabgaben hatten die Untertanen auch Frondienste zu leisten, d.h. Arbeiten für den Landesherrn, die nicht oder unter Wert bezahlt wurden. Diese **Frondienste**, die zu der falschen Annahme verleiten könnten, die Dienstleistenden seien Leibeigene gewesen, wurden zwar um 1800 abgeschafft, doch hielten sich teilweise bis in die 50er Jahre des 20. Jahrhunderts gewisse Reste in Form der sogenannten Hand- und Spanndienste für den kommunalen Wegebau.

Hennen Dietrich	S	1
Bestgen, Geschworener frey	S	—
Hannes Anna	S	1
Dreis Johans Wilhelms Sonn		
Wilhelm, new gebaut, nit geben	S	—
Johann Feringk	S	1
Johann, Scheffe	S	1
Bestgen Berenkopffs Sohn	S	1
Aloff Klockner	S	1
Pastors Thiell	S	1
Heinrich Deutsch wohnt in Amtmanns Qwadens Hauß, nit geben	S	—
Pastors Wilhelms fraw nach der haett daß Hauß bewont, hat aber allhie		
nicht geben, dies Jars dreizehens Wilhelm geben (?)	S	1
Z u m B u s c h e (Büscherhof)		
Johann	B	—
B r e n z i n g e n		
Der Schneider	B	—
Johann	B	—
Aloff des Ambtmanns Qwadens Halfmann, nit geben	B	—

Wir Carl Theodor von Gottes Gnaden Pfalzgraf bey
Rhein, Herzog in Ober- und Niederbayern, des heiligen
Römischen Reichs Erztruchseß und Churfürst zu Gülich,
Cleve und Berg Herzog, Landgraf zu Leuchtenberg, Fürst
zu Mörs, Marquis zu Bergen, Oppenau, Graf zu Veldentz,
Sponheim, der Mark und Ravensberg, Herr zu Ravenstein,
thun kund und bekennen hiemit für uns, und unsere
Erben, und Nachkommen Herzogen zu Gülich und Berg, was
maßen der ernst eingelanglad stelle nach abgängeltzen
vorsorigen Pfarrs Johann das im Kirchspiel Waldbroel
und Mindad gelegenes Cameral Guth und Mühl zur Ziegenhard genannt, durch unsern Kellner allda de novo
vorgeschlagt, fort selbigen Guth und Mühl das Willib Schendt
für einen jährlichen Pfacht von Neunzig Gulden Rh. fl 80
Alb unter nachbeschrieben Bedingungen und Johren als
unwiderbringen verbleiben, fals deren Election von uns
ggn. angenommen werden zeigt, allermaßen dann zelbet
hiemit und Kraft diezes geschehen alzo und Dergestallen
der
1mo Anfangterminus das Guth und die Mahlmühl cum ap-
et depenletis in einen guten Consistente zuad verfassung,
stehen und halten, welche der Leuthard- und Pfachard- Meil
unseynat, Deich Arben, Kellen, Klenzven und zenzken
was dazu nur und zugehörig ist, in lüftige Reparation
egin zu Name ferner mögad, unterhalten, allenfall

Lagerbücher und Hofakten

Zahlreiche Höfe adliger, geistlicher oder bürgerlicher Eigentümer waren früher verpachtet oder verlehnt. Diese Güter wurden seitens des Eigentümers in **Lagerbüchern** festgehalten, die kurz und übersichtlich alle Vertragsveränderungen festhielten. Lagerbücher von Pfarreien enthalten u.a. auch Messstiftungen, aktive und passive Darlehen. Besonders bei Darlehen, die sich oft über Generationen vererbten, sind genealogische Angaben möglich.

Die Lagerbücher der Reichsfürsten bestanden aus den **Rentbüchern**, die von Beamten in den Ämtern (Rentmeister, Keller) geführt wurden, und **Lehenregistern**, deren Führung wegen ihrer besonderen Bedeutung in der Hand führender Beamter der Zentralverwaltung lag (Lehendirektor o.ä., häufig Geheime Räte).

Ein **Lehen** wurde fast immer auf Lebenszeit des Lehnsherrn und des Leheninhabers vergeben; vertragliche Grundlage ist dabei der Lehnbrief. Starb einer von beiden, so musste eine erneute Belehnung erfolgen, was aber durchweg nur formale Bedeutung hatte, da Lehen fast immer erblich waren. Bei den Verpachtungen handelte es sich meistens um **Zeitpacht** über 6, 12 oder 24 Jahre, wobei der Pächter einen im Pachtvertrag festgelegten jährlichen Pachtzins zu zahlen hatte. Um 1800 wurde das Lehensystem aufgehoben, die Leheninhaber wurden Eigentümer. Ebenso wurden - besonders in Preußen - am Anfang des 19. Jahrhunderts zahlreiche Pachthöfe wegen ihrer Unrentabilität meistbietend verkauft.

Der wegen eines Hofes anfallende Schriftverkehr wurde vom Eigentümer in der Regel in einer Sachakte, der **Hofakte**, gesammelt, deren Umfang sehr unterschiedlich sein kann.

Hofakten können Kauf-, Verkauf- und Tauschverträge, Lehnbriefe, Pachtverträge, private Briefe, Zeichnungen und andere, den Hof betreffende Stücke enthalten. Für die Erforschung einer auf einem Hof ansässigen Familie sind derartige Hofakten natürlich von zentraler Bedeutung.

Abb. links: **Pachtvertrag 1788** (HStA Düsseldorf Reg. Köln 5814) *Wir Carl Theodor, von Gottes Gnaden Pfaltzgraf bey Rhein, Herzog in Ober- und Niederbayern, des Heiligen Römischen Reichs Erztruchsess und Churfürst, zu Jülich, Cleve und Berg Herzog, Landgraf zu Leuchtenberg, Fürst zu Moers, Marquis zu Bergen, Opzoom, Graf zu Veldentz, Sponheim, der Mark und Ravensberg, Herr zu Ravenstein, theilen kund und bekennen hiermit für uns und unsere Erben und Nachkommen Herzogen zu Jülich und Berg, wasmaßen Ausweiß eingelangten Puncti nach abgeschloßenen vorherigen Pfacht Jahren der im Kirchspiel Waldbroell Amts Windeck gelegenen Cameral Hoff und Mühl, zur Ziegenhard genannt, durch unseren Kellnern allda de novo verpfachtet, fort selbige Hof und Mühl der Wittib Schenck für einen jährlichen Pfacht von neunzig zwey Rtr p 80 Alb (92 Reichstaler zu je 80 Albus) unter nachstehenden Bedingnüßen und Jahren als Meistbieterin verblieben, fort diese Election (Wahl) von uns ggst. (gnädigst) vergenehmigt worden seyn, allermaßen dann solches hiemit und Kraft dieses geschieht also und dergestalten ...* (Es folgen 14 Pachtbestimmungen.)

125

Musterung der Bürger der Stadt Sinzig a.Rh. 1649

Zunächst erscheinen die Sinziger Bürger, beginnend mit dem Bürgermeister und zehn weiteren „Rhatsverwhandten", also die Mitglieder des Stadtrats. Es folgen 15 Personen mit dem Randvermerk „Joist Goddart Fhuerer". Die weiteren Bürger sind in Parteien mit 10, 14, 10, 13 bzw. 10 Personen eingeteilt, denen jeweils ein „Partheienmeister" vorsteht. Insgesamt stellte Sinzig also 90 Bürger für die Landmiliz. In der Liste folgt „Constorff (Kolsdorf) Neunte Parthey" mit 11, dann „Westhum" mit 43 und schließlich „Londorff" mit 10 Personen.

Bei fast jeder Person ist die Bewaffnung angegeben: Neben Hellebarde bei den besser gestellten Bürgern finden wir „Stab", „Rhor" und „Gaphell" (= Gabel); auch einige „Musquetiere" werden aufgeführt.

Um das Auffinden der Familiennamen zu erleichtern, möchte ich die Listen jeweils in alphabetischer Ordnung wiedergeben.

(Abkürzungen: a: „absens" (= nicht anwesend), B: Bürgermeister, Fe. „Fendrich" (= Fähnrich), Fh: Führer, G: „Gaphell", Ge: Geschworener, Gs: Gerichtsschöffe, H: „Helpart" (= Hellebarde), M: „Musquetier", P: Parteienmeister, R: „Rhor", Ra: Ratsverwandter, S: „Stab")

Stadt Sinzig:

Johann Adams   R
Adolph Aldenkirchen   R
Wilh. Aust   R
Joh. Bentz   H   Ra
Naleß Beym   R
Theiß Bonnefeld   R
Joh. Boppart   a
Hans Heinr. Born   R
Bernd Bürresheim   R
Joh. Contzler   R
Adolph Cronenberg   H
Peter Cronenberg   R
Winandt Dham   R
Emmerich Drexler   M
Herm. Duedenrhat   R
Michel Esch   R
Wilh. Esch   H   Ra
Drieß Fleisch   R

Christian Flohe   R
Wilh. Flohe   H   Ra
Henr. Fuchs   S
Peter Fuchs   a   Ra
Joh. Geseltgen   S   P
Nes(?) Godesberg   R
Joest Goddart   Fh
Adam Hammerichs   R
Gerlach Hartmann   S
Martin Hoen   H   Ra
Manes(?) Hoffmann   R
Bernhard Hugo   R
Bertram Hutig   H   P
Werner Hutig   R
Wilhelm Hutig   M
Joh. Irmgartz   R
Joh. Klotz   G
Thones Korffer   S
Joh. Krach   R
Wilh. Kredter   a
Philips Kremer   R
Claß Leiendecker   R
Leonhard Leiendecker   R
Gerh. Leufgen   R
Lambert Leufgen   R
Philips Liefedorf   R
Georg Mannebach   R
Thones Müller   a
Naleß Muntz   H   P
Bertram Nagelschmidt   R
Mattheiß Nagelschmidt   R
Jommes Nahrenng (?)   R
Adam Nehrendorf   R
Werner Netzler   M
Peter Niek   R
Hilg(er) Noen   R
Joh. Noen   a   Ra
Joh. von Noen   S
Simon Nos   a
Emmerich Noß Jun.   R
Emmerich Noß   S
Dietr. Randaß   R
Joh. Reudt   R
Hans Rhamer   M
Joh. Rhorr   R

---

1) Landeshauptarchiv Koblenz, Best. 13 Nr. 353 (Sinziger Ratsprotokolle)

Militärwesen

Vor dem Dreißigjährigen Krieg (1618-1648) erfolgte die Landesverteidigung in den einzelnen Territorien des Deutschen Reiches durch ein Aufgebot der schatzpflichtigen Untertanen und über ein solches aus Adligen und Dienstreitern.

Der **Adel** war grundsätzlich zum Militärdienst verpflichtet; dies begründete ja seit dem Hochmittelalter seine privilegierte Stellung. Daneben gab es im 16. Jahrhundert eine Gruppe bürgerlicher Familien, deren Grundbesitz wegen der Teilnahme am Militärdienst mit Pferd und Rüstung ebenfalls nicht besteuert wurde. Die für diese **Dienstreiter** vorliegenden Listen sind zwar sozialgeschichtlich von Bedeutung, doch umfassen sie nur eine sehr kleine Personengruppe, diese aber dann vollständig (S. 179).

Die Listen der Soldaten aus den Reihen der schatzpflichtigen Untertanen, der sogenannten **Landschützen**, sind von unterschiedlicher Qualität: In den Städten, in denen die Verteidigung Sache eines jeden wehrfähigen Mannes war, sind die Listen sehr umfangreich (siehe Abb. links), auf dem Land dagegen werden nur ganz wenige Personen eines Kirchspiels nach "1.-3. Wahl" aufgeführt, wobei bisweilen Altersangaben von Interesse sein können. An der Spitze der Landschützen eines Kirchspiels stand der "Führer", meist ein altgedienter Soldat; diese Führer unterstanden einem Landhauptmann.

Seit der Mitte des 17. Jahrhunderts begannen die deutschen Fürsten mit der Aufstellung **stehender Heere**, die in Friedenszeiten in Kasernen untergebracht waren.

Für diese Soldaten wurden eigene **Militärkirchenbücher** geführt, die in großer Zahl vornehmlich aus dem 19. Jahrhundert erhalten sind. Dabei ist zwischen Garnison- und Truppenteil-Kirchenbüchern zu unterscheiden. Die bis 1991 erschienenen Publikationen über Soldaten in Kirchenbüchern sind zusammengestellt in *E. Henning - Ch. Wegeleben: Kirchenbücher, Neustadt a.d.Aisch 1991 (Verlag Degener), S. 355-370.*

Die über stehende Heere noch erhaltenen Akten sind für die Zeit vor 1918 in den Beständen der einzelnen Reichsterritorien zu finden. Waren mehrere Territorien in Personalunion verbunden, so liegen die Akten im Archiv der letzten Residenzstadt (z.B. für Kurpfalz, Pfalz-Neuburg, Pfalz-Sulzbach, Jülich-Berg und Bayern in München). Die Unterlagen des Deutschen Reichsheeres ab 1871 sind im Bundesarchiv, Abt. IV (Militärarchiv Freiburg) gesammelt; die „Zentralnachweisstelle" für die Deutsche Wehrmacht" für Soldaten des Zweiten Weltkrieges ist ebenfalls eine Abteilung des Bundesarchivs (Näheres im Internet unter bundesarchiv.de)

Familien- und sozialgeschichtlich von Bedeutung sind vor allem die zahlreichen **Personalakten** ("Verlassenschaftsakte") der Offiziere. Diese können neben Angaben über Beruf, Vermögen, Tod und Testament auch - meist indirekt anhand persönlicher Unterlagen des Verstorbenen - solche über Lebensweg und Verwandtschaft des Verstorbenen enthalten.

Abb. links: **Musterungsliste 1649** (Ratsprotokolle der Stadt Sinzig/Rhein, LHA Koblenz 13, 353)

[handschriftlicher Eintrag in alter deutscher Kurrentschrift, unleserlich]

Den 4. Junii 1736
Coram Burgermeister *Friedthoff* et *Keller* neue Bürger worden und geschworen

Wilhelm Wentgens, von Sarn bürtig, Profession ein Fuhrmann, hat eine Tochter aus Dusseren geheiratet, beide reformiert, hat eine Tochter, das halbe Bürgerrecht	4	33	6
Wilhelm Nattland, von Speldorff bürtig, Profession ein Taglöhner, eine Frau aus Dusseren geheiratet, beide reformiert, hat einen Sohn, das halbe Bürgerrecht	4	33	6
Arnoldt Birschel, von Metman bürtig, Profession ein Kaufmann, hat eine Bürgertochter geheiratet, beide reformiert, hat einen Sohn, das halbe Bürgerrecht	4	33	6
Herman Pinnecamp, von Bour im Collnischen bürtig, Profession ein Radermacher, seine Frau aus dem Stift von Essen bürtig, beide catholisch, hat einen Sohn, das ganze Bürgerrecht	9	7	4
Jacob Wever, von Heldorff bürtig, mit der Frauen, Profession ein Pumpenmacher, beide reformiert, hat 2 Söhne, 3 Töchter, das ganze Bürgerrecht	9	7	4
Wilhelm Watercamp, von Speldorff burtig, Profession ein Zimmermann, hat eine Bürgertochter geheiratet, hat einen Sohn, Religion reformeirt			
Johannes Stapelman, aus Rheinberg bürtig, Profession Taglöhner, catholischer Religion, die Frau von Asberg im Moersischen bürtig, reformierter Religion, hat 1 Sohn und eine Tochter, das ganze Bürgerrecht	9	7	4
Johannes Bollinger, von Bamberg bürtig, Profession ein Taglöhner, seine Frau von Cunescherhoff im Bergischen bürtig, beide reformiert, hat einen Sohn, das ganze Bürgerrecht	9	7	4
Henrich Winandt, aus dem Amt Grevenbroich bürtig, Profession ein Taglöhner, hat eine Bürgertochter geheiratet, beide catholisch, hat 1 Sohn und 1 Tochter, das halbe Bürgerrecht	4	33	6
Matheis Creijenbruch, von Alstadt bürtig, Profession ein Wirt, hat eine Bürgerwittib geheiratet, beide reformierter Religion, aber keine Kinder, das halbe Bürgerrecht	4	33	6

Ratsprotokolle und Bürgerbücher

Abb. links oben:
Bürgerschaftsaufnahme 1649
(Ratsprotokolle der Stadt Sinzig a. Rhein, LHA Koblenz)

Anno 1649 den 11. February
Ist der herr Lieutenandt Joist God-
dartz, so vorhin in Ihro kayß. Maytt.
Kriegsdienst gewesen bürgerlich ahn-
genhomen Undt erthatigt ad Zwey
goltgl ein ledderen Eymer Undt den
wein wie frömhlich.
NB. Dabey versprochen was wolgbr
H. Lieutenandt bis hiehin Undt zwi-
schen dies undt negst ahnstehenden
Sontag verzapft undt verzapfen wirdt,
..iß frey passirt werden solle, pis(?)
künfftig aber soll sich allerdings bür-
gerlich verhalten.
(Jodocus Goddartz hatte also bei der Aufnahme als Bürger 2 Goldgulden zu zahlen, sowie einen Ledereimer - wohl für die Brandbekämpfung - und eine gewisse Menge Wein wie üblich (*frömhlich*) bereitzustellen. Die Zusatznotiz garantierte ihm Straffreiheit für seine bisherigen Handlungen als Offizier der kaiserlichen Armee am Ende des Dreißigjährigen Krieges.)

Abb. links unten:
Duisburger Neubürger 1736
Für das "ganze Bürgerrecht" waren 9 Reichstaler 7 Stüber 4 Denare zu zahlen, für das "halbe Bürgerrecht" etwa die Hälfte.
(J. Buschmann, Die Neubürger der Stadt Duisburg (1700-1822). MWGfF 36 (1993) S.66)

Für die Forschung über Familien in Städten können besondere Quellen benutzt werden:

Ältere **Ratsprotokolle**, in denen chronologisch über die Geschäfte des Stadtrates berichtet wird, befinden sich heute in kommunalen oder staatlichen Archiven und beginnen häufig bereits im 14. Jahrhundert, z. B. in Frankfurt a.M. 1542. In diesen, vom "Stadtschreiber" sorgfältig geführten Büchern findet man zahlreiche wertvolle genealogische Hinweise: Musterungs- und Spendenlisten, Streitfälle zwischen Bürgern, Angaben über die Besetzung von Ratsstellen und anderen Ämtern, Verpachtungen von städtischem Eigentum u.a.

Die Aufnahme einer Person oder einer Familie als **Neubürger** war immer mit einem formalen Akt verbunden, bei dem der Bürgereid zu schwören und eine Zahlung zu leisten war, überwiegend als Bargeld, teilweise aber auch in Form von Naturalien. Diese Gebühren konnten bei Einheirat in die Stadt reduziert oder erlassen werden.

Die Bürgerschaftsaufnahmen sind entweder in den Ratsprotokollen oder in gesondert geführten **Bürgerbüchern** vermerkt, z. B. in Frankfurt a. M. ab 1310, in Braunschweig ab 1320, in Halle a.d.S. ab 1405. Dazu gibt es i.a. handschriftliche Register oder auch Veröffentlichungen. Eine nach Städten geordnete Übersicht findet man im *Taschenbuch für Familiengeschichtsforschung*. Listen über Entlassungen aus der Bürgerschaft sind selten, z. B. in Frankfurt a.M. 1562-1635. Köln kannte im 18. Jh. auch ein "Großbürgerrecht", das Bürger durch eine hohe Geldzahlung erwerben konnte. Es diente zur Abgrenzung der finanzkräftigen Oberschicht gegenüber dem immer stärker verarmenden Bürgerproletariat.

Schule und Universität

Mit etwa 5-7 Jahren begann der Besuch einer Grundschule ("schola trivialis"), nach Einführung des staatlichen Schulwesens im 19. Jahrhundert der Volksschule. Unterlagen über diese Schulformen sind heute nur noch in Form von **Schulchroniken** erhalten, zu deren Führung jeder beamtete Schulleiter verpflichtet war. Nach Auflösung der zahlreichen kleinen Volksschulen vor etwa 30 Jahren gingen die meisten dieser Chroniken in kommunale Archive über oder gelangten in Privatbesitz.

Es folgte teilweise der Besuch eines Gymnasiums, in dem zunächst fünf Klassen (Infima, Secunda, Syntaxa, Poeta und Rhetorica) durchlaufen wurden. Ihr erfolgreicher Abschluß entsprach der heutigen Mittleren Reife. Dann schloss sich die zwei- bis dreijährige gymnasiale Oberstufe (Logica, Physica, Metaphysica) an, die mit dem Abitur (Baccalaureat) beendet wurde.

Im 17. und 18. Jahrhundert waren besonders die Jesuitengymnasien sehr geschätzt, deren **Schülerlisten** teilweise noch erhalten sind. Diese Schülerlisten sind, bezogen auf die erhaltenen Jahrgänge, immer vollständig und enthalten teilweise detaillierte Angaben über die Gymnasiasten, wie Leistungsnoten, Sozialverhalten, Alter, Herkunft u.ä.; allerdings wurden bisher erst von wenigen Gymnasien Schülerlisten veröffentlicht, z.B. die des Aachener Jesuitengymnasiums 1601-1773 (M. Brixius in MWGfF XII Sp. 23-44, 87-102, 151-186).

Abb. links: **Universitätsmatrikel 16.-18. Jh.** (Die Matrikel der Universität Köln. 6.Bd. Düsseldorf 1981,S.1391).

In den Universitätsstädten bildete die gymnasiale Oberstufe die **Artistische Fakultät,** deren Besuch die Einschreibung **(Immatrikulation)** vorauszugehen hatte.

Von herausragender Bedeutung für das geistige Leben in Mittelalter und Neuzeit waren die Universitäten, deren Immatrikulationsregister (**Matrikel**) in fast allen Fällen alphabetisch geordnet in Buchform vorliegen und für die Genealogie der Führungsschichten ein zentrales Hilfsmittel darstellen. Die zum Teil ungenauen Herkunftsangaben der neu eingeschriebenen Studenten können vielfach durch die Baccalaureatslisten der Artistischen Fakultät präzisiert werden. Die gedruckten Hochschulmatrikel sind in den Lesesälen der Universitätsbibliotheken einzusehen. Eine Übersicht findet man im *Taschenbuch für Familiengeschichtsforschung.*

Universitätsarchive, die als Depositum in Stadt- oder Staatsarchiven liegen können, beinhalten auch Unterlagen der einzelnen Fakultäten. Begehrt war der Besuch der juristischen Fakultät, der mit dem **Licentiat** (Lic.jur.), dem heutigen Staatsexamen abgeschlossen wurde. Nur selten folgte noch eine sehr kostspielige **Promotion** (JUD= Juris Utriusque Doktor = Dr. jur. Dr.jur.can.).

In vielen Fällen wurde der Besuch eines Gymnasiums oder einer Universität erst durch die finanzielle Unterstützung einer **Studienstiftung** möglich, deren Stammtafeln häufig im 16. Jahrhundert beginnen und eine wertvolle genealogische Quelle bilden. In Westdeutschland sind vor allem die vom Kölner Gymnasial- und Stiftungsfonds verwalteten Studienstiftungen bekannt, deren Stammtafeln seit 1978 durch K.H. Boley veröffentlicht wurden.

Nachlaß Franz Josef Burghardt

Akten

NA 001 Morsbach-Ellingen
(mit Prozess Ley-Hasenclever)

NA 002 Windeck II
(Maischatz Rosbach 1753; Johann Heinrich Schenck aus
Waldbroel-Beuinghausen)

NA 003 13 Notizhefte zu genealogischen Forschungen mit Auszügen
aus Kirchenbüchern und Archivalien.

NA 004 Genealogische Korrespondenz
(bis 1985; Orte und Personen
Teil 1 A-J; Teil 2 K-Z)

NA 005 Ahnentafel "Unendlich" für Franz Josef Burghardt

NA 006 Windeck I
(einzelne Pfarreien ohne Waldbroel; mit KB Holpe kath.
vor 1770 und Adelssitze in der Pfarrei Much)

NA 007 Waldbroel
(mit Stammtafeln, überwiegend zur katholischen
Pfarrei vor 1800)

NA 008 Ruppichteroth
(mit Kopien aus Rheidt, Miszellaneen, und aus dem ältesten katholischen Kirchenbuch mit Analyse der ältesten Eintragungen)

NA 009 Ahnenforschung
(Unterlagen, vornehmlich zu Sinzig, Olpe/Westfalen,
Hunsrück, Westerwald, Vorgebirge)

NA 010 Oberbergische Beamtenfamilien
(maschinenschriftliche Manuskripte der Publikation,
Teile III-VII und IX-XIV)

NA 011 Westfälischer Adel
(überwiegend Kopien zu Bockenfoerde gen. Schüngel und
Umfeld)

NA 012 Manuskripte
(maschinenschriftl. zu diversen Publikationen)

NA 013 Windeck III
(Huldigungslisten 1731/32; Computerausdruck)

NA 014 Waldbroel II
(Mai- und Herbstschatzregister 1753; ohne Rosbacher Teil,
dieser in NA 002)

NA 015 Familie Weidlich
(Ahnen und Umfeld)

Nachlässe

Als **Nachlass** bezeichnet man die von einer Person zusammengetragenen Notizen, Akten, Bücher, Zeitschriften u.ä., die einem Archiv, einer Bibliothek oder einem Museum zur Aufbewahrung übergeben wurden. Häufig spricht man auch von einer „Sammlung".

Bezieht sich eine Sammlung oder ein Nachlaß auf eine einzige Familie, so spricht man bisweilen auch von einem **Familienarchiv**, doch sollte man diesen Begriff besser verwenden, wenn von mehreren Personen - eventuell einige Generationen lang - Unterlagen zu einer Familie zusammengetragen wurden.

Zu den Familienarchiven gehören auch die Archive adliger Familien, die heute sehr oft Bestandteile der staatlichen Archive sind und dort überwiegend uneingeschränkt eingesehen werden können. Teile solcher Familienarchive oder von Nachlässen können aber auch gesperrt oder nur mit einer Sondergenehmigung der Familie benutzbar sein, so z.B. das Hausarchiv der Familie Wittelsbach in München.

Ansonsten unterliegt die Einsicht in Nachlässe und Familienarchive den Bedingungen, die der Nachlassgeber vertraglich mit dem aufbewahrenden Archiv festgelegt hat (vgl. S. 78-79).

Abb. links:
Nachlassregister
(Nachlass F.J. Burghardt im Archiv der Westdt. Ges. für Familienkunde, Brühl/ Rhld.; Nachlassvertrag siehe Seite 78)

Einen ersten **Standort**-Überblick vermittelt das Buch von *H.F. Friederichs: Familienarchive in öffentlichem und privatem Besitz, Band 2: Register der Familienarchive, Familienstiftungen, genealogischen Nachlässen und Sammlungen in Europa und Übersee. Neustadt a.d. Aisch 1977 (Genealogische Informationen, Bd.6)* .Auskünfte erteilt auch der Bund der Familienverbände und –archive e. V. (S. 97).

Häufig erfährt man aber nur durch Zufall von der Existenz eines Nachlasses, oft dort, wo man es gar nicht vermutet. Denn häufig wird ein Nachlass am Sterbeort des Nachlassgebers aufbewahrt, obwohl sich dessen Forschungen auf eine ganz andere Region beziehen können. Deshalb sollte man in Gemeindearchiven oder Pfarrämtern möglichst ältere Personen fragen, ob ihnen vielleicht ein schon verstorbener Heimat- oder Familienforscher bekannt ist.

Der Inhalt eines Nachlasses ist fast immer durch ein **Nachlassinventar**, also ein kleines Findbuch, erschlossen, so dass eine schnelle Orientierung möglich ist.

Schwierig ist es, im Einzelfall die Qualität des gesammelten Materials zu beurteilen. Wie im Falle älterer Bücher ist große Vorsicht geboten bei älteren Ahnen- oder Stammtafeln, die sich ohne Quellenangaben in Nachlässen finden. Hier sollte man die Angaben unbedingt überprüfen. Bei sehr alten Nachlässen (siehe S. 154 – 156) ist dies nur schwer oder gar nicht mehr möglich; der Nachlassende könnte Quellen benutzt haben, die inzwischen vernichtet sind. Dies trifft leider auch für die Nachlässe von Vertriebenen aus den ehemaligen deutschen Siedlungsgebieten im Osten zu.

CURRICULUM VITAE.[²]

Belangende nun des in Gott selig ruhenden Herren Berghauptmann Volckmars Ziegenhorn Geburt / Leben / und dödtlichen Hintritt / so ist derselbe Anno 1600 den 6. Novembris abends zwischen 10. und 11. Uhren / aus einem reinen keuschen Ehebette zu Weißenfels gebohren worden / sein Vater ist gewesen der weyland Wol Ehrenveste / Groß Achtbare / und Wolgelahrte Herr Volckmar Ziegenhorn Stadtrichter daselbst / Seine Mutter die weyland Erbare / Viel Ehr= und Tugendreiche Frau Elisabeth Schmiedin / eine Geschlechterin aus Erffurt / Sein Großvater / weyland Herr Heinrich Ziegenhorn / Bürgermeister in Weißenfels / Seine Großmutter Frau Dorothea Meyens / Sein älter Vater Herr Caspar Ziegenhorn, Verwalter und Mitverleger der Messingshütten zu Ilsenburg / dessen Hausfrau eine Lütterodin von Wernigerode.

Stracks nach seiner Geburt haben dessen geliebte Eltern ihn durch die H. Taufe dem Herrn Christo einverleiben lassen / und ist / nach deme er anderthalb Jahr erreichet / und sein sel. Herr Vater ihme allzufrüe von dem lieben Gotte durch den zeitlichen Tod abgefordert / nebenst seiner lieben Mutter in den Waisen= und Wittbenstand versetzet worden / gedachte seine liebe Frau Mutter hat ihn hierauff in wahrer Gottesfurcht auferzogen / fleißig zur Schule gehen lassen / und ferner umbs 11. Jahr seines Alters zu ihres sel. verstorbenen Eheherrns Bruder und seinem Vetter / Herrn Hans Ziegenhorn Bürgemeistern in Wernigeroda verschicket / von welchem er auch in die 5. Jahr lang versorget / zur Schulen gehalten / und im Christenthum und anderen guten Sitten alle vetterliche Anweisung überkommen / und als er mittels solcher Zeit seine profectus erlanget / ist Anno 1617. er ferners auff Halberstadt um alldar denen studiis weiter nachzusetzen / gesendet worden / allwo aber er seinen sel. Vetter / und darauf gewordenen Schwiegervatern Herrn Christoph Ziegenhorn domaligen Müntzmeistern zu Halberstadt angetroffen / welcher ihn alsobalden aufgenommen / und in Bergwerks=Müntz= und Probiersachen (zu welchen er sonderliche Beliebung gewonnen) völlig unterwiesen hat / von ermeldten seinen Herrn Vettern ist er ferners An. 1620 an den Durchläuchtigen Hochgebohrnen Fürsten und Herrn / Herrn Friederich Ulrichen Herzogen zu Braunschweig und Lüneburg / unterthänig recommendiret worden / welche recommendation ihm auch das Müntzwerk zu Gandersheim und dessen Bestallung erlanget hat: Alldieweil aber das verderbliche Kriegswesen dazumal iemehr und mehr eingerissen / hat er an solchen Orte nach Verfließung zweier Jahre nicht länger subsistiren können / sondern auf sein unterthäniges Ansuchen gnädige Erlassung bekommen / hierauff er umb sich etwas zu versuchen unter des Graffen von Mansfeldt Armee begeben / bey dessen Leib=Compagnie mit drei Pferden Dienste genommen / in solchen auch bey zweien Jahren verblieben / bis Anno 1624 die ganze Armee in Friesland licentiret worden / und er zugleich auch sein ehrlichen Passport mitbekommen: nach solchem hat er sich wieder zu seinem Vettern Herrn Christoph Ziegenhornen auf Stollberg begeben / und bey demselbigen die Müntz= und Bergverwaltung alldar angetreten / in solcher auch bis Anno 1630. verblieben / da denn fast ganz Deutschland in völlige Kriegsflammen gesetzet / wodurch Müntz= und Bergwerk zu Stollberg ins stecken gerathen / der seligverstorbene sich wiederumb auff das neue in Kriegsdienste einlassen müssen / und unter den Schwedischen bei Herrn Obersten Beinhoffen's Regiment zu Fuß / unter Kapitän Gideon

---

[²] S. Familiengeschichtl. Blätter 1912, S. 189—190; nach der Leichenpredigt in Stolberg a. Harz.

Leichenpredigten

Unter Leichenpredigten versteht man Druckschriften, die anlässlich des Todes einer Person hergestellt wurden und über das Leben des Verstorbenen berichten. Sie sind in sehr großer Zahl aus dem 16.-18. Jahrhundert besonders in protestantischen Gebieten erhalten. Nach Schätzungen der Marburger Forschungsstelle für Personalschriften, wird ihre Gesamtzahl auf etwa 250.000 geschätzt.

Ihr großer Wert für die Familiengeschichtsforschung wurde schon früh erkannt und u.a. 1926 von W.K. von Arnswaldt in einem kleinen Heft "Über Leichenpredigten" dargestellt (als Nachdruck im Verlag Degener erhältlich). Dort werden folgende Schätzungen über die Bestände in einzelnen Städten Deutschlands angegeben (Genannt werden hier nur die Bestände mit über 3.000 Leichenpredigten.

Augsburg 3.000-4.000 K
Berlin 6.700
Braunschweig 8.600 K
Bremen 4.400
Bückeburg 6.000-7.000
Danzig 9.500
Erlangen 8.600 K
Göttingen 12.000 K
Gotha 7.581
Hamburg 21.000
Hannover 16.000
Hohennauen/Rathenow 4.200
Liegnitz 3.400 K
Roßla/Harz 9.000
Rostock 5.000

Stettin 4.000
Stolberg/Harz 24.649 K
  (im HStA Düsseldorf!)
Stuttgart 20.289
Wernigerode 6.813
Zittau 4720 K
Zwickau 10.000

Für die mit K bezeichneten Bestände und mehrere weitere liegen inzwischen publizierte **Kataloge** vor; am bekanntesten ist davon *F. Wecken: Katalog der fürstlich Stolberg-Stolberg'schen Leichenpredigten-Sammlung, Bd.1-4, Leipzig 1932.* Für die Universitätsbibliothek Erlangen liegt ein Katalog *Gelegenheitsgeschichte, Leichenpredigten und Nachrufe (Bearb. A. Stätlin, Erlangen 1978)* vor, der auch Nachrufe, Trauergedichte, Glückwunschgedichte sowie **Hochzeitsgedichte** und -predigten umfaßt.

Die Marburger Forschungsstelle für Personalgeschichte bemüht sich um eine umfassende Aufbereitung der Leichenpredigten mit Hilfe der EDV. Die Ergebnisse dieser Untersuchungen veröffentlicht Rudolf Lenz. Leiter der Forschungsstelle, in den Schriftenreihen *Marburger Personalschriften-Forschungen.*

Eine Literaturübersicht findet man im *Taschenbuch für Familiengeschichtsforschung.* Einen sehr guten Einblick in den Aufbau von Leichenpredigten bietet das umfangreiche Werk von *F. Roth: Restlose Auswertung von Leichenpredigten und Personalschriften für genealogische und kulturhistorische Zwecke, Bd. 1-10. Boppard a.Rh. 1959-1974* mit 10.000 Leichenpredigten.

In katholischen Gebieten gibt es die mit Leichenpredigten vergleichbaren **Totenzettel**, auf die weiter oben bereits hingewiesen wurde (S. 21 mit Abb.).

Abb. links: **Leichenpredigt 1664** (W.K. v.Arnswaldt: Über Leichenpredigten, Leipzig 1926, S. 8; aus der Stolbergschen Leichenpredigten-Sammlung)

HILFSWISSENSCHAFTEN

Eine Vertiefung der Familienforschung setzt Kenntnisse aus anderen Gebieten voraus, die ihrerseits sehr umfangreich betrieben werden können. Eine solche "Hilfswissenschaft" der Genealogie ist z.B. die Lehre von der Zeitrechnung, die Chronologie, die benötigt wird, um ältere Tagesbezeichnungen wie *Rogate 1664* oder *Dies Jois Bptae* richtig einzuordnen.

Zu den wichtigsten Voraussetzungen einer guten Familienforschung zählen Grundkenntnisse der **Geschichte**. Die Geschichtswissenschaft selbst kennt eine Reihe von **Historischen Hilfswissenschaften**:
Historische Geographie
Zeitrechnung (Chronologie)
Familienkunde (Genealogie)
Allgemeine Quellenkunde
Schriftkunde (Paläographie)
Inschriftenkunde (Epigraphik)
Urkundenlehre (Diplomatik)
Namenkunde (Etymologie)
Prosopographie (Personenkunde)
Wappenkunde (Heraldik)
Siegelkunde (Sphragistik)
Münzkunde (Numismatik)
Davon zu unterscheiden sind Teilgebiete der Geschichte wie Rechts-, Wirtschafts- und Sozialgeschichte. Eine gute Einführung in die Historischen Hilfswissenschaften gibt das Buch: *Ahasver von Brandt: Werkzeug des Historikers (Urban Taschenbuch 33).*

Die **Sphragistik** hat für die Familienforschung der frühen Neuzeit kaum eine Bedeutung: umfangreiche Informationen bietet das Werk von *Erich Kittel: Siegel (Bibl. für Kunst und Antiquitätenfreunde 11), Braunschweig 1970.* Besonders bei Forschungen über Beamtenfamilien sind die am Ende des 18. Jahrhunderts sehr beliebten Siegelsammlungen wichtig. Derartige Siegelsammlungen sind teilweise heute noch in Archiven vorhanden und enthalten Siegel, die sonst gar nicht mehr, nur beschädigt oder nur "versteckt" in Akten zu finden sind.

Die **Epigraphik** ist z.B. für die richtige Entzifferung von Grab- und Hausinschriften durchaus von Bedeutung, doch gibt es bislang keine systematischen Untersuchungen für die frühe Neuzeit. Grobe Fehler sind leider nicht ausgeschlossen: So las Prof. K. Oberdörfer 1923 auf einem Stein des frühen 18. Jahrhunderts in der Kirche zu Much/Rheinland unter einem Wappen "Joh. Heinrich Kurfäsch, Schult[heiß]". Tatsächlich muß gelesen werden "Joh. Heinrich [Saur], kur[p]fälz. Schult[heiß]"; das Wappen ersetzte hier also den Familiennamen.

Auf die **Paläographie** wurde bereits im ersten Teil unter "Alte Schrift" verwiesen.

Aus der **Diplomatik** ist für den Familienforscher die Unterscheidung der Urkunden wichtig:
- *Beweisurkunden* beglaubigen rechtskräftig einen bereits geschehenen Vorgang; der Vorgang wird später durch die Urkunde "bewiesen". Beispiele dafür sind Geburts- und Sterbeurkunden in Personenstandsregistern, Tauf-, Heirats- und Beerdigungseintragungen in Kirchenbüchern.
- *Dispositive Urkunden* sind solche, deren Ausfertigung erst den Rechtsakt darstellt; der Vorgang geschieht also erst durch das Ausstellen der Urkunde. Bsp.: Testamente, Heiratsurkunden in Personenstandsregistern. (Wenn aber vor 1875 die Heiratsurkunde nur als Bestätigung der vor dem Pfarrer bereits vollzogenen, zivilrechtlich bindenden Eheschließung galt, so sind solche Heiratsurkunden lediglich Beweisurkunden.)

Deutsche Geschichte

814 Tod des Frankenkönigs Karls des Großen in Aachen. Sein Reich umfasste das heutige Deutschland, Benelux, Frankreich, Norditalien, Österreich und die Schweiz.

843 Teilung des Frankenreiches. Im östlichen Teil Entstehung des "Ersten" Deutschen Reiches aus den Stämmen der Sachsen, Ost-Franken, Alemannen und Bayern. Der deutsche König wird von den Kurfürsten gewählt und in Aachen gekrönt.

896 Erste Krönung eines deutschen Königs in Rom zum Römischen Kaiser (962 Otto I., zuletzt 1530 Karl V.). Das "Heilige Römische Reich" (S.I.R., Sacrum Imperium Romanum) besteht bis zum 16. Jahrhundert aus den Königreichen Deutschland, Burgund und Italien.

900-1200 Blütezeit des Alten Deutschen Reiches unter den Ottonen, Saliern und Staufern. Deutsche Kolonisierung in Mecklenburg, Vorpommern, Brandenburg und im heutigen Sachsen.

1163/1181 Schlesien und Pommern werden deutsche Lehen. 1283 Eroberung Ostpreußens durch den Deutschen Orden.

1200-1400 Blütezeit der Hanse. Deutsche Kolonisierung in Schlesien, Hinterpommern, Ostpreußen, Böhmen und Mähren.

1200-1300 Zerfall der königlichen Zentralmacht. Entstehung der Territorialherrschaft weltlicher und geistlicher Fürsten.

1300-1400 Stabilisierung der Königsmacht unter Verzicht auf Herrschaftsrechte in Italien und im Rhonetal. 1347-1351 Große Pest.

1400-1500 Innere Schwächung des Reiches durch Kleinkriege (Fehden).

1495-1512 Reichsreformgesetze.

1517 Thesenanschlag Luthers, Reformation, Konfessions- und Ständekriege in Deutschland. Innere Zerrüttung des Reiches mit zunehmender Machtlosigkeit des Kaisers. Burgund, die Niederlande und Italien scheiden aus dem Reichsverband aus.

1618-1648 Dreißigjähriger Krieg: Verheerung und Entvölkerung weiter Landstriche Deutschlands.

1562-1792 Wahl und Krönung der "deutschen Könige und römischen Kaiser" aus dem Haus Habsburg in Frankfurt/M.

1648-1789 Zeitalter des Absolutismus und der Aufklärung.

1643-1715 Ludwig XIV. von Frankreich ("Sonnenkönig"), Angriffskriege gegen Deutschland, Elsaß an Frankreich.

1685 Ansiedlung von aus Frankreich vertriebenen Protestanten (Hugenotten) in Deutschland.

1683-1718 Vertreibung der Türken aus Ungarn, Siebenbürgen und Kroatien durch Prinz Eugen. Deutsche Kolonisierung in Ungarn, Moldawien (Bessarabien) und in der Slowakei.

1740-1786 Friedrich der Große, König von Preußen.

1740-1780 Erzherzogin Maria Theresia von Österreich, Königin von Böhmen und Ungarn.

1756-1763 Siebenjähriger Krieg: Preußen behauptet sich als Großmacht.

Ca. 1770-1840 Zunehmende Verarmung der Bevölkerung ("Pauperismus").

1789 Französische Revolution.

1797 Eroberung und Annektierung der linksrheinischen Gebiete Deutschlands durch Frankreich.

1806 Ende des alten Kaiserreiches.

1815-1866 Deutscher Bund.

19. Jh. Industrielle Revolution.

1871 Gründung des neuen „Deutschen" Kaiserreichs.

1933-1945 Diktatur der NSDAP.

1949 Bundesrepublik Deutschland. ·

Historische Geographie

Das Hauptanliegen der Historischen Geographie besteht in der richtigen räumlichen Einordnung geschichtlicher Ereignisse, Strukturen und Prozesse. Um dies zu ermöglichen, muss man u.a. folgendes berücksichtigen:
- *physikalische* Aspekte, also die Entstehung und Wandlung der Kulturlandschaft,
- *demographische* Aspekte, die historische Bevölkerungs- und Siedlungsgeographie, also die räumliche Verteilung der Bevölkerung,
- *wirtschaftliche* Aspekte, also die Aufteilung der Erdoberfläche nach politischen Gesichtspunkten.

Besonders der zuletzt genannte Teil, die **historisch-politische Geographie**, ist für den Genealogen von großer Bedeutung, da die politische Zugehörigkeit eines Ortes die Suche nach den Primärquellen in den zuständigen Archiven entscheidend bestimmt, wobei allerdings sofort vor einer Gefahr gewarnt werden muss, der besonders Anfänger leicht erliegen: Unser heutiges politisches Denken ist von nationalstaatlichen Kategorien geprägt, die in der Bundesrepublik Deutschland etwa nach dem Muster Bund-Länder-Gemeinden aufgebaut sind; d.h. ein Bewohner einer Gemeinde untersteht den Bundesgesetzen, den Gesetzen des Landes, dem die Gemeinde angehört, und den speziellen Gemeindeverordnungen. Derartige Vorstellungen lassen sich auf das privatrechtlich ausgerichtete politische System vor 1800 nicht übertragen, denn im Ancien Régime existierten vor den durch die Französische Revolution und Napoleon veranlassten radikalen gesellschaftlichen Veränderungen in Deutschland keine Staaten im heutigen Sinne. Vielmehr gab es ein in Jahrhunderten entstandenes höchst kompliziertes Geflecht von Rechten und Pflichten dem sich auch die Landesherren nicht entziehen konnten. "Landesherrschaft" bedeutete in der Regel nur die Ansammlung gewisser Rechte in einer gewissen Region, in der aber auch andere Personen wichtige Rechte haben konnten. So gab es neben
- dem Recht zur Gesetzgebung,
- der Gerichtsbarkeit,
- dem Besteuerungsrecht und
- dem Recht zur Belehnung
eine Vielzahl weniger bedeutsamer Rechte, z.B. dem, gewisse Naturalabgaben einzuziehen. Meistens waren in einem Territorium Gesetzgebung, Gerichtsbarkeit und Besteuerungsrecht in einer Hand, doch gab es auch Ausnahmen. Besonders komplizierte Verhältnisse lagen bei den Gütern der Reichsritterschaft vor. In jedem Fall muss also geprüft werden, wer in dem gerade interessierenden Ort zu einem bestimmten Zeitpunkt einzelne Rechte innehatte.

Angesichts dieser diffizilen, sich häufig mehrfach überlagernden und ineinandergreifenden Rechtsverhältnisse ist es verständlich, dass ein Geschichtsatlas, in dessen Karten die Territorien gleichmäßig eingefärbt sind (so dass der Eindruck entsteht, es handele sich um Staaten im heutigen Sinne), den hohen Anforderungen einer adäquaten Wiedergabe dieser Verhältnisse nicht gerecht werden kann. So verzichtet man entweder fast ganz auf Karten und beschränkt sich auf eine beschreibende Darstellung, oder es müssen mehrere Karten für den gleichen Raum und die gleiche Zeit hergestellt werden, die die verschiedenen Rechte wiedergeben.

Zeitrechnung (Chronologie)

Kein Familienforscher kommt umhin, sich etwas mit der Zeitrechnung zu beschäftigen. So begegnen ihm in West- und Südwestdeutschland in napoleonischer Zeit Urkunden in der Datierung des Französischen Revolutionskalenders, in den Kirchenbüchern erscheinen Heiligen- und Sonntagsnamen, und die Gregorianische Kalenderreform führt häufig vor 1700 bei unterschiedlichen Territorien zu um 10 Tage abweichender Datierung usw.

Ein bekanntes und seit Jahrzehnten bewährtes Standardwerk zur neuzeitlichen Chronologie ist das auch jedem fortgeschrittenen Familienforscher zur Anschaffung empfohlene Buch von *H. Grotefend: Taschenbuch der Zeitrechnung des deutschen Mittelalters und der Neuzeit (12. Aufl., Hannover 1982)*, in dem besonders die übersichtlich dargestellten 35 Kalender (je nach Ostertermin) viel Such- und Rechenarbeit ersparen. Preisgünstig ist der mit etwas Geschick gut zu handhabende *Dauerkalender vom Jahre 532 bis zum Jahre 2099* von *H. Denecke (nach Doliarius, Verlag Degener)*.

a) Tagesbezeichnungen

Besonders in den Kirchenbüchern des 17. Jahrhunderts werden die Tage häufig in bezug auf den vorhergehenden Sonntag oder auf wichtige Festtage angegeben. Beliebt sind auch die speziellen Namen der **Sonntage vor und nach Ostern**:

8. S. v. O. Exsurge
7. S. v. O. Estomihi
6. S. v. O. Invocavit
5. S. v. O. Reminiscere
4. S. v. O. Oculi
3. S. v. O. Laetare
2. S. v. O. Judica
1. S. v. O. Palmarum
Ostern   Pascha
1. S. n. O. Quasimodo
2. S. n. O. Misericordia
3. S. n. O. Jubilate
4. S. n. O. Cantate
5. S. n. O. Rogate
6. S. n. O. Exaudi
Pfingsten Pentecoste
8. S. n. O. Trinitatis
9. S. n. O. Dom. 1 post Trin.

Die **Wochentage** (*Feriae*) werden dabei wie folgt bezeichnet:
Sonntag: Dominica (Feria Prima, frz. dimanche)
Montag: Feria 2 (Feria Secunda, Dies Lunae, frz. lundi)
Dienstag: Feria 3 (Feria Tertia, Dies Martis, frz. mardi)
Mittwoch: Feria 4 (Feria Quarta, Dies Mercurii, Media septimana, frz. mercredi)
Donnerstag: Feria 5 (Feria Quinta, Dies Jovis, frz. jeudi)
Freitag: Feria 6 (Feria Sexta, Dies Veneris, frz. vendredi)
Samstag: Sabbatus (Feria Septima, Dies Saturni, frz. samedi)
Ferner ist gebräuchlich: am Vortag (vigilia, pridie), am gleichen Tag (eodem die), am folgenden Tag (postridie, crastino die).

Üblich war auch die spezielle Bezeichnung bestimmter Tage, z.B. Feria bina secunda (Montag nach dem Dreifaltigkeitsfest), häufig auch die Benennung nach **Heiligen**, wobei erhebliche regionale Unterschiede möglich sind. (Beispiel *Margarethentag*: Im Mittelalter hauptsächlich am 13. Juli gefeiert, heute am 20. Juli, aber in Salzburg am 12. Juli, in Basel am 15. Juli, in Lausanne am 19. Juli, in Italien am 20. Juli.)

b) Monatsnamen

Die Monatsnamen bis August erscheinen vor 1800 fast immer in der latinisierten Form, ab September häufig abgekürzt mit Hilfe der lateinischen Zahlen (septem, octo, novem, decem = X):
Januarius, Februarius, Martius, Aprilis, Maius, Junius, Julius, Augustus, September (7ber), October (8ber), November (9ber), December (Xber).

c) Jahresanfang

Zunächst muß betont werden, daß im bürgerlichen Leben seit der römischen Zeit das neue Jahr mit dem 1. Januar begann. Dennoch muß bei historischen Forschungen beachtet werden, daß die mittelalterlichen und neuzeitlichen Kanzleien sechs verschiedene Jahresanfänge kannten:

1. Januar (*Circumcisionsstil*):
Spätestens seit dem Ende des 16. Jahrhunderts in fast allen Kanzleien Deutschlands üblich.
1. März (*Vorcaesarischer Stil*):
Das neue Jahr beginnt erst (!) am 1. März, z.B. in Venedig bis 1797 üblich.
25. März (*Annunciationsstil*):
Auch "Marienjahr" genannt mit zwei Varianten:
- "Calculus Pisanus": Das neue Jahr beginnt schon(!) am 25. März.
- "Calculus Florentinus": Das neue Jahr beginnt erst(!) am 25. März; dieser Stil war u.a. in der Diözese Trier bis 1648 und im Zisterzienserorden üblich.
Ostern (*Französischer Stil*):
Das neue Jahr beginnt erst(!) am Karsamstag.
1. Sept. (*Byzantinischer Stil*):
Das neue Jahr beginnt schon(!) am 1. September.
25. Dezember (*Kölner Stil*):
Das neue Jahr beginnt schon(!) am 25. Dezember; bis zum 16. Jahrhundert in der Diözese Köln üblich.

d) Gregorian. Kalenderreform

Da in Mittelalter und früher Neuzeit der Kalender zunehmend von den astronomischen Gegebenheiten abwich, wurde 1582 durch Papst Gregor XIII. eine Kalenderreform durchgeführt. Zehn Kalendertage entfielen, so daß auf den 4. Oktober 1582 sofort der 15. Oktober 1582 folgen sollte. Den reformierten Kalender nennt man den **Neuen Stil** (stilus novus), den Julianischen den **Alten Stil** (stilus vetus).
Die Kalenderreform wurde aber in den verschiedenen katholischen Ländern verspätet zu unterschiedlichen Zeiten durchgeführt, z.B. im
Ebm. Trier 4./15.10.1583,
Hzm. Jülich-Berg 2./13.11.1583,
Ebm. u. Stadt Köln 03./14.11.1583,
Ebm. Mainz 11./21.11.1583,
Hzm. Kleve 17./28.11.1583.
Das evangelische Deutschland lehnte die Empfehlung des Papstes zunächst strikt ab und ging erst vom 18.02. zum 01.03.1700 über. Bis 1775 benutzte man einen sogenannten "verbesserten Kalender", der sich vom Gregorianischen durch abweichende Ostertermine in den Jahren 1724 (kath. 16.04, evgl. 09.04) und 1744 (kath. 05.04., evgl. 29.04.) unterschied.
Bisweilen wird in den Akten angegeben, ob der Alte oder der Neue Stil benutzt wird. Auch Angaben der Art 2.2./12.2.1600 sind möglich, womit beide Stile berücksichtigt werden sollen.

(Festrechnung und französischer Revolutionskalender S. 195-199)

Münzkunde (Numismatik)

Um sinnvolle Aussagen über frühere Einkommen, Vermögen, Steuerbeiträge, Gebühren usw. machen zu können, muss der Genealoge zumindest in seiner Forschungsregion häufig benutze **Währungseinheiten** und die **Kaufkraft** alter Münzen kennen. Wegen der territorialen Zersplitterung vor 1872 und der andersartigen Sozialstruktur mit ihren von heutigen Vorstellungen teilweise deutlich abweichenden Bewertungen von Nahrungsmitteln, Gebrauchsgegenständen und Immobilien ist dies schwierig.

Während die Landbevölkerung in bezug auf die Nahrungsmittel weitgehend autark waren, konnten in den Städten die dafür zu zahlenden Preise bei Missernten erheblich ansteigen. Legt man nach heutigen Maßstäben einen Brotpreis von 3 €/kg zugrunde, so war der **Reichstaler (Rtl.)** um 1650/1750 etwa 60 € wert. Fleisch kostete etwa 9 €/kg, Fisch etwa 15 €/kg, ein Huhn 10 €. Für ein einfaches Haus mit etwas Land mussten 10.000-20.000 €, für einen Rittersitz 300.000 – 600.000 € bezahlt werden.

Dies muss allerdings in Relation zu den Einnahmen gesehen werden. So erhielt der Stadtschreiber in Sinzig/Rhein seinerzeit knapp 100 Rtl. jährlich, also etwa 500 € monatlich, ein kurpfälzischer Geheimer Rat als Spitzenbeamter 500-600 Reichstaler jährlich, also etwa 2500-3000 € monatlich. Ein Handwerksmeister am Ende des 18. Jahrhunderts brachte es monatlich auf etwa 750 €. Zu weiteren Einzelheiten vgl. *K. Boley: Münzen, Währungen und Kaufkraft aus vier Jahrhunderten. In: MWGF Bd. 33 (3/1987) S. 57-66*
Anders als heute war das Geld früher eine **Kurantwährung**, d.h. das Material einer Münze sollte für ihren Wert ausschlaggebend sein. Dies galt aber nur für die großen Münznominale, also Dukaten, Kronen, Taler und Gulden, nicht aber für die kleinen Münzen des täglichen Gebrauchs wie Heller, Pfennig und Kreuzer, die man **Scheidemünzen** nannte. Die Kurantmünzen hatten einen gesetzlich festgelegten Gold- oder Silbergehalt, der sich an einer spätmittelalterlichen Gewichtseinheit (1 Kölnische Mark = ca. 223,8 g) orientierte.

Vor der Einführung der Reichswährung 1 Mark = 100 Pfennig im Jahr 1873 war in den einzelnen Ländern Deutschlands überwiegend die Talerwährung üblich, in Süddeutschland auch die Guldenwährung. Im 16. Jahrhundert hatte man versucht, die schweren, den Handel behindernden Missstände im deutschen Münzwesen zu beheben. Von Bedeutung war dabei der Augsburger Reichstagsabschluß von 1566, der reichseinheitlich den Silbergehalt des Reichstalers festlegte:

> 1 Reichstaler wiegt 29,23 g.
> Er enthält 25,98 g Silber.

Da der Feingehalt des Reichstalers 1/9 kölnische Mark betrug, spricht man auch davon, daß er nach dem "9-Taler-Fuß" geprägt wurde.

Nach den Münzverschlechterungen im Dreißigjährigen Krieg wurden **Rechnungstaler** eingeführt, die (theoretisch) etwas weniger Silber enthielten:
1667 der "Zinnaische 10 1/2-Taler-Fuß", 1690 der "Leipziger 12-Taler-Fuß". Nach diesem Leipziger Fuß wurden dann auch "Leipziger Gulden"

geprägt, der 2/3 des Leipziger Rechnungstalers wert war und daher die Aufschrift "2/3" trug.

> 1 "Leipziger" Gulden = 1/2 Rtl.
> enthält 12,99 g Silber

Zur Stabilisierung der Währung nach dem Siebenjährigen Krieg wurde in Preußen 1750 ein Taler nach dem "14-Taler-Fuß" eingeführt, der bis 1872 benutzt wurde:

> 1 preußischer Taler
> enthält 16,7 g Silber

Der gleichzeitig in Österreich eingeführte Taler nach dem "10-Taler-Fuß" konnte sich auch in Süddeutschland bis 1872 durchsetzen:

> 1 Konventionstaler
> enthält 23,38 g Silber

Entsprechend wurde ein Konventionsgulden als 1/2 Konventionstaler geprägt.

An **Goldmünzen** (meistens für große Geldgeschäfte) wurden im 17. Jahrhundert benutzt:
Goldgulden (ca. 1 1/2 Rtl.),
Dukat (ca. 4 Rtl.),
Souverain (ca. 6 Rtl.).
In der Mitte des 18. Jahrhunderts findet man u.a.
Dukat (ca. 2 2/3 Rtl.),
Louis d'or (ca. 5 Rtl.),
Preuß. Friedrich d'or (ca. 5 Rtl.),
Karolin (ca. 6 Rtl.).

Die kleinen Münzen des täglichen Gebrauchs unterlagen im 17. und 18.

Jahrhundert durch die gezielte Verringerung ihres Silbergehaltes einer ständigen Abwertung. So fiel der **Albus** zwischen 1566 und 1750 von etwa 1/26 Rtl. auf 1/78 Rtl., der **Kreuzer** zwischen 1566 und 1690 von 1/68 Rtl. auf 1/120 Rtl.

An ihre Stelle traten im 18. Jahrhundert in Westdeutschland **Stüber** und **Heller**, in Preußen **Silbergroschen** und **Pfennig**, für die galt:

1 Rtl. = 60 Stüber
1 Stüber = 16 Heller
1 pr. Tl. = 30 Sgr.
1 Sgr. = 12 Pf.

Um 1860/70 erhielt ein Tagelöhner in der Landwirtschaft neben der Kost pro Tag etwa 6 Sgr., Bergleute und Fabrikarbeiter je nach Akkord und Schwere der Arbeit 12-20 Sgr.
Ein Knecht verdiente 40-50 Tl. jährlich, was in etwa dem Existenzminimum entsprach. Legt man dieses heute incl. Miete mit 500 € monatlich zugrunde, so hatte vor 140 Jahren ein Taler einen Wert von etwa 125 €.

Literatur:
F. Frh. v.Schrötter: Wörterbuch der Münzkunde (1930. Standard-Nachschlagewerk),
H. Rittmann: Deutsche Geldgeschichte 1484-1914 (München 1975. Sehr umfangreich mit zahlreichen Details zu den Währungseinheiten in den einzelnen Reichsterritorien).

Wappen der Familie Burghardt aus Ziegenhardt

In Silber zwischen zwei abgewendeten grünen Mühlradhälften
auf grünem Dreiberg ein mit drei Zinnen bewehrter roter Turm.
Auf dem grün-silbern bewulsteten Helm mit grün-silbernen Decken
der rote Turm, beiderseits besteckt mit den abgewendeten grünen
Mühlradhälften.

Neu angenommen im Juli 1972 von Franz Josef Burghardt für sich und
die übrigen Nachkommen des Stammvaters Johann Gerard Burghardt,
soweit sie den Namen Burghardt tragen.
Eingetragen in die Deutsche Wappenrolle
am 15.11.1972 unter Nr. 6688/72.
(Entwurf des Wappenstifters, Zeichnung von Lothar Müller-Westphal)

Wappenkunde (Heraldik)

Es gibt wohl kaum eine unglücklichere Verbindung als die zwischen Familienkunde und **Heraldik** (Wappenkunde).

Dass einerseits die Genealogie der Heraldik sehr dienlich ist, bestreitet niemand. Gerade in jüngerer Zeit wird bei der Erstellung neuer, "redender" Wappen auf Besonderheiten der Familiengeschichte bezug genommen, z.B. auf Beruf oder Herkunft (Vgl. Titelseite und Abb. links: Die Familie besaß eine Mühle) . Dass aber andererseits die Bedeutung der Heraldik für die Genealogie nur äußerst gering ist und sich fast nur auf Adelsgenealogie zwischen 1200 und 1600 bezieht wird leider allzu oft übersehen.

Von Bedeutung sind zweifellos alte Grabsteine mit Wappen der Vorfahren des Verstorbenen und Wappen als Siegelfiguren im Spätmittelalter. Jedoch kann dies nur Ausgangspunkt für genealogische Forschungen in Archiven sein. Ansonsten sollte man die Wappenkunde tunlichst als einen Aspekt der Kunstgeschichte betrachten.

Dass eine zu starke Betonung der Wappen der historischen und insbesondere der genealogischen Forschung mehr schadet als nutzt, beweisen nicht nur **Wappenschwindler** und häufig völlig unsinnige genealogische Angaben in Wappensammlungen. Besonders unangenehm ist auch die **Usurpation** von Wappen uradliger Familien durch bürgerliche, die im 18. Jahrhundert ihre angemaßte adlige Abstammung durch das Wappen unterstreichen wollten (Beispiel S. 161).

Vor der Annahme eines neuen **Familienwappens**, zu der jeder berechtigt war und ist, sollte man sich zunächst über die Geschichte der Wappen, ihren Aufbau (**Heraldische Regeln**), über Wappenmissbrauch, **Hausmarken** u.a. informieren. Anschließend ist ein seriöser Heraldiker zu Rate zu ziehen, mit dem man Einzelheiten des neuen Wappens bespricht.

Zu empfehlen ist die Registrierung des Wappens. Ansprechpartner sollte in diesem Fall *"Der HEROLD. Verein für Heraldik, Genealogie und verwandte Wissenschaften" (Berlin-Dahlem, Archivstr. 12; gegr. 1869)* sein. Er führt die sogenannte **Deutsche Wappenrolle** (DWR), ein gesetzlich geschütztes Wappenregister, dessen Eintragungen regelmäßig veröffentlicht werden.

Wer ein altes Familienwappen sucht oder zuordnen möchte, sollte immer Einsicht in die großen **Wappenbücher** nehmen, die u.a. in Universitäts- und Archivbibliotheken benutzt werden können:

- *Siebmacher (1606-1806 und 1854-1967, ca. 110.000 Wappen; als Fortsetzung dient die "Deutsche Wappenrolle" des Vereins Herold),*
- *Rietstap (ca. 116.000 Wappen),*
- *Kenfenheuer (ca. 250.000 bürgerliche deutsche Wappen mit Fundstellennachweis bis 1937 incl. Siebmacher),*
- *E. Henning (Nachweise bürgerlicher Wappen in Deutschland 1937-1983, Verlag Degener, Neustadt a.d.Aisch).*

Literatur:

Hildebrandts Wappenfibel. Handbuch der Heraldik (Verlag Degener).

Abb. links: **Familienwappen (1972)**

Namenkunde (Etymologie)

Die Eindeutigkeit der Familiennamen in verbindlicher Schreibweise ist kaum mehr als 100 Jahre alt. Davor gab es seit der Entstehung der Namen zahlreiche Veränderungen, die besonders bei der Benutzung von Datenbanken zu beachten sind. So findet man den Namen Burghardt vor 1850 im Oberbergischen in den Formen Burckard (1714), Burchard (um 1730), Burgard (1760), Burghard (1780).

Die Familiennamen entstanden regional unterschiedlich im 13. bis 19. Jahrhundert. In den Städten geschah dies früher als auf dem Land, wo die Angabe des Wohnortes fast immer reichte, um eine Person eindeutig zu kennzeichnen. Zu den ältesten Familiennamen gehören die der wohlhabenden Bürgerfamilien, die großen Wert auf eine klare soziale Abgrenzung legten.

Grundsätzlich kann man davon ausgehen, dass die Doppelnamigkeit (Ruf- und Familienname) im 18. Jahrhundert abgeschlossen ist. Doch muss noch im 19. Jahrhundert besonders im emsländischen und westfälisch-lippischen Raum mit Namenwechseln, häufig in Verbindung mit dem Wechsel des Wohnortes gerechnet werden.

Bei der Herkunft der Namen lassen sich verschiedene Quellen unterscheiden, die teilweise im Volksmund noch heute auf dem Land lebendig sind.

a) Berufsnamen

Für Familienforscher besonders interessant ist die Klärung der Entstehung von Berufsnamen, z.B. Müller, Schneider, Zimmermann oder Schulze. Hier sollte es in vielen Fällen durch Ahnenforschung möglich sein zu klären, wann der Berufs- zu einem Familiennamen wurde.

Bei den Berufsnamen muss auf ausgestorbene Berufe und heute nicht mehr übliche Berufsbezeichnungen sowie auf latinisierte Formen wie Molitor (Müller), Piscator (Fischer) oder Mercator (Kaufmann) geachtet werden. Hilfreich ist hier die Übersicht im *Taschenbuch für Familiengeschichtsforschung, 10. Aufl., S.408-414.*

b) Vornamen

Bis in unsere Zeit hinein wurde der Vorname des Vaters zur näheren Kennzeichnung verwendet. Dabei konnte der Vatername vorne (*Franz Johann* oder *Peters Michael*) oder hinten (*Peter Hans Sohn* oder *Ludwig Peters*) stehen. Selbst in unserem Jahrhundert wurden auf dem Land Vornamen von Groß- oder Urgroßvater auch nach dessen Tod benutzt, um Personen zu unterscheiden, die offiziell die gleichen Vor- und Nachnamen hatten. Gerade in solchen Fällen sind Abschleifungen oder Dialektformen zu beachten. Eine Liste alter Vornamen findet man im *Taschenbuch für Familiengeschichtsforschung, 10. Aufl., S.398-406.*

Eindrucksvolle Beispiele für die Verfestigung eines Vornamens als Zweitname einer Familie finden sich noch in diesem Jahrhundert in kleinen Orten auf dem Land, wenn dort mehrere vornamensgleiche Personen einer Familie wohnten. So lebten 1900-1960 in dem Ort Ziegenhardt (Rhld.) drei Zweige der Familie Burghardt, deren Mitglieder durch wechselseitige Patenschaften häufig die gleichen Namen trugen. Die Nachkommen des Balthasar Burghardt (+1924) wurden daher bis in unsere Zeit immer nur mit der Dialektform "Balzer" gekennzeichnet, also seine Kinder als "Balzers Anton, Balzers Wilhelm und Balzers Maria", sein Enkel als "Balzers Franz" usw.

c) Herkunftsnamen

Die Kennzeichnung einer Person durch die Angabe ihres Wohnortes, wie Johann in der Zielenbach oder Gerhard im Straßerhof, führte i.a. erst dann zur Herausbildung eines Familiennamens, wenn der Wohnort verlassen wurde. Vorübergehend wurde dann die Form Johann von Zielenbach oder Gerhard vom Straßerhof benutzt, doch setzte sich anders als in Holland (van, vam) die Herkunftspräposition *von* nicht durch; sie blieb seit dem 18. Jahrhundert dem Adel vorbehalten.

In einigen Gegenden der Eifel ist unter Einheimischen heute noch die Benennung einer Person nach einzelnen Häusern üblich.

Ungeklärt ist bislang, in welchem Ausmaß der **Dialekt** die Namengebung beeinflussen konnte. Zahlreiche Beispiele scheinen dafür zu sprechen, dass dieser Einfluß seit dem späten 17. Jahrhundert gering war. Selbst Konsonant-Abschleifungen scheinen nicht immer in die schriftliche Form des Namens eingegangen zu sein.

d) Frauennamen

Der **Familienname der Frau** war - falls nicht der Hofname als solcher galt - nach der Heirat nicht klar festgelegt. Man findet daher für ein und dieselbe Frau (Maria Müller verheiratete Schmitz) häufig vier verschiedene Angaben: Maria Müller, Maria Schmitz, Maria Schmitz genannt Müller und Maria Müller genannt Schmitz.

In Westdeutschland galt aber nach altem Recht die Auffassung, dass der Name der Frau sich bei der Eheschließung nicht änderte. So entsprach das französische Namenrecht, das im Rheinland bis zur Einführung des Bürgerlichen Gesetzbuches (BGB) im Jahr 1900 galt, dieser Vorstellung. Erst das BGB schrieb dann vor, dass die Frau bei der Heirat den Familiennamen des Mannes erhält.

Die jüngsten Namenrechtsänderungen, die der Frau die Beibehaltung ihres Namens ermöglichen, stellen daher teilweise nur wieder die alte Rechtsauffassung her. Die Festlegung des Familiennamens bei der Heirat auf den des Mannes oder den der Frau entspricht darüber hinaus dem sozialgeschichtlichen Tatbestand, dass die Tradition einer Familie in unserem Kulturkreis keineswegs eine Priorität der männlichen Linie kennt, wenn man einmal von Adelsfamilien mit großen Mannlehen absieht.

Literatur:
W. Ribbe - E. Henning: Taschenbuch für Familiengeschichtsforschung, 10. Aufl. S.350-352.
Als für den Genealogen geeignete Nachschlagewerke über Entstehung und frühes Vorkommen von Familiennamen dienen:
H. Bahlow: Deutsches Namenlexikon (Suhrkamp TB 65, Frankfurt a.M. 1972; preisgünstig) und
J.K. Brechnemacher: Etymologisches Wörterbuch deutscher Familiennamen (2 Bde. mit 28.500 Namennachweisungen; C.A. Starke Verlag, Nachdruck 1992).

WISSENSCHAFTLICHE GENEALOGIE

Ziele, Methoden und Quellenkritik

Die antike und mittelalterliche Genealogie diente ausschließlich dem Zweck der **Legitimation eines Herrschaftsanspruchs**. Sei es durch den „Nachweis" der Abstammung von einem Gott oder einer herausragenden historischen Herrscherpersönlichkeit oder durch Aufzählung großer Taten der Vorfahren. So finden wir dies u. a. bei Jesus von Nazareth als „Sohn König Davids", bei den Kalifen als Abkömmlinge Mohammeds und bei den kontinentaleuropäischen Herrschern des Mittelalters als Nachfahren Karls des Großen. Die angelsächsischen Könige des 6. bis 10. Jahrhunderts beriefen sich auf ihre Abstammung von dem germanischen Gott Wodan.

Wesentlich war dabei die (vermeintliche) biologische Abstammung. Als Quellen dienten durchweg mündliche Überlieferungen, der Zuverlässigkeit durch ihre fortgesetzte Tradierung aus sehr alten Zeiten verbürgt zu sein schien und eine Kritik schon wegen der Würde der aufgezählten Personen nicht zuließ.

Seit dem späten Mittelalter trat zunehmend eine zweite Funktion der Genealogie in den Vordergrund, die Festigung des **Standesbewusstseins** und damit verbunden die Abgrenzung gegenüber anderen gesellschaftlichen Klassen. Hier ist vor allem der Ministerialadel („Uradel") zu nennen, der sich zunächst gegen das aufstrebende Bürgertum der Städte, im 17.-19. Jahrhundert dann auch gegen den „neuen" Adel der nobilitierten Bürger abschloss. Das Bürgertum seinerseits versuchte den Nachweis zu erbringen, in männlicher oder weiblicher Linie, also kognatisch oder agnatisch, von Adelsfamilien abzustammen.

Im Gegensatz zu früheren Zeiten war hier die Zugehörigkeit zu einem Stand wesentlich, die (unausgesprochen) auch vorlag, wenn der Vater nicht der biologische war, sondern nur der, der Beruf, Vermögen u.a. weitergab. Als Quellen wurden nun schriftliche Zeugnisse verwendet, ohne dass deren Qualität geprüft wurde. Auch wurden völlig unkritisch aufgrund vermeintlicher Namengleichheit Verwandtschaften behauptet und in genealogischen Schemata festgehalten. Zahlreiche Stammtafelsammlungen des 18., 19. und frühen 20. Jahrhunderts sind voll von solchen angeblichen Abstammungsnachweisen.

In der ersten Hälfte des 20. Jahrhunderts wurde die Genealogie europaweit unter dem Einfluss von Darwinismus und Nationalismus mehr oder weniger durch die **Rassenhygiene** (siehe S. 162 f.) beherrscht. Ausschließliches Ziel war nun der Nachweis der biologischen Zugehörigkeit zu einer bestimmten Rasse, die sich von anderen abzuschließen habe.

Dazu wurden nur noch Quellen zugelassen, die allgemein als zuverlässig galten, nämlich Personenstandsregister, sowie die Aufzeichnungen religiöser Gemeinschaften. Dabei wurde (unsinnigerweise) angenommen, dass die darin genannte Vaterschaft auch eine biologische war.

Ziel der genealogischen Forschungen an den Universitäten ist seit 1945 die Klärung von **Sozialstrukturen** (S. 168-169), wobei die im 19. Jahrhundert in der Geschichtswissenschaft entwickelte Quellenkritik (nicht immer) beachtet wird. Hobbyforscher können die Unzuverlässigkeit vieler Quellen leider nur selten einschätzen.

1. Wilhelm, Freiherr v. H., Herr zu Arenbahl u. Franken, Diederbach, Berkum, kaiserl. Oberst, pfälz.-neub. Rath, Kämmerer, Amtmann zu Windeck u. Breisig. †1658. h. l. 1620 Cath. v. Eyberg zu Bulich, Tochter von Adrian und Marg. v. Voß zu Ryterbach.
2. Amalia Kannengießer.

2. Gertrud, Stiftsdame zu Schaden, †18. Dec. 1669, 101 Jahr alt.

ex 1ma. 1. Franz Diederich, Freiherr v. H., Herr zu Arenthal u. f. m. Oberhofmeister der verwittweten Herzogin Francisca zu Pfalz-Neuburg, geb. 13. Juni 1611. h. 1670 Anna Maria Ursula, Freiin v. Cortenbach zu Altenhagen, Conrad und Forsthof, Tochter v. Melchior u. Clara Cath. v. Valand.

2. Luise Marg., Stiftsdame zu Vilich.
3. Cath., Stiftsdame zu Dietkirchen.
4. Anna Marg., Dechantin zu Nelling-hausen.
5. Anna Elif., Stiftsd. zu Elfe.

ex2da. 6. Johann v. H. sen. h. Anna Maria Vilers v. Spitzenburg.

1. Franz Wilhelm Caspar v. H., Freiherr v. Niervol-lichen, Herr zu Arenthal u. f. m., 9. April 1712 in den Reichs-grafenstand erhoben. 1693 bei jülich-bergischer Ritterschaft wegen Niederbach, und bei cölnischer 1705 wegen Berkum aufgeschw. pfälz. Regierungspräsident, Amtmann zu Porß, †25. Nov. 1723 Maria Cath. Elif., Gräfin v. Hatzfeld und zu Gleichen, Crotorff, Drachenfelsen und Wildenburg.

2. Clara Helena, †unp.
3. Maria Gertraud, †unp.
4. Bertram Ferdinand, †imp.
5. Johann Adolf, †imp.
6. Joh. Caspar, Deutsch-Ordens-Ritter-Comthur zu Ramersdorf, chur-pfälz. Oberst.

Johann h. Anna Maria Schallenbach.

1. Wilhelm Ernst Godfried, 1781 aufgeschw. †1785. Letzter dieser Linie.
2. Anna Elisabeth Augusta Maria, geb. 19. März 1725. Erbin sämmtlicher Güter. h. Ambrosius Franz, Graf v. Spee.
3. Charlotte Elisabeth Regina.

1. Joh. Wilh., Kaufmann, Cöln, †20. April 1768. h. Maria Cath. Schmelzer.
2. Christine h. M. Tauré.
3. Gertraud, †Jan. 1787. h. Bernard Froling-hausen.

1. Joh. Wilh., Senator zu Cöln, h. Joh. Cath. Flatz v. Coblenz †Januar 1785.
2. Maria Marg., Wittib zu den Wachs-beern, †1781.
3. Ferdinand (Herb. Wilh., Canon. zu den Aposteln, †13. Juli 1772.
4. Johanna Maria Josepha, Äbtissin zu den Wachsbeern.
5. Franz Carl Jof., i. u. Dr., Domherr, Canon. zu den Aposteln, churf. Geh. Rath; ein sehr gelehrter Mann.

1. Joh. Theodor Ferd., Canon. zu Coblenz, h. Joh. Cath. Wachsmeister. Febr. 1786, 49 Jahr alt.
2. Joh. Wilhelm, Canon. zu Coblenz, †22. Juni 1795.
3. Franz Carl Joseph, Canon. zu Coblenz, †20. Juni 1795.
4. Ludwig, Dr. Theol., Canon. ad Gradus zu Cöln.

Joh. Christian S., churbayerischer Oberlieutenant, h. Maria Aleid, Freiin v. Sonia zu Gnebach, Tochter von Jacob Christ., churbayer. Oberst u. Commandant zu Ingolstadt.

Die Schwierigkeiten im kritischen Umgang mit Quellen, denen Familienforscher gegenüberstehen können, soll anhand eines Beispiels erläutert werden.

Im geistigen Leben des Rheinlands nahm *Franz Carl Joseph von Hillesheim* in der zweiten Hälfte des 18. Jahrhunderts eine bedeutende Stelle ein. Als langjähriger Rektor der Universität, als Jurist und Historiker sowie als Mitglied des - sonst nur dem höheren Adel vorbehaltenen - Domkapitels war er auch außerhalb Kölns bekannt. Er siegelte immer mit dem Wappen der rheinischen Adelsfamilie *Merscheid genannt von Hillesheim*. Am 11. April 1731 wurde er in Köln als Sohn des Johann Wilhelm Hillesheim geboren. Sein Vater lebte seit 1716 in Deutz und wurde am 11. Juni 1728 Bürger der Stadt Köln, wo er als Kaufmann und Ratsherr zur Oberschicht gehörte. Weitere Informationen sind den Kirchenbüchern im Raum Köln nicht zu entnehmen.[1]

Sein Zeitgenosse war der in München wohnende bayerische Hofrat *Aloys Friedrich Wilhelm von Hillesheim*. Er war Mitglied einer Freimaurerloge und des Geheimbundes der Illuminaten. Als dieser 1785 von Kurfürst Karl Theodor verboten wurde, musste Hillesheim als einziger der Illuminaten ins Gefängnis. Erst elf Jahre später wurde er entlassen, rehabilitiert und schließlich nobilitiert. In Siebmachers Wappenbuch findet man folgende Eintragung: *„Hillesheim, Aloys Friedrich Wilhelm, vormals churpfalzbayerischer Hofkammer-, Bücher-, Censur- und Fiskalatsrath, in München, geb. 12. Juni 1756, aus niederländischem altem Adelsgeschlecht wurde am 28. Septbr. 1815 in die Adelsklasse der kgl. Bayer. Adelsmatrikel eingetragen."* Er führte ebenfalls das Wappen der rheinischen Adelsfamilie *Merscheid genannt von Hillesheim*. In den Unterlagen zu seiner Nobilitierung findet sich auch eine Beurkundung seiner Taufe durch den katholischen Missionar der oberbergischen Gemeinde Waldbröl; demnach wurde er dort als Sohn des Johann Christian Hillesheim geboren. Da die Kirchenbücher der katholischen Gemeinde 1768 verbrannten, scheinen weitere Nachforschungen dort nicht mehr möglich.

In beiden Fällen scheint es sich also um Mitglieder der Adelsfamilie Merscheid genannt von Hillesheim zu handeln. Zumindest im Falle des Kölner Domkapitulars findet sich in der Stammtafelsammlung zur Geschichte rheinischer Adelsfamilien von A. Fahne aus dem Jahr 1853 tatsächlich eine solche Abstammung[2] (Abb. links). Allerdings gehörte Fahne zu den zahlreichen Genealogen jener Zeit, die unkritisch Angaben aus älteren Quellen zusammenstellten. Im vorliegenden Fall benutzte er die Sammlung des Kölner Kanonikers Alfter aus der Zeit um 1800 (Abb. folgende Doppelseite). Dort fällt allerdings eine Notiz auf: *„Anmaßlich wegen des Nahmens. Dieser Johann Hillesheim war ein Landkrämer im Bergischen Land keineswegs von dieser Familie".* Der Handschriftenvergleich lässt erkennen,

---

[1] Dies war auch 1950 noch der Wissenstand des Kölner Historiker Arnold Stelzmann: Franz Carl Joseph von Hillesheim. Ein Beitrag zur rheinischen Geistesgeschichte des 18. Jahrhunderts. In: Annalen des Hist. Vereins für den Niederrhein 149/150 (1950/51) S.181-232.

[2] A. Fahne: Geschichte der Kölnischen, Jülichschen und Bergischen Geschlechter, Bd. 2. Köln 1853. S. 61.

Adolf von Hillesheim z
gem Elisabeth v Zorsbach

Merlin von Hillesheim zu
gem Elisabeth v Karthaus
hausen und Arendael

Wilhelm von Hillesheim z
Niderbach amtman zu d
Isengarten zu Waldbroel
gem 1. Amalia Kannengie
zum Busch + 16 aug 16
in der ... Kirch zu

1.

Joannes Hillesheim   Catharina Can o   Fran.
senior von den   nisoin zu ...   gem
... Hillesheim   chen. + 11 Jan 1693   zu
zu Cölln   begr zu v Pleiß.

... Hief...   Franz Caspar wilhelm
das ... b. ...   ... Pfalz conferenz ...
joh. Hillesheim ...   und revisions preside
ein Landthaumen   gem Maria Catharina
... barg...   Caspar Anton Hugo ...
... von   gm Doufees zu Dur Pfals
... familien

in Weiße und Dahl 1548 + ante 1555
zu Berchum und Erpp

en zu Bagenthagen, Lister
Weipe 1601 + 16 feb 1609

zu Weipe, azendarg und
in deck wohlun mein haup
+ 13 feb 1658.
hers 2. Catharina v Siberg
62 mil sehm gen Engen
3. Pleiß!

Diederich von Hillesheim zu Aregdael
Anna maria Ursala Jenzius Cortenbach
Altenhagen.

fey grax Hillesheim daß hel 100ß
igikt und über 10 Jahr regirung od
al in der Pfalz aufg 25 feb 169
gr v Haxffeld und Gleichen

r gr chur Charlotta   N N
Cammerher canonißin   gen Ambrosius Ran
            zu Villich kisges gr v Spe z
            quittirnl   Hilkop Pur g R

Die Hillesheim aus Waldbröl

I.
geb. um
1600

Johann
oo *Piller*
BOHLENHAGEN
v

II.
geb. um
1640/55

Christian
oo *Thomas*
BOHLENHAGEN
Schultheiß
v

Thomas
oo *N.*
HUFEN
Landvermesser

Johann
oo *Schallenbach*
WALDBRÖL
Kaufmann
v

Wilhelm
oo *Langenberg*
BRENZINGEN
v

III.
geb. um
1670/90

Christian
oo *Heyn*
BOHLENHAGEN
Schultheiß(?)
V?

Joh. Wilhelm oo *Saur*
Schultheiß
v

Joh. Wilhelm
oo *Schmelzer*
DEUTZ/KÖLN
Kaufmann
v

Christian
oo *Saur*
WALDBRÖL
v

Joh. Christian
oo ?
BRENZINGEN
v

IV.
geb. v. um
1700/1720

N.
oo *Dohl*
BOHLEN-
HAGEN

Wilh. Friedrich
oo *N. / Wynandt*
KALKBERG
Notar
v

Joh. Wilhelm oo *Statz*
KÖLN
Kaufmann
Ratsherr
v

Franz Carl J.
Dr. jur.
KÖLN
Rektor magn.
Domherr

Joh. Christian
oo *v.Sontag/
v.Pfister*
bayerischer
Oberleutnant
v

Joh. Peter
oo *Wilmers*
OLPE/Westf.
Kaufmann
Ratsherr

V.
geb. um
1730/50

Adolph Bertram
oo *Baum*
BRENZINGEN
Glaser u. Schreiner
V?

Aloys Wilhelm
oo ?
MÜNCHEN
kurbayer. Hofrat

dass diese Notiz nicht von Alfter selbst stammt, sondern erst später – offenbar erst am Ende des 19. Jahrhunderts – angebracht wurde. Historiker und Familienforscher der Jahre 1930-1950 verwendeten in Ihren Arbeiten zur Kölner Familie Hillesheim die angeblich adlige Abstammung nicht mehr (siehe folgende Doppelseite[1]), sind aber auch nicht in der Lage, die Herkunft zu klären. Eine Patenschaftsanalyse[2] hätte hier schnell eine Verbindung nach Waldbröl im Oberbergischen ergeben.

Sowohl von München wie auch von Köln aus führen die Hinweise in die oberbergische Gemeinde Waldbröl, die fast vollständig lutherisch war. Detaillierte heimatkundliche Studien[3] und Verkartungen der Kirchenbuchfragmemte der lutherischen Gemeinde von 1660/61 und 1684-1704 führten 1970/75 zu dem Ergebnis, dass in Waldbröl um 1650 ein Johann Wilhelm Hillesheim mit seiner Frau Maria Piller zuwanderte, dessen Nachkommen zu den typischen lokalen Beamtenfamilien des 17. und 18. Jahrhunderts zählten (Abb. links).[4]

Das Beispiel verdeutlicht die Unzuverlässigkeit vieler Quellen zur genealogischen Forschung. Dass bürgerliche Familien immer wieder versuchten – und auch heute noch versuchen – eine angeblich adlige Abstammung vorsätzlich oder zumindest grob fahrlässig durch falsche Kompilationen zu belegen, ist hinreichend bekannt. Besonders genealogische Angaben in Nobilitierungsakten und Wappenbüchern sind durchweg fehlerhaft, werden aber leider bis heute unkritisch in der genealogischen Literatur übernommen.

Quellen sind auch, wie das obige Beispiel zeigt, teilweise lückenhaft, sei es durch Unkenntnis, Oberflächlichkeit oder bewusstes Verschweigen. Dies trifft auch für neuere wissenschaftliche Arbeiten zu. Dies weiß jeder Historiker, unter Hobbyforschern ist es wenig bekannt.

Fehler und Lücken sind zwar bei genealogischen Forschungen grundsätzlich unvermeidbar, doch sollten bei sorgfältigen Quellenangaben Schwachstellen, wie etwa unzuverlässige Literatur, erkennbar sein. Unter diesem Aspekt sind z. B. die großen Informationsmengen in DGB, DFA, AF und PRF nur mit großem Vorbehalt zu betrachten, da hier Quellenangaben durchweg fehlen.

Fehler- und lückenhafte Angaben zur Geschichte einer Familie können zu groben Fehleinschätzungen ihres sozialen Niveaus und ihrer sozialen Mobilität führen. Erst durch eine Untersuchung des historischen Umfeldes, d. h. möglichst vieler Familien mit ähnlicher Struktur in der gleichen Region, erkennt man häufig diese Fehler und Lücken. Genau diese Zuordnung einzelner Familien zu bestimmten sozialen Gruppen, also eine **sozialgeschichtliche Typisierung** gehört heute zu den wesentlichen Zielen wissenschaftlicher Genealogie.

---

[1] Archiv für sippenkundliche Mitteilungen aus dem Sippenverband Hillesheim, Bd. 9. Wuppertal-Elberfeld (1939/41?).

[2] Siehe S. 102-103. Unbeachtet ließen die Forscher auch die Herkunft (Waldbröl) der Ehefrau des Bernhard Frölinghausen.

[3] G. Corbach: Geschichte von Waldbröl, Köln 1973.

[4] F. J. Burghardt: Über die Herkunft der Kölner Patrizierfamilie Hillesheim. In: Kölner Genealogische Blätter, Heft 2 (1975), S. 7-17. Die nebenstehende Stammtafel enthält Korrekturen und Ergänzungen zu dieser Veröffentlichung.

Stammtafel einer bergischen Linie des Eifeler Geschlechtes „von Hi

Zusammengestellt aus den Forschungen von Fahne, Oswald Gerhard und besonders aus Mitteilungen von D

N. (Wilhelm?) von Hillesheim ∞ Amalia Kannegießer	[Nach Fahne soll Wilhelm, Freiherr von Hillesheim, aus dem Geschlechte von dessen Gattin Katharina von Syberg († 26. 8. 1662) ist das jedoch unmöglich.
Johann von Hillesheim sen. ∞ (in Dattenfeld?) Anna Maria Pilers aus Spitzenberg	der vom Gute Steinhaus stammte, also vom Eifeler Geschlechte „von Hilles
Johann von Hillesheim ∞ Anna Maria Schallenbach	Vermerk: Ein anderer Zweig der bergischen Linie des Eifeler Ges über Steinhaus aus „Rhein. Adelsfamilien" von Os

| 1. Johann Wilhelm von Hillesheim, Kaufmann und Senator
zu Köln, † 5. 5. 1768 in Köln
∞ Maria Katharina Schmeltzer, † vor 1779 | 2. Christine von Hillesheim, ∞ N. C
Johann Christian Saurs, churbayerischer O
∞ Maria Aleid, Freiin von Sontag zu Ernsbad
Jakob Christian, churb. Oberst und Kommandant |

1. Johann Wilhelm von Hillesheim, Memorialmeister Senator zu Köln * 4. 11. 1710 in Deuß † 26. 5. 1751 in Köln ∞ Katharina Johanna Dorothea Statz aus Koblenz	2. Maria Catharina von Hillesheim ∞ 29. 1. 1743 in Neuß Friedrich Ferdinand Wasmer (Wasmer)	3. Maria Margareta Scholastika von Hillesheim † 1781 als Abtissin des Machabäerklosters	4. Johann Josepha von † 26. 4. 1799 (als Abtissin de Klost
	a) Johann Wilhelm Karl Bruno * 4. 11. 1746 in Köln b) Johann Wilhelm Agilolph Bruno * 9. 7. 1748 in Köln c) Johann Wilhelm Joseph Ignaz * 14. 12. 1750 in Köln d) Johann Ignaz Gottfried Anton * 14. 2. 1752 in Köln	c) Katharina Johanna Dorothea Walbu * 10. 4. 1754 in Köln, † 24. 10. 18 ∞ 25. 11. 1775 in Köln: Laurenz Fürth, ' (Erretter der Kölner Jesuitenkirche, jetz St. Maria Himmelfahrt) f) Franz Karl Joseph Bruno, * 15. 5. (Patenkind des Domherrn	

1. Johann Wilhelm Joseph von Hillesheim
* 3. 10. 1737 in Köln, † 22. 2. 1786 als Kanonikus an
St. Florin zu Koblenz

2. Maria Catharina Scholastika Norbertina von Hillesheim
* 29. 8. 1738 in Köln

3. Johann Theodor Franz X. von Hillesheim
* 20. 5. 1740 in Köln
Im Deutschen Geschlechterbuche Band 38, Seite 362, ist bei
Katharina Elisabeth Liese (* 1759, † 8. 7. 1798. War zweimal
verheiratet a) Olpe 22. 9. 1787 mit Johann Theodor Hilles=
heim, Rotgerbermeister . . . .) als Fußnote vermerkt: Bei ihr
war die wertvolle Bücherei des Domherrn Joseph von Hilles=
heim zu Köln am Rhein untergebracht, die beim Stadtbrande
1795 vernichtet wurde

4. Johann Theodor Ferdinand von Hillesheim
* 6. 2. 1742 in Köln; Stadtköln. Wachtmeister (lt. Adreßbuch
von 1797 „Rathsverwandter und Obristwachtmeister") .

5. Christoph Hermann Joseph von Hi
* 4. 5. 1743 in Köln

6. Maria Catharina Ludowika Walburgis v
* 16. 8. 1744 in Köln

7. Franz Carl Martin Joseph von Hi
* 24. 7. 1746 in Köln
† 22. 6. 1795 als Kanonikus an St. Florin

8. Max Heinrich Joseph Ferdinand von
* 4. 5. 1749 in Köln

9. Ludwig Heinrich Ferdinand Leopold vo
* 17. 5. 1751 in Köln
Dr. theol., Kanonikus an St. Florin zu Koblenz,
an St. Maria ad Gradus zu Köl

llesheim".

r. Arnold Stelzmann, sowie aus eigenen Aufzeichnungen.

Merscheid, gen. von Hillesheim († 13. 2. 1658) der Gatte der Amalia K. sein. Nach dem Todesdatum von
 Demnach handelt es sich bei dem Gatten der Amalia K. um einen anderen (Wilhelm?) von Hillesheim,
heim" gewesen ist.]

chlechtes Hillesheim sind die Nachkommen des Dietrich von Hillesheim auf Steinhaus. (Vergl. die Ausführungen
vald Gerhard und über Waldbröl aus· "Geschehnisse der kath. Pfarrgemeinde Waldbröl" von Aug. Kugelmeier.)

ßaurs	3. Anna Maria Gertraud von Hillesheim (aus Waldbröl), † 31. 7. 1787 in Köln		
berleutnant	∞ 3. 4. 1736 in Köln Johann Bernhard Frölinghausen		
), Tochter von zu Ingolstadt	a) Anna· Maria Katharina Frölinghausen, * 8. 6. 1737	b) Maria Katharina Fröling= hausen, * 30. 12. 1738	c) Johann Wilhelm Joseph Frölinghausen, * 8. 7. 1741
a Maria Hillesheim im 73. Jahre) s Machabäer= rts	5. Maria Anna Franziska von Hillesheim * 24. 11. 1729 in Köln	6. Franz Karl Joseph von Hillesheim * 11. 4. 1731 in Köln † 12. 11. 1803 in Riehl i. und Dr., Domherr Kanonikus zu den Aposteln Churf. Geheimer Rath (in Köln=Riehl	7. Gerhard Wilhelm Fer= dinand von Hillesheim * 30. 5. 1732 in Köln † 13. 7. 1772 als Kanonikus an St. Aposteln (i. J. 1756 Priesterweihe)
rgis Waßmer 32 in Köln * 1735, † 1812 ge Pfarrkirche 1755 in Köln) llesheim on Hillesheim llesheim zu Koblenz Hillesheim n Hillesheim seit 1. 10. 1777 n			

gibt es eine Hillesheim=Straße. Das Kölner Einwohnerbuch sagt hierzu:
 Franz Karl Joseph von Hillesheim, * 1731 in Köln, † 12. 11. 1803 in Riehl, Domherr und
 Professor des Staatsrechts an der alten Kölner Universität)
 Der Konservator des Kölner Museums schreibt folgendes: "Der Kanonikus Franz Joseph
von Hillesheim ist im 73. Lebensjahre 1803 in Riehl gestorben. Er war der Sohn des
Kölner Kaufmanns und Ratsherrn Johann Wilhelm v. H., der Unter Goldschmied 5 (jetzt
Hotel Deiß) wohnte. Von Johann Wilhelm wie auch von dem Kanonikus bewahrt das
hiesige Stadtarchiv Testamente. Der Kanonikus war Dozent der Geschichte an der hiesigen
alten Universität; Niederschriften von seinen Vorlesungen sind erhalten. In Druck gegeben
hat er anscheinend nur eine programmatische Abhandlung: Sätze und Fragen aus der Kölner
Kirchen= und Staatshistorie, 1791. Die Grabtafel befindet sich jetzt im Rheinischen Museum
und ist an der alten Kirche in Riehl durch eine Nachbildung ersetzt. Ein Porträt des
Kanonikus befindet sich jetzt im Besitze des Herrn Lüdger, Sürth bei Köln, Frohnhof. An
einem Hof in Riehl bei Köln befindet sich noch das Hillesheim'sche Wappen." (Dieses ist
das Wappen des Geschlechtes von Merscheid, gen. von Hillesheim. Vermutlich ist es von
dem Domherrn in Unkenntnis seiner Abstammung geführt oder auch neu angenommen
. worden, weil um diese Zeit die Familie Merscheid, gen. von Hillesheim ausstarb).

(Vater von 3) — **6**

Familienname: O'Daniel

Vornamen: Wilhelm Heinrich Joh. Hubert

geboren am 25. III. 1846 in Vormergen

als Sohn des (12) Peter O'Daniel

und der (13) Mary Dik

Bekenntnis: röm. Kath. Tauftag:

Beurk. b. Standesamt: ___ Geb.-Reg.-Nr. ___

b. Pfarramt: Vormergen Tauf-Reg.-Nr.

gestorben am 25. II. 1904 in Vormergen

beurk. b. Standesamt — Pfarramt Vormergen Reg.-Nr.

6/7

Die Eheschließung des Wilh. Heinr. J. H. O'Daniel

Beruf: Postsekretär Bekenntnis: röm. Kath.

und der Agnes

geborene Jussenhoven Bekenntnis: röm. Kath.

erfolgte am 30.4.1876 in Vormergen

beurk. b. Standesamt — Pfarramt Vormergen Reg.-Nr.

(Mutter von 3) — **7**

Geburtsname: Jussenhoven

Vornamen: Agnes

geboren am 4. I. 1874 in Vormergen

als Tochter des (14) Joh. Jussenhoven

und der (15) Agnes Schäfer

Bekenntnis: röm. Kath. Tauftag:

Beurk. b. Standesamt: Vormergen Geb.-Reg.-Nr. 3

b. Pfarramt: Vormergen Tauf-Reg.-Nr.

gestorben am 27. 12. 1936 in Köln-Holweide

beurk. b. Standesamt — Pfarramt St. Mülf. Reg.-Nr. 177

Zwischen Heimatliebe und Rassenwahn – Sippenforschung 1910-45

Die weitgehende Vernichtung von geistig behinderten Menschen (Euthanasie) und der Juden in Mittel- und Osteuropas (Holocaust) 1940-1945 war eine Konsequenz des in der nationalsozialistischen Ideologie verankerten biologischen Rassenwahns[1]. Es waren keine Pogrome aus religiösen oder wirtschaftlichen Gründen und auch keine Terrorakte zur Abschreckung von Systemgegnern, vielmehr handelte es sich um eine von der Öffentlichkeit abgeschirmte, bürokratisch durchgeführte "Vernichtung lebensunwerten Lebens".[2] Auf diese Weise sollte die arische Erbmasse, an ihrer Spitze die Deutschen als "Vorvolk", dauerhaft "gereinigt" werden. Dieses Vorhaben wurde von Adolf Hitler bereits vor der Machtergreifung ausführlich dargestellt und begründet.[3] Zur Vorbereitung der "Endlösung" diente eine Reihe von Gesetzen, die seit der Machtergreifung der NSDAP erlassen wurden:

07.04.1933 *Gesetz zur Wiederherstellung des Berufsbeamtentums*:
Die Tätigkeit als Beamter setzte eine "arische Abstammung" voraus.[4] Als nichtarisch galt, "wer von nichtarischen, insbesondere jüdischen Eltern oder Großeltern abstammt. Es genügt, wenn ein Elternteil oder ein Großelternteil nichtarisch ist."[5]
15.09.1935 Nürnberger Gesetze:
- *Reichsbürgergesetz*: Ausgrenzung der Juden als "Staatsangehörige" neben den "Reichsbürgern". (Es folgten noch 13 Ergänzungsverordnungen zum Reichsbürgergesetz.)
- *Gesetz zum Schutz des deutschen Volks und der deutschen Ehre*: Verbot rassischer Mischehen und des außerehelichen Verkehrs zwischen Juden und "Staatsangehörigen" deutschen oder artverwandten Blutes".

Mitglieder der NSDAP und Beamte hatten ihre **"arische Abstammung"**, die synonym auch als "deutschblütig" bezeichnet wurde, nachzuweisen[6], in

Abb. links:
„**Ariernachweis**" (Auszug um 1940)

---

[1] Zum "biologischen Antisemitismus" vgl. W. Hofer: Stufen der Judenverfolgung im Dritten Reich. In: H.A. Strauss - N. Kampe (Hrsg.): Antisemitismus. Von der Judenfeindschaft zum Holocaust. Bonn 1985. S.172-185, mit weiterführender Literatur.

[2] Vgl. die schon 1920 erschienene Schrift "Die Freigabe der Vernichtung lebensunwerten Lebens" von K.J.L. Binding und A. Hoche.

[3] A. Hitler: Mein Kampf, 2 Bände (1. Aufl. 1925/26), München 1936; dort insbes. das Kapitel "Volk und Rasse", S.85-94.

[4] Ausgenommen waren Beamte, die bereits am 01.08.1914 im Dienst standen, Frontkämpfer des Ersten Weltkrieges waren oder Vater oder Sohn im Weltkrieg verloren hatten. (Nach A. Huyskens, Rhein. Familienkunde, Düsseldorf 1935, S.14)

[5] "Dies ist insbesondere dann anzunehmen, wenn ein Elternteil oder ein Großelternteil der jüdischen Religion angehört hat." (Erste Verordnung des Reichsministers des Innern und des Reichsfinanzministers vom 11.04.1933 zur Durchführung des Gesetzes zur Wiederherstellung des Berufsbeamtentums; ebd.)

[6] "Für Amtsverwalter der Parteiorganisation und für führende Ämter der Parteigliederungen der SA, SS und NSV" verlangte die NSDAP den Nachweis der arischen Abstammung bis zum Jahr 1800 (Ebd. S.15. Dort heißt es weiter: "Auch bei Durchführung des Reichserbhofgesetzes vom 29. September 1933 ... ist gemäß § 13 die Abstammung aus deutschem oder stammesgleichem Blut bis zum 1. Januar 1800 nachzuweisen. Auf besonders scharfe Bestimmungen hat die deutsche Adelsgenossenschaft ihre Mitglieder verpflichtet. Sie verlangt für ihre Mitglieder den Nachweis der arischen Abstammung bis zurück zum Jahre 1750."). Ein Nachweis der „arischen Abstammung" war ebenso

der Regel mit Hilfe eines **Ahnenpasses** (Abb. S. 162). Dabei handelte es sich um Hefte mit Vordrucken für die Eintragungen von Auszügen aus Geburts- und Heiratsurkunden, deren Richtigkeit jeweils am Rand vom Standesbeamten oder Pfarrer bestätigt werden musste.

In dem vom Zentralverlag der NSDAP (Franz Eher Nachf., München) herausgegebenen und "von vielen Dienststellen der NSDAP zum Dienstgebrauch empfohlenen" Ahnenpass heißt es dazu: *"Der Ahnenpass stellt eine Urkunde im Sinne des Gesetzes dar; es ist daher bei seiner Erstellung auf peinlichste Genauigkeit der gemachten Angaben und auf die unbedingte Richtigkeit der niedergelegten Ahnenreihen zu achten. Auch erspart der Passinhaber durch korrekte Aufstellung sich Arbeit, Zeit und unnötige Kosten, da bei der amtlichen Überprüfung Fehler und Irrtümer im eingereichten Ahnenpass bestimmt zutage treten werden. Die sorgfältig ausgefüllten Vordrucke ... ersetzen für den Zweck des arischen Abstammungsnachweises anderweitige beglaubigte Urkundenabschriften."*

Das Vorwort zu diesem Ahnenpass lautete: *"Die gesamte Bildungs- und Erziehungsarbeit des völkischen Staates muss ihre Krönung darin finden, dass sie den Rassensinn und das Rassegefühl instinkt- und verstandesmäßig in Herz und Gehirn der ihr anvertrauten Jugend hineinbrennt. Es soll kein Knabe und kein Mädchen die Schule verlassen, ohne zur letzten Erkenntnis über die Notwendigkeit und das Wesen der Blutreinheit geführt worden zu sein! Damit wird die Voraussetzung geschaffen für die Erhaltung der rassenmäßigen Grundlage unseres Volkstums und durch sie*

wiederum die Sicherung der Vorbedingungen für die spätere kulturelle Weiterentwicklung!" (Unterschrift Adolf Hitler) und weiter: *"Staatsbürger kann nur sein, wer Volksgenosse ist. Volksgenosse kann nur sein, wer deutschen Blutes ist, ohne Rücksichtnahme auf Konfession! Kein Jude kann daher Volksgenosse sein! (Programm der NSDAP. Punkt 4)"*

Die Kontrolle dieser "arischen Abstammungsnachweise" lag nach der Machtergreifung der NSDAP 1933 formal beim "Sachverständigen für Rasseforschung beim Reichsministerium des Innern" Achim Gercke; 1934 wurde an diese staatliche Dienststelle das **"Amt für Sippenforschung der NSDAP"** angegliedert. Am 05.03. 1935 erfolgte die Umbenennung in **"Reichsstelle für Sippenforschung** (im Reichs- und Preußischen Ministerium des Innern)". Ihr neuer Leiter Kurt Mayer wurde zugleich Vorsitzender des neu gegründeten "Volksbundes der deutschen sippenkundlichen Vereine", einer Dachorganisation aller genealogischen Vereine Deutschlands. Publikationsorgan der Reichsstelle und des Volksbundes war ab 1935 die Zeitschrift "Familie, Sippe, Volk".

Neben der Abstammungsprüfung gehörte zu den wesentlichen Aufgaben der Reichsstelle für Sippenforschung, die am 12.11.1940 in **Reichssippenamt** umbenannt wurde, die Verfilmung, Konservierung und Restaurierung der ca. 350.000 deutschen Kirchenbücher in Mittel-, Ost- und Südosteuropa durch die Abteilung "Schriftdenkmalschutz". Man begann 1934 mit der flächendeckenden Quellensicherung in Ostpreußen; bis 1943 waren etwa 7-8% aller Kirchenbücher aus deutschen Siedlungsgebieten verfilmt. Ferner wurde von der Reichsstelle/Reichssippenamt eine Fremd-

---

erforderlich bei einem Antrag auf 10,- Mark Kindergeld (mdl. Mitt. einer Betroffenen).

stämmigenkartei geführt, in der alle "artfremden" Personen erfasst werden sollten.[7]

Neben der Vernichtung "lebensunwerten Lebens" gehörte es zu den wesentlichen Zielen der NSDAP, im deutschen Volk ein Bewusstsein vom "Neuadel aus Blut und Boden" zu schaffen.[8] Dazu diente nicht zuletzt die an den Schulen und Universitäten gelehrte Familienforschung, die nach und nach die gesamte "gesunde Erbmasse" in Form von Ahnen- und Stammtafeln erfassen sollte; diese wiederum sollten die Grundlage für eine eugenische Beratung vor einer Eheschließung werden. Dabei konnte sich die NSDAP auf den **rassenhygienischen Zweig** der Genealogie stützen, der bereits am Ende des 19. Jahrhunderts im Umfeld des Darwinismus und der Vererbungslehre entstanden war und dem besonders zahlreiche Mediziner anhingen. Ihm gegenüber stand der **historisch-sozialwissenschaftliche Zweig** der Genealogie, der von grundsätzlich anderen Ansatzpunkten ausging und andere Ziele verfolgte, so dass Auseinandersetzungen zwischen diesen beiden Zweigen der Genealogie unvermeidbar waren.[9]

Auch bei der Gründung der zahlreichen regionalen genealogischen Vereine zwischen 1910 und 1930[10] spielten beide Forschungszweige eine Rolle. So heißt es in den Unterlagen der Westdeutschen Gesellschaft für Familienkunde über deren Gründung am 12.03.1913 in Köln, die Herren Dr. Bermbach, Iven, Dr. Krudewig, Dr. Krautwig und Dr. Baumeister seien zusammengekommen "zur Beratung über die Mittel und Wege, kraft deren die große Lücke, die dem westdeutschen Familienforscher auf dem Gebiete der Genealogie, und dem Mediziner in seiner Wissenschaft, insbesondere bezüglich der Vererbungs- und Regenerationslehre, überall durch das Fehlen irgendwelcher Einheitlichkeit und der Quellennachweise bei ihren Arbeiten begegnet, am schnellsten und sichersten könnte geschlossen werden."[11]

Bereits unmittelbar nach dem Ersten Weltkrieg findet man auch in den Reihen führender deutscher Genealogen ein diffuses Gemisch aus antikapitalistischen, antijüdischen und antichristlichen Gedanken, so z. B. bei langjährigen Herausgeber des Deutschen Geschlechterbuches Dr. jur. Bernhard Koerner. Im Vorwort zum 32. Band des DGB, dessen erste Seite (1920!) mit zwei waagerechten Hakenkreuzen versehen ist, schreibt er u. a.:

„Unter letzterem [d.i. Sozialpolitik] verstand man nicht selten das Verbrechen, das Deutschtum dem international-jüdischen Großkapitalismus unter der Vorspiegelung der „Arbeiterbefreiung" auszuliefern. Diese „Befreiung" kann nicht erfolgen, wenn die Großbanken, Waren-

7 W. Ribbe: Geschichte der Genealogie. In: E. Henning - W. Ribbe (Hrsg.): Handbuch der Genealogie Neustadt a.d.Aisch 1972. S. 12-13. Bestandsverzeichnis der Deutschen Zentralstelle für Genealogie Leipzig, Teil I. Neustadt a.d.Aisch 1991. S.8.

8 So der Titel des 1930 von R.W. Darré (1895-1953) erschienenen Buches. Darré wurde 1933 Reichsernährungsminister, 1934 Reichsbauernführer und war maßgeblich am Reichserbhofgesetz vom 29.09.1933 beteiligt.

9 Ausführlich dazu W. K. Prinz v. Isenburg: Genealogie als Lehrfach. Zugleich Einführung in ihre Probleme. Leipzig 1928. (Praktikum für Familienforscher Heft 19), S.10-11. Vgl. auch W. Ribbe: Geschichte der Genealogie. In: E. Henning - W. Ribbe (Hrsg.): Handbuch der Genealogie. Neustadt a.d. Aisch 1972, S.11-12.

10 Rheinland 1913, Niedersachsen 1913, Hamburg 1918, Westfalen 1920, Württemberg-Baden 1920, Hessen 1921, Franken 1921, Bayern 1922, Ostfriesland 1924, Pfalz 1925, Göttingen 1926, Nassau 1928.

11 MWGfF 33 (1988) S.115.

häuser, Truste und wahren Bedrücker durch die Vortäuschung irgendwelcher „Volksbeglückung" die schreienden Münder der Straße je nach dem augenblicklichen Stande der Dinge zu leiten und zu besänftigen, den schaffenden Mittelstand aber zu versklaven suchen. ... Wir bemühen uns, sagt Fritz Thor in Leipzig, vergeblich um die Hebung des „Menschengeschlechts", solange die Dummheit und niedrige Sinnesart als unvermeidliches Angebinde in fast jede Wiege gelegt werden dürfen. Mit anderen Worten: Nur geistig und leiblich wohlgeartete Menschen sollten das Recht der Zeugung besitzen. Das ist der einzige Weg zur wirklichen Erlösung! Bilden wir eine Gemeinde der Aufwärts-Gerichteten, die nichts Minderwertiges unter sich duldet, und erfüllen wir die Welt mit neuen und besseren Geschlecht! Überlassen wir den unbelehrbaren Teil der Menschheit seinem unabwendbaren Schicksal der fortschreitenden Entartung. Es wäre schade um die Zeit und Mühe, die man auf seine Besserung verwendet. ... Was Gott und die Natur verworfen hat, kann der Mensch nicht retten. ... So weht deutscher Geist in allen wahrhaft deutschen Geschlechtern, die immer einzelne Blüten und Blätter sind an der arischen Weltesche Nagdrasil. Denn während die jüdische Ausformung des Christentums um des eigenen Vorteils und des eigenen Seelenheils willen Vater und Mutter verlassen heißt, ... wussten unsere Vorfahren sich als Glieder eines Körpers, als Seele eines Geistes, sie liebten den „Nächsten", d. h. den Rasse- und Artgenossen wie ihr Selbst. ...So soll auch das Deutsche Geschlechterbuch mit an dem großen Werke schaffen, die Zerstreuten sammeln und Kunde geben von den vergangenen und lebenden deutschen Geschlechtern, auf denen die Zukunft

Deutschlands beruht, die den heiligen Gral sittlicher, deutschvölkischer Hochziele wahren helfen. Möge aus ihnen einst der Retter erstehen, der „Starke von Oben". Berlin N. W. 23, Winter-Sonnenwende 1919."

Führende Genealogen Europas vertraten in den 20er, 30er und 40er Jahren durchaus die Ansicht, dass Familienforschung einen wichtigen Beitrag zur Vererbungsforschung leisten könne.[12] Allerdings war die Bandbreite bei der Gewichtung dieses Aspektes sehr groß: Während etwa Forst de Battaglia den sozialgeschichtlichen Ergebnissen der Genealogie die weitaus größte Bedeutung einräumte, gehörte W. K. Prinz von Isenburg zu den ausgeprägten Rassenhygienikern, für den "Inzuchtvölker Charakter haben" und "mangelnde Einheit der Ahnen und damit der Erbmasse den Menschen schwächt".[13] Immerhin lehnte Isenburg die Tötung der "Minderwertigen" eindeutig ab[14]; vielmehr sei es Aufgabe des Staates, "Minderwertige in Anstalten zu sammeln".[15] Während Isenburg 1928 noch eine Höherwertigkeit der nordischen Rasse zurückwies[16], kam z.B. bei dem Aachener Professor Albert Huyskens 1935 in seinem Büchlein "Rheinische Familienkunde" neben der noch schärfer betonten Rassenhygiene die geistige Nähe zum hybriden nationalsozia-

---

12 Vgl. dazu die Literaturangaben bei O. Forst de Battaglia: Wissenschaftliche Genealogie. Bern 1947. S.254-257.

13 W. K. Prinz v. Isenburg (siehe Anm. 9), S.20-21.

14 "Die Tötung von Lebewesen, die nach Meinung bestimmter Menschen in irgendeiner Beziehung schädlich waren, hat noch nie geholfen, um das, was getroffen werden sollte, aus der Welt zu schaffen." Ebd. S.35.

15 Ebd. S.36.

16 "Jede Rasse hat ihren Wert für sich, eine nur durch sie allein zu erfüllende Aufgabe, ihre eigenen Höhen- und Tiefenmenschen". Ebd. S.21.

listischen Gedankengut kaum verhüllt zum Ausdruck: *"Über die engeren Kreise der familiengeschichtlich Interessierten hinaus ergreift dieses Interesse, von der Staatsführung mit dem Ziele einer rassischen Wiedergeburt geweckt, die Massen unseres Volkes... So stehen wir vor einem neuen Sinn der Familienkunde, der völkischen Bedeutung ihrer Pflege für die Zukunft unseres Volkes, das ohne Übertreibung wohl eines der wertvollsten der Erde genannt werden kann und das nach seiner Lebenskraft wie nach seinen Anlagen noch zu großen Aufgaben in der Zukunft berufen ist, als Teil der arischen Rasse, der Trägerin der Menschheitsentwicklung in den letzten Jahrtausenden. Um die arische Rasse von fremden Bluteinflüssen zu befreien und um sie zum alleinigen Herrn ihrer eigenen Geschichte und ihrer Entwicklung zu machen, ist der Nachweis der arischen Abstammung eingeführt."* [17]

für ihre ideologischen Zwecke missbrauchte, dies aber auch leicht tun konnte, da zahlreiche Erbforscher und Rassenhygieniker unter den Genealogen einen geeigneten Nährboden bereitet hatten. Letzteres geschah sicher nicht vorsätzlich, wenn auch nicht bestritten werden kann, dass zumindest einige führende, u.a. an Universitäten lehrende Genealogen nach 1933 offen die hybriden Rassegedanken der NSDAP unterstützten.

Die große Mehrzahl der Familienforscher, deren Zahl seit der Jahrhundertwende sprunghaft zugenommen hatte, verstand den Zusammenhang zwischen ihrem Hobby und der NSDAP-Ideologie aber nicht und war einfach froh darüber, dass ihre Tätigkeit durch die Organe der NSDAP aufgewertet und praktisch unterstützt wurde.

Mit dem Untergang der Diktatur der NSDAP endete der "rassenhygienische" Strang der Familienkunde. Nach 1945 versuchten dann Friedrich von Klocke (Münster) und Hermann Mitgau (Göttingen) an ältere sozialgeschichtliche Gedanken in der Tradition der 1904 gegründeten Leipziger "Zentralstelle für Deutsche Personen- und Familiengeschichte" anzuknüpfen [18].

Festzuhalten bleibt, dass die NSDAP die Familienforschung in Deutschland

---

[17] A. Huyskens: Rheinische Familienkunde (Rheinisches Volkstum. Schriften zur Einführung in die Volkskunde der Rheinlande. Hg. K. Meisen u. H. Naumann. 5.Heft). Düsseldorf (1935). S. 3 und 8. Albert Huyskens war Professor in Aachen und 1928-1947 Vorsitzender der Westdeutschen Gesellschaft für Familienkunde.

[18] Zu nennen sind hier die Namen Devrient, Heydenreich und Wecken.

Genealogie heute

Die heutige Situation der Genealogie in Deutschland lässt sich weitgehend durch eine Zweiteilung kennzeichnen: Einer sehr kleinen Gruppe von an Universitäten ausgebildeten, an der Anwendung von Genealogie interessierten Historikern stehen über 100.000 Freizeitforscher[1] gegenüber, die sich ihre Arbeitsmethoden fast immer autodidaktisch angeeignet haben.

An den **Universitäten** wird neuzeitliche Genealogie als eine der Historischen Hilfswissenschaften behandelt, meistens nur als Randbemerkung in einem Proseminar für Studienanfänger[2]. Selten gibt es eigene Vorlesungen zu diesem Thema.

Nur in Ausnahmefällen führen Studenten höheren Semesters genealogische Studien durch, zumeist als Grundlage sozialgeschichtlicher Arbeiten. Dabei beschränkt man sich aber fast immer auf - häufig völlig überholte und fehlerhafte! - Publikationen.[3] Derartige, auf umfangreichem statistischem Material aufbauende Studien zu einzelnen Bevölkerungsgruppen werden heute allgemein als Beiträge zur Erforschung neuzeitlicher Sozialstrukturen akzeptiert.[4]

Besonders zu erwähnen ist in diesem Zusammenhang die **Elitenforschung**, die seit den 60er Jahren durch die "Büdinger Vorträge" unter Mitwirkung des Instituts zur Erforschung historischer Führungsschichten[5] bekannt wurde.[6] Als Teil dieser Elitenforschung sind heute auch die vom Verlag C.A. Starke geförderten genealogischen Veröffentlichungen über den Adel[7], den Gelehrten- und Beamtenstand[8] sowie das höhere Bürgertum[9] zu verstehen. Als Autoren dieser Arbeiten finden sich nur selten Wissenschaftler; eher handelt es sich weit überwiegend um Spezialisten aus dem Kreis der Hobbyforscher.[10]

Als Hilfswissenschaft der Geschichtsforschung ist Genealogie also allgemein anerkannt. In diesem Sinne gesteht man ihr zu, Ergebnisse zu erzielen, die objektiv anzuerkennen sind und als Mosaiksteine eines umfangreichen Geschichtsbildes dienen können.

---

[1] Alleine in den genealogischen Vdereinen sind etwa 20.000 Familienforscher organisiert.

[2] Dabei wird in der Regel auf das sehr gute Büchlein "Werkzeug des Historikers" von A. v. Brandt (Urban TB 33; z.B. 10. Aufl. Stuttgart 1983; S.39-47 mit umfangreicher Literatur) verwiesen.

[3] So benutzte z.B. A. Winterling im biographischen Teil seiner Untersuchung "Der Hof der Kurfürsten von Köln 1688-1794 - Eine Fallstudie zur Bedeutung "absolutistischer" Hofhaltung" (Bonn 1986. Veröff. d. Hist. Vereins für den Niederrhein insbesondere das Alte Erzb. Köln 15) noch die Arbeiten von Fahne und Kneschke. Eine detaillierte Analyse der Sozialstruktur der Hofbeamtenschaft war damit natürlich ausgeschlossen, doch lag das Schwergewicht dieser Arbeit auch nicht auf diesem Gesichtspunkt.

[4] Bei Neuzeithistorikern gut bekannt sind die Untersuchungen zur Sozialstruktur von Geheimratskollegien. Aus jüngster Zeit ist auch die Studie von U. Bölken (Universität Düsseldorf) über die Kleriker zu Kaiserswerth zu nennen.

[5] Heute Teil der Friedrich-Wilhelm-Euler-Stiftung in Bensheim. Kontaktadresse für Genealogen ist die Friedrich-Wilhelm-Euler-Gesellschaft für personengeschichtliche Forschung, Bensheim.

[6] Es sei hier exemplarisch auf den Band 12 der Reihe "Deutsche Führungsschichten in der Neuzeit" (Eine Zwischenbilanz. Büdinger Vorträge 1978. Hg. H.H. Hofmann und G. Franz. Boppard a.Rh. 1980) verwiesen.

[7] Insbesondere durch das Adelslexikon und das Genealogische Handbuch des Adels.

[8] Die Zeitschrift "Archiv für Familiengeschichtsforschung" enthält überwiegend Arbeiten zu diesem Personenkreis.

[9] Im Deutschen Geschlechterbuch.

[10] Deutlich zu erkennen ist dies an der rein deskriptiven, nicht analysierenden Form der Arbeiten.

Die Geschichtswissenschaft ist aber derart umfangreich geworden, dass sich immer wieder Teile davon lösen und mehr oder weniger als eigenständige Wissenschaften gelten: Wirtschafts-, Sozial- und Wissenschaftsgeschichte sind bekannte Beispiele. Eine derartige Verselbständigung setzt aber neben einer hinreichenden Quantität des Forschungsgegenstandes auch qualitative Merkmale voraus, insbesondere fachspezifische Methoden und Modellbildungen. In dieser Hinsicht liegen für die Genealogie in den letzten 50 Jahren keine nennenswerten wissenschaftstheoretischen Ansätze vor.

So stellte der Kulturhistoriker Alfred Schröcker 1977 über die Genealogie fest: "Es handelt sich um einen Zweig der Geschichtswissenschaft, in dem man wenig über Grundlagen, Voraussetzungen und Probleme nachgedacht hat, soweit sie mit Ziel und Zweck dieser Wissenschaft zusammenhängen. Die wissenschaftlich betriebene Genealogie hat ihre eigene Geschichte noch kaum zum Thema gemacht. Bisher wurde die Geschichte der Genealogie in der Hauptsache durch Wilhelm Karl Prinz von Isenburg zwischen 1928 und 1940 monographisch behandelt. Das Handbuch der Genealogie von 1972 geht der eigenen Wissenschaftsgeschichte wieder fast ganz aus dem Weg." [11]

Die breite Masse genealogischer Forschungen erfolgt als **Freizeitbeschäftigung** von Personen nahezu aller Alters- und Berufsgruppen. Die meisten der dabei erzielten Ergebnisse gehen wieder verloren, da die von dem Hobbyforscher gesammelten Unterlagen nach dessen Tod von den Verwandten nur selten aufgehoben werden. In relativ wenigen Fällen kommt es zu einer Veröffentlichung, etwa in genealogischen Buchreihen, in Zeitschriften oder in Form von Privatdrucken. Die Qualität dieser publizierten Ergebnisse ist trotz ihrer rein deskriptiven Form relativ hoch, da fast immer wertvolle lokale oder berufsständische Einzelstudien, also Beiträge zur „Mikrogeschichte" gemacht wurden.

Unabhängig von diesem objektiven Wert der Hobbyforschung ist dessen psychologische Bedeutung für den einzelnen Forscher nicht zu unterschätzen. Er erfährt Geschichte ganz persönlich „von unten" und versteht sich selbst als Teil eines historischen Prozesses. Angesichts der zunehmenden Individualisierung der Gesellschaft sollte dieser Aspekt nicht unterschätzt werden.

Zwischen den beiden an Genealogie interessierten Gruppen - Hochschul-Akademiker und Freizeitforscher - gibt es heute kaum noch eine Verbindung. Insbesondere fehlt es seit 40 Jahren an Persönlichkeiten, die wissenschaftskritisch über Familienforschung arbeiten. Dennoch ist es naheliegend, Genealogie heute insgesamt als einen wesentlichen Teil der Sozialgeschichtsforschung anzusehen. Die Familie war und ist in allen Kulturen die grundlegende gesellschaftliche Struktur und zwar unabhängig davon, dass sie als solche bei uns heute teilweise in Frage gestellt wird.

---

[11] A. Schröcker: Die deutsche Genealogie im 17. Jahrhundert zwischen Herrscherlob und Wissenschaft. Unter besonderer Berücksichtigung von G.W. Leibniz. Archiv für Kulturgeschichte 59 (1977) S.426-444. Hier S.426.

I	Karl der Große, Kaiser (742?-814), 768/71-814 König der Franken, 800 Kaiser.
II	Ludwig I. (778-840), 814-840 König der Franken, Kaiser.
III	Karl II. (823-877), 843-877 König in Westfranken, 875 Kaiser.
IV	Ludwig II. (846-879), 877-879 König in Westfranken.
V	Karl III. (879-929), 898-923 König in Westfranken.
VI	Ludwig IV. (920/21-954), 936-954 König in Westfranken.
VII	Mathilde von Frankreich (943-ca.985), oo Konrad II., König von Burgund.
VIII	Gerberga von Burgund (ca. 965-nach 1010), oo Hermann, Graf von Altena-Werl.
IX	Bernhard I. (ca. 982-1030/50), Graf von Werl-Hövel. Schwager Kaiser Konrads II.
X	Ida von Werl-Hövel (ca. 1030-...), oo Heinrich Graf von Laufen.
XI	Adelheid von Werl-Hövel-Laufen (ca. 1050-...), oo Adolf I. Graf von Berg.
XII	Adolph II. (ca. 1080-1160), ca. 1115-1160 Graf von Berg, ab ca. 1120 von Hövel.
XIII	Eberhard (ca. 1120-1180), ab 1161 Graf von Altena.
XIV	Arnold (1160-1209), Graf von Altena.
XV	Friedrich II. Graf von Altena (ca. 1195-1226), Mörder des Engelbert von Berg.
XVI	Dietrich I. Edelherr zu Limburg (ca. 1215-1300).
XVII	Johann I. Edelherr zu Limburg (ca. 1235-1275).
XVIII	Dietrich II. Edelherr Limburg (ca.1260-1310).
XIX	Dietrich III. Edelherr zu Limburg (ca. 1280-1365).
XX	Eberhard I. Edelherr zu Limburg (ca. 1300-1345).
XXI	Johann II. (ca. 1335-1410), Edelherr zu Limburg und Hardenberg.
XXII	Bela v. Limburg (ca. 1360-1430), oo Ritter Wilhelm Quad zu Vorst.
XXIII	Lutter Quad zu Vorst und Hardenberg (ca. 1390-1470), Ritter.
XXIV	Wilhelm Quad (ca. 1425-1480), Ritter.
XXV	Adolph Quad zu Isengarten (ca. 1445-1509), Vogt zu Windeck und Blankenberg.
XXVI	Wilhelm Quad von Isengarten (ca. 1480-1545), Amtmann zu Homburg.
XXVII	Johann Quad von Isengarten (ca. 1535-1609) zu Niederzielenbach.
XXVIII	Christina M. Quad (ca. 1590-1650), oo Gottfried von Langenberg, Amtsverwalter.
XXIX	Thomas Gottfried Langenberg zu Brenzingen (ca. 1625-1680).
XXX	Hubert Langenberg zu Brenzingen (ca. 1660-1720), Amtsverwalter.
XXXI	Maria Catharina Langenberg (ca. 1705-1765), oo Adolph Baum zu Brenzingen.
XXXII	Maria Anna Baum (1736/37-1796), oo Joh. Peter Rossenbach, Tuchhändler.
XXXIII	Albertine Rossenbach (1781-1842), oo Ignatz Peter Schmitz, Schenkwirt.
XXXIV	Constantin Schmitz (1821-1844), Schreiber zu Waldbröl.
XXXV	Heinrich Schmitz (1842-1890), Rechtskonsulent zu Waldbröl.
XXXVI	Anna Schmitz (1869-1935), oo August Burghardt, Schmiedemeister.
XXXVII	Franz Burghardt (1906-1973), Elektromeister zu Waldbröl-Ziegenhardt.

Soziale Mobilität

Besonders beliebt ist bei vielen Familienforschern der Nachweis einer Abstammung von Karl dem Großen. Ist erst einmal ein "kleiner" Adliger in der Ahnentafel nachgewiesen, beginnt man damit, in der einschlägigen Literatur nach Veröffentlichungen über Adelsfamilien zu suchen. So entsteht schnell ein **Deszent zu Karl dem Großen**, das ist ein Auszug aus der Ahnentafel, in dem nur die Personen aufgeführt sind, die die Verbindung zwischen dem Probanden und dem 814 in Aachen verstorbenen Kaiser herstellen. Neben dem links aufgeführten Beispiel findet man immer wieder Veröffentlichungen dazu, z.B. im DFA 87 (1984), S.263-270.

Die sehr problematischen Quellenlage im Hochmittelalter und zahlreiche Fehler in der Literatur zu Adelsfamilien werfen im Einzelfall natürlich berechtigte Fragen an der Zuverlässigkeit solcher weitreichender Deszente auf. Dennoch sind sie sozialgeschichtlich durchaus interessant. Man kann daran nämlich den sozialen Abstieg einzelner Gruppen erkennen, die am Ende ihre Töchter mit Mitgliedern der nächstniedrigen Gruppe verheiraten, wie es auch an dem links wiedergegebenen Beispiel erkennbar ist:

Bei den Personen der Generation I bis VIII handelt es sich um Mitglieder von **Herrscherfamilien**, I – VI waren Karolinger, VII und VIII Frau und Tochter eines burgundischen Königs.

Die Personen IX bis XXII gehören zu den **Dynasten**, also Geschlechter, die bereits im Hochmittelalter als Grafen erscheinen, zunächst in reiner königlicher Verwaltungsfunktion, dann im 12. und 13. Jahrhundert als zunehmend unabhängige Gebietsherren, die nur dem König als ihrem Lehnsherren unterstanden. Der unter XV genannte Friedrich Graf von Al-

tena verlor als Mörder des hl. Engelbert, Erzbischof von Köln, seine Lehen, so dass seine Nachfahren (v. Limburg) nur mehr „Edelherren" waren. Bei der Durchsetzung ihrer Hoheitsrechte bedienten sich die Dynastenfamilien kräftiger Männer aus den Reihen ihrer Abhängigen, „Ministeriale" genannt, die in Spätmittelalter und Frühneuzeit den „**Uradel**" bildeten. Dazu gehörte die überwiegend sehr wohlhabende Familie Quad. Durch Erbteilung und Familienzwist verarmte der Zweig der Quad zu Isengarten, so dass Christina Margaretha (XXVIII) nur noch einen steuerfreien adligen Hof besaß.

Die Generationen XXIX bis XXXVI gehören zu den bürgerlichen **Beamtenfamilien**, anfangs als lokal führende Persönlichkeiten (Langenberg/Baum, vgl. S. 54), dann als Gerichtsschreiber. Ehemann und Sohn von XXXVI waren **Handwerksmeister**, die in ihrem Umfeld keine sozial herausragende Stellung besaßen.

Derartige Deszente geben zwar nur einen sozialen Abstieg wieder, doch setzt jeder Wechsel in der Sozialschicht auch immer einen vorhergehenden Aufstieg der nächstniedrigeren Schicht voraus. Im Beispiel also die Grafen von Werl, die Quad und die Langenberg, die jeweils ein **Konnubium** mit der höheren Schicht erreichten.

Die Datenbank WW-Person von H. Stoyan (Universität Erlangen-Nürnberg), die die adligen Nachkommen Karls d. Gr. bis etwa 1100 umfasst, ist auf CD-ROM (Verlag Degener) oder im Internet zugänglich, z. B. über familiengeschichte.de, wo man auch Literatur zum nebenstehenden Deszent findet.

Affinitätstafel Hompesch

Herm. Phil.
v.HOMPESCH

Anna v.   Johann   Wilhelm v.
HOMPESCH   Friedrich   WINKELHAUSEN
oo Theod.   v.HOMPESCH
v.SYBERG

Hermann   Wilhelm   Ludger   Anna Elis.   Johann
Dietrich Degenhard v.WIN-   v.WINKEL- Wilhelm
v.SYBERG v.HOMPESCH KEL-   HAUSEN oo v.WIN-
                       HAUSEN Joh. Wilh. KEL-
                               v.HUGENPOET HAUSEN
                               Oberhofmstr. Kanzler

. . . .

Arnold   **Karl**   Anna oo Johann Phil.   **Konst.** Johanna
Christoph **Kaspar** Maria | Wilh. Wilh. **Erasm.** Maria v
v.BYLAND **v.HOM-** v.HOM- | v.WIN- v.HU- **v.HU-** WINKEL-
          PESCH PESCH | KEL-   GEN-   **GEN-** HAUSEN
          oo Anna   HAUSEN POET   **POET** oo Arn.
          Cath.   HR-   v.WACH-
          v.d.   Präs.   TEN-
          HORST —   DONCK

Joh.   Isab. oo **Johann** **Franz**   **Wilhelm**
Franz   v.BY- | **Wilh.** **Arnold**   **Adolph**
v.BY-   LAND | **v.HOM-** **v.WINKEL-**   **Bertram**
LAND | **PESCH** **HAUSEN**   **v.WACH-**
                                         TEN-
                                         DONCK

Franz Carl Josef
v.HOMPESCH
Kanzler, Minister

. . . .

in 1.Ehe oo —
Phil.Wilh. v.HARFF

Werner Friedrich   **Andreas Joh. Heinr.**
v.HARFF   **STAEL v.HOLSTEIN**

Alfons Damian   oo   Antonetta Felicitas
Hyacinth v.HARFF   STAEL v.HOLSTEIN

Vergleichende Genealogie

Durch den Vergleich der Entwicklung mehrerer Familien werden **Sozialstrukturen** offenbar, die weder durch zeitgenössische Quellen noch durch Studien über einzelne Personen oder Familien nachweisbar sind. Damit überschreitet die Genealogie den für den Hobbyforscher allein interessanten Rahmen des Individuums oder seiner Familie. Über detaillierte genealogische Studien der einzelnen Familien hinaus muss auf breiter Basis **statistisch** gearbeitet werden, um Aussagen über den **Typus von Personengruppen** machen zu können. Kenntnisse aus der Wirtschafts- und Sozialgeschichte sind daher unerlässlich.

a) Verwandtschaftstafel

Bei vielen historischen und sozialgeschichtlichen Untersuchungen interessiert man sich für die Verwandtschaft einer Person im weiteren Sinne: Nicht nur die Blutsverwandten, sondern auch die Angehörigen der eingeheirateten Familien sind zu beachten, um das historisch-genealogische Umfeld eines Probanden zu bestimmen. Dies geschieht in Form einer **Affinitätstafel**, die theoretisch alle Konsanguinitätstafeln der eingeheirateten Personen, dann die Konsanguinitätstafeln der dort eingeheirateten Personen usw. umfasst. Man beschränkt sich in der Praxis allerdings nur auf kleine, zeitlich begrenzte Ausschnitte, die zudem nur bis zu einem gewissen Verschwägerungsgrad reichen, da zeitlich oder bzgl. des Verwandtschaftsgrades weit entfernte Personen nur selten noch zu dem Personenkreis zu rechnen sind, der das Leben des Probanden beeinflusste. Sicher gehören zu einer solchen Affinitätstafel die Eltern, Großeltern, Geschwister, Onkeln und Tanten 1. Grades, die Ehefrau und deren entsprechende nahe Verwandtschaft sowie die Kinder. Auch das nahe Umfeld von Schwager oder Schwägerin kann sehr wichtig sein, ebenso Vettern und Cousinen sowie Onkeln und Tanten 2. Grades. Allerdings beschränkt man sich auch hier auf Personen, die aufgrund ihres Berufes, ihrer Bildung oder ihres Besitzes für den Probanden wahrscheinlich von Bedeutung gewesen sind.

Auf der linken Seite ist eine Affinitätstafel des jülich-bergischen Geheimen Rates Karl Kaspar von Hompesch (* um 1670, + 1741) zusammengestellt[1], in der die fettgedruckten Personen ebenfalls jülich-bergische Geheime Räte kennzeichnen. Man erkennt, dass zwar unter den Vorfahren keine höheren Beamten zu finden sind, wohl aber waren ein Onkel (v. Syberg), ein Onkel seines Schwagers (v. Winkelhausen) und ein Vetter dieses Schwagers (von Hugenpoet) Geheime Räte. Deutlich ist auch in der folgenden Generation die Häufung von Spitzenbeamten zu erkennen, so dass es nicht verwundert, wenn aus diesem Umfeld mit Franz Carl Josef v. Hompesch am Ende des 18. Jahrhunderts ein kurpfalzbayerischer Minister hervorging.

Alle Blutsverwandten einer Person werden in ihrer **Konsanguinitätstafel** erfasst, die neben der eigenen Nachfahrentafel alle Nachfahrentafeln der Vorfahren umfasst. Zu jedem Ehepaar der Ahnentafel ist also dessen Nachkommenschaft zu untersuchen. Eine nennenswerte Bedeutung hat die Konsanguinitätstafel aber nicht.

---

[1] F. J. Burghardt, Die Geheimen Räte der Herzogtümer Jülich und Berg 1692-1742. Meschede 1992, S. CCVII.

1	**Kleopatra VII., 57-30 Königin von Ägypten (* 69 v. Chr., + 30 v. Chr.)**
2	Ptolomaios XII., 80-51 König von Ägypten (* um 110, + 51)
3	Kleopatra VI, (+ um 69)
4	Ptolomaios IX, 116/115-80 König von Ägypten (* um 143, + 80)
5	Kleopatra V.
6	= 4
7	unbekannt (illegitim)
8	Ptolomaios VIII., 170-116/115 König von Ägypten
9	Kleopatra III. (* um 155, + 101)
10	= 8
11	= 9
12	= 8
13	= 9
14	unbekannt
15	unbekannt
16	Ptolomaios V., 204-180 König von Ägypten (* 210)
17	Kleopatra I., 180-176 Königin von Ägypten
18	Ptolomaios VI., 170-145 König von Ägypten (* 186)
19	Kleopatra I. (* um 185, + um 116)
20	= 16
21	= 17
22	= 18
23	= 19
24	= 16
25	= 17
26	= 18
27	= 19
28	unbekannt
29	unbekannt
30	unbekannt
31	unbekannt
32	Ptolomaios IV., 221-205 König von Ägypten
33	Arsinoe, Schwester von 32 (* um 204)
34	Antiochos III., 223-187 König von Syrien (* 242)
35	Laodike, Tochter des Königs Mithridates II. von Pontos
36	= 16
37	= 17
38	= 16
39	= 17
40	= 32
41	= 33
42	= 34
43	= 35
44	= 16
45	= 17
46	= 16
47	= 17

b) Ahnengleichheit

Jedem fortgeschrittenen Familienforscher ist das Phänomen des "Ahnenverlustes", besser Ahnengleichheit genannt, bekannt: Auch wenn man nicht an die Abstammung aller Menschen von Adam und Eva glaubt, so zwingt doch die immer nur begrenzt gewesene Erdbevölkerung (vor 1850 wohl weniger als 1 Milliarde) zu der Erkenntnis, dass in jeder Ahnentafel früher oder später Ehen zwischen Blutsverwandten wenn auch nicht unbedingt nachweisbar so doch prinzipiell vorhanden sein müssen. Wäre dies nicht der Fall, so müssten in der um 800 n.Chr. lebenden 35. Vorfahrengeneration bereits 2^{35}, also über 34 Milliarden Menschen gelebt haben! Nebenstehend ist die Ahnenliste der ägyptischen Königin Kleopatra (+ 30 v.Chr.) abgebildet, die den wohl stärksten bekannten Ahnenverlust aufweist. In der umseitigen, von dem Genealogen O. Forst-Battaglia zusammengestellten Tabelle werden die **tatsächlichen Ahnenzahlen**[1] mit der theoretischen Ahnenzahl[2] verglichen. Dabei fällt zunächst auf, dass eine ähnlich starke Ahnengleichheit wie bei Kleopatra auch bei dem Seleukidenkönig Antiochos X. zu verzeichnen ist. Dies belegt die historische Feststellung, dass die Diadochen-Nachfolger, die das von Alexander dem Großen eroberte Perserreich unter sich aufgeteilt hatten, Ehen mit sehr nahen Verwandten bevorzugten, um ihre auf eine kleine griechische Schicht gestützte Herrschaft nicht durch weitreichende Erbansprüche anderer, evtl. einheimischer Familien zu gefährden. Ebenso konnte auf diese Weise die gegenseitige Beistandspflicht unterstrichen werden. Zugleich aber ist es ein Hinweis auf die kulturhistorisch interessante Tatsache, dass sich Geschwisterehen während der Ptolomäerzeit in Ägypten auch in der Bevölkerung als rechtmäßig angesehen wurden.

Vergleicht man weiter die tatsächlichen Ahnenzahlen der Herrscher aus dem europäischen Hochadel, so stellt man eine starke Ähnlichkeit fest: In der 10. Vorfahrengeneration liegt sie bei etwa 300 +/- 50, was in bezug auf die theoretische Ahnenzahl von 1024 einem Ahnenverlust (absolutem **Implex**) von etwa 65-75% entspricht[3], ein deutlicher Ausdruck dafür, dass der Hochadel schon aus Standesgründen darauf achtete, "unter sich zu bleiben". Dies unterscheidet sich signifikant von einer typischen bürgerlichen Ahnentafel, für die in der Tabelle in der 10. Vorfahrengeneration ein Ahnenverlust von ca. 10% ausgewiesen ist. Außerhalb des Adels sind nämlich in der Ahnenforschung die ersten Ehen zwischen Blutsverwandten im 18. Jahrhundert, also etwa in der 6.-8. Vorfahrengeneration zu erwarten.[4]

---

[1] Anzahl der verschiedenen Ahnen in einer Vorfahrengeneration.

[2] Verdopplung mit jeder weiter zurückreichenden Vorfahrengeneration.

---

[3] Neben dem "absoluten Implex" verwendet man auch den "relativen Implex", bei dem nicht auf die theoretische Ahnenzahl bezug genommen wird, sondern auf eine aufgrund der vorhergehenden tatsächlichen überhaupt mögliche. Beispiel: Kaiserin Maria Theresia hatte in der 6. Vorfahrengeneration 50 verschiedene Vorfahren, so dass in der 7. Vorfahrengeneration 100 verschiedene Vorfahren möglich gewesen wären; sie hatte aber nur 74, was einem relativen Implex von 26% entspricht. Der absolute Implex in dieser Generation liegt bei 42%, da von den theoretisch 128 Ahnen 54 fehlen. Ein annähernd konstanter relativer Implex von ca. 25% ab der 4. Vorfahrengeneration ist typisch für den europäischen Hochadel.

[4] Bei ethnischen und religiösen Minderheiten kann dies aber auch früher und in stärkerem Umfang vorliegen.

Wirkliche Ahnenzahl — Generationen I–XVII

Generation	I	II	III	IV	V	VI	VII	VIII	IX	X	XI	XII	XIII	XIV	XV	XVI
Theoretische Ahnenzahl	2	4	8	16	32	64	128	256	512	1024	2048	4096	8192	16384	32768	65536
König Antiochos X. Eusebes von Syrien † 92	2	4	6	6	10	15	24									
König Ludwig IX. der Heilige von Frankreich	2	4	8	16	30	55	103	184	344	665						
Kaiser Karl IV.	2	4	8	16	32	60	131	175	206							
Die Kinder König Eduards III. von England	2	4	8	14	28	49	83	133	153							
Herzogin Isabella von Lothringen	2	4	8	16	30	58	86	190								
König Karl VIII. von Frankreich	2	4	8	16	28	47	88	130								
Kaiser Karl V.	2	4	8	16	22	41	75	142	252	456	874	1609				
König Heinrich IV. von Frankreich	2	4	8	16	30	58	149	253	437							
König August der Starke von Polen	2	4	8	14	23	39	74	122	196	302	499					
König Friedrich der Grosse von Preussen	2	4	6	10	18	35	52	118	201	357	627	1108				
Kaiserin Maria Theresia	2	4	8	16	26	30	74	113	158	238	351	369				
Grossherzog Karl Friedrich von Baden	2	4	8	16	26	46	46	101	155	244	405	671				
Kaiser Wilhelm II.	2	4	8	14	24	44	73	115	178	256	329	498				
König Wilhelm II. von Württemberg	2	4	6	10	20	34	66	108	161	205	273	456				
Erzherzog Franz Ferdinand von Österreich	2	4	8	12	18	30	58	101	174	234	341	526	852	1514	2650	4200
Kronprinz Ruprecht von Bayern	2	4	8	16	26	40	74	122	201	269	353	575	971	1697		
König Alfons XIII. von Spanien	2	4	4	6	8	16	28	51	70	111						
König Georg VI. von England	2	4	8	16	26	47	88	147	244	400						
König Leopold III. der Belgier	2	4	8	16	30	56	100	190	342	588						
Graf Heinrich von Paris (Henri VI.)	2	4	6	8	16	22	38	68	102	181	255	355	546			
Kronprinzessin Juliane der Niederlande	2	4	8	16	30	48	81	132	208	357						
Prinz Karl Wilhelm zu Isenburg	2	4	8	16	28	86	86	159	245	365	500	767	1233			
Kinder Scheibler	2	4	8	16	30	60	116	226	452	902						

Vergleich des "Ahnenverlustes" in fürstl. Häusern

c) Typisierung gesellschaftlicher Gruppen

Die Gesellschaft vor 1800 wird allgemein unterteilt in Adel, Geistliche und Bürger, die auch als Erster, Zweiter und Dritter Stand bezeichnet werden. Als solche bildeten sie auch die landständischen Fraktionen in zahlreichen deutschen Landtagen. Keiner dieser drei Stände wies allerdings eine homogene Sozialstruktur auf. So zerfallen beispielsweise die "Bürger" unabhängig von ihren Berufen als Beamte, Kaufleute, Handwerker oder Bauern sozial in:

Haus- und Grundbesitzer:
- eines schatzbaren Gutes: Steuerlisten geben Auskunft über die Größe des Besitzes; in den Protokollen der untersten Gerichtsinstanz können Angaben über Kauf, Verkauf und Tausch vorkommen. In Köln ist besonders auf die Schreinsbücher hinzuweisen;
- eines schatzfreien Gutes: Über die Herkunft solcher Güter, z.B. Erbschaft oder Kauf, bzw. über die Entstehung der Schatzfreiheit liegen durchweg präzise Angaben seit etwa 1500 vor.
Pächter (Halfe, Halfmann, Halfwinner, villicus u.ä.; grundsätzlich muss zwischen Erbpacht und Zeitpacht unterschieden werden):
- eines adligen Hofes: Die Archive der Adelsfamilien enthalten häufig ausführliche Angaben über Pächter, Pachtabgaben, Kauf, Verkauf etc.;
- eines bürgerlichen Hofes: Unterlagen sind nur noch selten vorhanden;
- eines geistlichen Hofes: Handelt es sich um den Besitz eines Klosters oder eines Stiftes, so enthalten die zuständigen Archive häufig brauchbares Material. Ist der Hof dagegen Eigentum einer Kirchengemeinde, so sind die in den Pfarrarchiven auffindbaren Unterlagen meist nur sehr spärlich.

Abhängige (Tagelöhner, Knechte, Brinksitzer u.ä.):
Wegen der in großen Teilen West- und Südwestdeutschlands vorherrschenden Realteilung des Grundbesitzes bei Vererbung ist dieser Personenkreis, über den kaum Angaben zu erhalten sind, zwischen 1500 und 1800 in dieser Region relativ unbedeutend.

Ein wesentlicher Aspekt moderner Geschichtsforschung besteht nun darin, für eine gegebene, ständisch, beruflich oder anders abgrenzbare Personengruppe möglichst viele für diese Gruppe charakteristischen Eigenschaften herauszuarbeiten. Umgekehrt kann auch die Feststellung mehrerer solcher Merkmale gerade erst die Berechtigung dafür liefern, von einer sozial abgrenzbaren Gruppe zu sprechen. Dabei kann die Genealogie einen ganz wesentlichen Beitrag liefern, da sie die Grundlagen liefert für eine über mehrere Generationen reichende Entwicklung.

Besonders das Entstehen, die Entwicklung und das Verschwinden sozial klar abgrenzbarer Gruppen im historischen Kontext war in den letzten 30 Jahren wesentlicher Gesichtspunkt bei der **Elitenforschung**. Deren Ergebnisse wurden u. a. in den "Büdinger Vorträgen" vorgestellt und dann in den bei C. A. Starke erschienenen Bänden "Deutsche Führungsschichten in der Neuzeit" (Adel, Patriziat, Gelehrte, Beamte, Pfarrer, Führungskräfte der Wirtschaft, Bankherren und Bankiers) in Zusammenarbeit mit dem Institut zur Erforschung historischer Führungsschichten publiziert.

9. Jh.: Als Beamte des karolingischen Königshauses üben Grafen in ihren Gauen Beamtenfunktionen aus. In der Regel verfügen diese Grafen über größeren Grundbesitz.

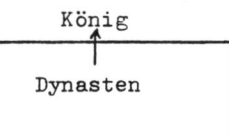

11. Jh.: Aus den Grafenfamilien der Karolingerzeit haben sich teilweise mächtige Dynastenfamilien gebildet, die neben Immobilien auch Rechte besitzen. Sie wählen aus ihrer Mitte den deutschen König.

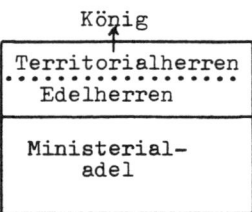

13. Jh.: Ein Teil der Dynasten konnte sich als Territorialherren etablieren, ein anderer Teil nicht (Edelherren). Territorial- und Edelherren bilden als Dynasten eine genealogisch einheitliche Gruppe, klar getrennt von der Gruppe der in ihren Diensten und in den Diensten geistlicher Herren stehenden Ministerialadligen, die sich aus dem Verwaltungs- und Militärapparat herausbildet.

16. Jh.: Die Schicht der Edelherren ist verschwunden, teils ausgestorben, teils im Ministerialadel aufgegangen. Der Ministerialadel bildet zwar formal noch einen einheitlichen Block, jedoch sind die Besitz- und damit Machtverhältnisse der einzelnen Familien sehr unterschiedlich. Einigen wenigen gelang es, reichsunmittelbare Herrschaften zu erwerben, ohne aber genealogischen Anschluss an die Territorialherren finden zu können. An der Schwelle zum Adel liegt die Schicht der Dienstreiter.

18. Jh.: Während die Gruppe der Territorialherren weiterhin ein einheitlicher Block ist, zerfällt die der Ministerialadligen durch Standeserhöhungen in mehrere, genealogisch scharf abgrenzbare Teile. Bei einigen Familien des "niederen Adels" kann es vorkommen, dass einzelne Familienzweige nicht mehr dem Adel zugerechnet werden. Neben dem alten Ministerialadel (Uradel) erscheint nun auch der durch Standeserhöhungen aus dem Bürgertum entstandene Briefadel.

Sozialgeschichtlich gesehen spielte das aufstrebende Bürgertum in der für die neuzeitliche Familienkunde besonders interessanten Zeit (17.-19. Jh.) eine herausragende Rolle, zunächst als Beamte, dann zunehmend auch als Wirtschaftsunternehmer. Die Möglichkeit der juristisch geschulten und daher für die Verwaltung gut verwendbaren bürgerlichen **Beamtenfamilien**, nach einigen Generationen in die Spitzenpositionen der Verwaltung vorzudringen, um dort nobilitiert zu werden, ist sozialgeschichtlich ein äußerst wichtiges Phänomen im Disziplinierungsprozeß während der Genese des frühneuzeitlichen Staates.[1]

Dass die führenden Beamtenfamilien eines Territoriums häufig eng miteinander versippt waren, war spätestens seit der Untersuchung *Familienforschung und Sozialgeschichte* von H. Mitgau (1931) durchaus bekannt, doch folgte erst nach dem Krieg eine Reihe von Einzelstudien. Dabei spielt neben der detaillierten genealogischen Analyse eine solche von Karriere, Einkünften und Besitz eine wesentliche Rolle.[2]

Ebenso ist die Entwicklung des **Adels** in seinen unterschiedlichen Ausprägungen (Dynasten, Ministerialadel, Briefadel) naturgemäß von besonderem sozialgeschichtlichem Interesse. Wegen der i.a. umfangreichen Quellen liegen aber nur ansatzweise ein ganzes Territorium betreffende Strukturanalysen vor, so z.B. für die westfälischen Dynasten[3].

Der Überblick auf der linken Seite kann nur eine grobe Skizze sein. Während der Briefadel im 18. Jahrhundert im Rahmen der Forschungen über Beamtenfamilien gut bearbeitet ist, fehlt bislang jede brauchbare Analyse des - besonders in Westdeutschland - sozial extrem heterogenen Uradels jener Zeit. Nur ansatzweise bearbeitet ist auch die Frage, in welchem Umfang und in welcher Weise Adelsfamilien bzw. Zweige davon ihren Stand verlieren konnten, oder umgekehrt, ob im 16. Jahrhundert noch die Möglichkeit bestand, durch den militärischen Einsatz als Reiter mit eigenem Pferd und Harnisch in den Adelsrang aufzusteigen (Dienstreiter).[4]

---

[1] Hier sei verwiesen auf die den historischen Kontext berücksichtigende Darstellung von J. Kunisch: Absolutismus. Europäische Geschichte vom Westfälischen Frieden bis zur Krise des Ancien Régime (Göttingen 1988).

[2] Vgl. Anm.1 (mit umfangreicher Literatur).

[3] O. Forst-Battaglia: Vom Herrenstande, Hefte I-II (Leipzig 1916 und 1915)

[4] Dazu etwa O. Gerhard (Zur Geschichte der rheinischen Adelsfamilien. Die adeligen Sitze im Amte Windeck. Düsseldorf 1925) und F.J. Burghardt (Dienstreiter des Amtes Blankenberg und ihre Sattelgüter im 16. Jahrhundert. In: Heimatblätter des Rhein-Sieg-Kreises, 54.-55.Jg. 1986/87, S.162-176).

ANHANG

Zivilstandsregister im Rheinland

In Teil I (S.31) wurde bereits auf die im Rheinland seit dem Beginn des 19. Jahrhunderts vorhandenen Zivilstandsregister hingewiesen. Sie bilden in diesem Raum eine erstklassige Forschungsmöglichkeit für Genealogen, da sie durch **Dezennaltabellen** (10-Jahres-Register) alphabetisch erschlossen sind und sehr detaillierte Angaben über Geburt, Heirat und Tod enthalten. Diese noch auf französischem Recht basierenden Urkunden sind ausführlicher als die späteren (ab 1876) nach dem reichseinheitlichen deutschen Recht.

Geburtsurkunden nennen neben Zeitpunkt und Ort der Beurkundung sowie dem Namen des Standesbeamten zunächst den Namen der die Geburt anzeigenden Person (meistens auch deren Beruf, Wohnort und Alter), die in der Regel der Vater des Neugeborenen ist, sodann Tag, Ort und Uhrzeit der Geburt sowie die Namen der Eltern des Kindes. Schließlich folgen Angaben zur Person zweier Zeugen der Beurkundung.

Auch die **Heiratsurkunde** beginnt mit Zeitpunkt und Ort der Beurkundung sowie dem Namen des Standesbeamten; es folgen detaillierte Angaben zur Person der Brautleute (Name, Alter, Geburtsort, Beruf, Wohnort, Eltern mit Beruf), dann präzise Angaben darüber, womit das Alter der Brautleute belegt wurde (Tauf- oder Geburtsurkunde) und, falls ein Elternteil verstorben ist, womit dieser Tod belegt wurde. Diese Unterlagen sind häufig noch in sogenannten **Beiakten** erhalten, die in den Archiven eingesehen werden und durchaus über die Heiratsurkunde hinausgehende Informationen enthalten können. Nach der Erklärung, daß die Brautleute nunmehr gesetzlich verheiratet sind, folgen Angaben zur Person von vier Zeugen, wobei es sich meistens um Verwandte, Freunde oder Nachbarn handelt.

In der **Sterbeurkunde** folgen nach Zeitpunkt und Ort der Beurkundung sowie dem Namen des Standesbeamten zunächst zwei anzeigende Personen mit Alter, Beruf, Wohnort und Beziehung zum Verstorbenen (Verwandter, Freund, Nachbar u.ä.), dann Zeitpunkt und Ort des Sterbefalles und schließlich die Angaben zur Person des Verstorbenen (Name des Ehepartners, Geburtsort, Alter, Beruf, Wohnort, Eltern). Mit großem Nachdruck muß darauf hingewiesen werden, daß die zuletzt genannten Angaben häufig ungenau, unvollständig oder falsch sind; insbesondere ist das Alter des Verstorbenen meistens ungenau und die Vornamen der Eltern sind häufig dann falsch, wenn diese bereits sehr lange tot waren.

Abbildungen auf den folgenden Seiten:
Beispiele aus den rheinischen Zivilstandsregistern des 19. Jahrhunderts nach französischem Recht (Geburtsurkunde vom 09.12.1869, Heiratsurkunde vom 15.02.1850, Sterbeurkunde vom 10.05.1856). Eine Geburtsurkunde vom 27.03.1804 aus dem linksrheinischen, seinerzeit zu Frankreich gehörenden Gebiet befindet sich auf S.199.

Geburtsurkunde

Geburts-Urkunde.

№ 2.

Gemeinde *Waldbröl*   Kreis *Waldbröl*   Regierungs-Bezirk **Köln.**

Geburt

des *abergigh*
Burghardt
zu
Ziegenhardt

Im Jahre tausend achthundert *neun* und sechszig den *neunzehnten* des Monats *August* *zehn* mittags *halb zwölf* Uhr, erschien vor mir *Wilhelm Krieger* _____ Bürgermeister als _____ onenstandes der Bürgermeisterei *Waldbröl* *der Wilhelm Burghardt, Einwohner zu Ziegenhardt* _____

_____ Jahre alt, Standes *Einwohner wohnhaft* zu *Ziegenhardt* _____ von der _____ und erklärte, daß *drei und dreißig* _____ Jahre alt, Standes *Einwohner wohnhaft* zu *Ziegenhardt* _____ wohnhaft zu _____ verheirathet _____ _____

_____ Beamten des Per=

am _____ _____ Uhr, zu Weigenhardt ein

_____ gegen _____ _____

Kind _____lichen Geschlechts geboren sei, welchem Kinde der Vorname _____

_____ beigelegt wurde.

Diese von mir aufgenommene Erklärung ist geschehen in Anwesenheit der beiden Zeugen, als nämlich:

1) _____ _____ Jahre

alt, Standes _____ wohnhaft zu _____

2) _____ _____ Jahre

alt, Standes _____ wohnhaft zu _____

Nach geschehener Vorlesung und Genehmigung wurde diese Urkunde unterschrieben von mir dem Personenstandsbeamten _____

_____

_____

_____

Nro. 1.

Heiraths-Urkunde.

Bürgermeisterei _Waldorf_   Kreis _Waldorf_

Regierungs-Bezirk Köln.

Heirath
zwischen

J. Wilhelm
Burghart
und
Zezilia
Reiffenrath.

Im Jahre tausend achthundert fünf und fünfzig, den fünfzehnten des Monats Februar Nachmittags — Uhr erschienen vor dem Bürgermeister als Beamten mit _Wilhelm Jäger Vornamen_ von _Waldorf_ als —

des Personenstandes der Bürgermeisterei _Waldorf_

1) Der _Johann Wilhelm Burghart_ —

zwanzig Jahre alt, geboren zu _Velmen_, Regierungs-Bezirk _Coln_, Standes _Ehemann_, wohnhaft zu _Ziegenhardt_, Regierungs-Bezirk _Coln_, drei und zwanzig jähriger Sohn des _Wilhelm Burg-_ und der _Schumann_ Standes Eheleute und der _Eheleute zu Ziegenhardt_, Standes _Eheleute_

2) Die _Zezilia Reiffenrath zwanzig_ —

Jahre alt, geboren zu _Euch_, Regierungs-Bezirk _Coln_, Standes _Dienzmag_, wohnhaft zu _Euch_, Regierungs-Bezirk _Coln_, zwei und zwanzig jährige Tochter des _Reiffenrath_

Kreisblatt

Standes ...

... Standes Lucia ...

Dieſelben haben mich aufgefordert, die zwiſchen ihnen verabredete Heirath geſetzlich abzuſchlieſen, und in Erwägung, daß die vorgeſchriebenen öffentlichen Ankündigungen dieſer Heirath wirklich vor der Hauptthüre des Gemeindehauſes zu ... Statt gehabt haben, nämlich die erſte am ...

... Jahres und die andere am ...

... Jahres,

daß ferner dieſe Aufgebote den geſetzlichen Beſtimmungen gemäß öffentlich angeſchlagen geweſen; daß auch kein Einſpruch gegen dieſe Verheirathung eingelegt worden iſt, alſo alles vorgenannte ...

Habe ich, um bemeldeter Aufforderung zu willfahren, nachdem ich sie zu dieser Handlung beigebrachten und gegenwärtiger Urkunde beigefügten Belege, so wie auch das 6. Kapitel des vom Ehestande handelnden Titels des bürgerlichen Gesetzbuches laut vorgelesen hatte, hierauf den vorbenannten Bräutigam und die vorbenannte Braut befragt, ob sie einander ehelichen wollten?

Da nun jeder von beiden insbesondere diese Frage bejahend beantwortet hat: so erkläre ich im Namen des Gesetzes, daß Johann Wilhelm Burghardt und Brigitte Pfeifferrath ——

Also verhandelt in Gegenwart des

hierdurch mit einander gesetzlich verheirathet sind.

_____ Jahre alt, Standes _____, wohnhaft
zu _____, welcher ein Ehe- _____ neuen
Ehegatten, des _____ Jahre alt,
Standes _____, wohnhaft zu _____, welcher
_____ den neuen Ehegatten, des _____
ein _____ _____ Jahre alt, Standes _____
wohnhaft zu _____, welcher ein _____ bei
neuen Ehegatten, und des _____
Jahre alt, Standes _____ , wohnhaft zu _____
welcher ein _____ bei neuen Ehegatten zu fein erklärte.

Nach geschehener Vorlesung und Genehmigung wurde die gegenwärtige Urkunde unterzeichnet von mit
dem Personenstands-Beamten, _____

_____

Joh. Wilhelm Burghard

Conrad Grof

Anton Diehl

_____

Nro. 47

Sterbe-Urkunde.

Gemeinde *Waldbröl*

Kreis *Waldbröl* Regierungs-Bezirk *Köln.*

Tod
des *Wilhelm Engelhard*
zu
Ziegenhardt

1857

Im Jahre tausend achthundert *sieb=* und fünfzig, den *siebzehnten*
des Monats *März* *ein* Uhr mittags

sieb Uhr, erschienen vor mir *Wilhelm Engel* Beigeordneter
als *Standesbeamter*

Beamten des Personenstandes der Bürgermeisterei *Waldbröl*
1*ster Wilhelm Burghardt* .... *..........*
..... Jahre alt, Standes *Ackerer* ...... wohnhaft zu *Ziegenhardt*
welcher ..... der Verstorbenen zu sein angab, und
der *Wilhelm Vogel* ....,
..... Jahre alt, Standes *Ackerer* ...... wohnhaft zu *Ziegenhardt*
welcher .... der Verstorbenen zu sein angab, und haben
diese Beiden mir erklärt, daß am ....

des Monates *Mai* —————— des Jahres tausend achthundert *acht* und fünfzig

Morgens acht Uhr zu *Ziegenhard*

verstorben sei, *Wilhelm Gustchmann Joseph Wilhelm*

Ehefrau Wilhelm Burghard,

geboren zu *Hammerich.*

Regierungsbezirk *Cassel* ———————— *Zahre* alt

Standes *des Verstorbenen*

wohnhaft zu *Ziegenhard.*

Regierungsbezirk *Cassel*

Ehefrau von Joseph Hammerich

und von derselben der

Ehefrau Joseph Burghard

Wittwe Anna Marie Straub.

Nach geschehener Vorlesung und Genehmigung wurde diese Urkunde unterschrieben von mir

dem Personenstandsbeamten und der *Comparenten.*

Wilhelm Burghard

Wilhelm Braun

Müller

Die Personenstandsregister im Deutschen Reich.

Von Johannes Zipprich in Dresden.

Hinsichtlich der Beurkundung der Geburten und der Sterbefälle wie auch der Form der Eheschließung herrschte bis zum Jahre 1875 im Deutschen Reiche kein einheitliches Recht. Nur in wenigen Gebietsteilen, die vom französischen Rechte (Code civil) beeinflußt waren, sowie für die Angehörigen der nicht anerkannten Religionsgesellschaften und für die Juden gab es von staatlichen Beamten bzw. von den Gerichten oder Ortsobrigkeiten geführte Zivilstandsregister und die Eheschließung vor einem staatlichen Beamten. Die Beurkundung der Personenstandsverhältnisse lag im größten Teile des Reiches in den Händen der Geistlichen der anerkannten Religionsgesellschaften, und die von diesen geführten Kirchenbücher waren zugleich die staatlich anerkannten Standesregister. In dem zu Anfang der siebziger Jahre des 19. Jahrhunderts entbrennenden Kampf zwischen Staat und Kirche trat das Bedürfnis hervor, auf dem Gebiet der Beurkundung von Geburten, Eheschließung und Sterbefällen Wandel zu schaffen. Durch Reichsgesetz über die Beurkundung des Personenstandes und die Eheschließung vom 6. Februar 1875 wurden daher mit Wirkung ab 1. Januar 1876 im Deutschen Reich Personenstandsregister eingeführt und als zuständige Beurkundungsorgane Standesämter errichtet. Die Standesbeamten gelten als Gemeindebeamte, doch ist ihre Funktion eine staatliche. Nachstehend führe ich für die einzelnen deutschen Staaten die vor dem 1. 1. 1876 bei ihnen geführten Standesregister auf. Die bis zu diesem Zeitpunkt mit der Führung der Standesregister betrauten Stellen sind nach § 73 des P. St. G. vom 6. 2. 1875 auch weiterhin verpflichtet, über die bei ihnen beurkundeten Fälle Zeugnisse zu erteilen[1]).

Anhalt: Für Evangelische und Katholiken wurden Register durch den Geistlichen, für Juden durch den staatlich ermächtigten Vorsteher der Kultusgemeinde und für Dissidenten sowie für Personen katholischen oder jüdischen Glaubens, die keiner Gemeinde angehörten, durch die Kreisdirektionen geführt.

Baden: Nach Einführung des zum badischen Landrecht umgearbeiteten Code Napoléon i. J. 1809 durch das Edikt vom 6. 6. 1811 wurden die

---

[1]) Quellen: Kommentar von Dr. Hinschius (1890), S. 13 ff., Berlin; Einleitung zu dem Werk von Hinschius-Boschan, 4. Aufl., Berlin 1909, über die Beurkundung des Personenstandes und die Eheschließung; Kommentar zum Personenstandsgesetz von von Erichsen, 9. Aufl., S. 46 u. 527 ff.; „Der Standesbeamte" (1903), S. 101, (1905), S. 14, 39 u. 92, (1906), S. 173 ff.

Pfarrer sämtlicher christlichen Konfessionen zu Beamten des bürgerlichen Standes behufs Führung der Standesbücher in ihren Sprengeln ernannt. Durch Gesetz vom 3. 10. 1860 wurde auch die Zivilehe in besonderen Fällen zwischen Christen und Juden ermöglicht und für den Fall, daß die Anhänger der christlichen Kirchen eine Eingehung der Ehe vor dem Geistlichen ihrer Konfession nicht ermöglichen konnten, durch die Gewährung der Notzivilehe abgeholfen. Infolge der Konflikte, welche die Einführung der Notzivilehe hervorrief, sah sich Baden veranlaßt, durch Gesetz vom 21. 12. 1869 die obligatorische Zivilehe einzuführen. Die Standesregister vom 20. 9. 1792 bis zum Jahre 1805 (31. 12.) sind im Besitz der Pfarrämter, die Standesregister vom 1. 1. 1806 bis 31. 12. 1869 werden bei den zuständigen Amtsgerichten aufbewahrt, während die Standesregister ab 1. 1. 1870 bei den Standesämtern sich befinden.

Bayern: In der linksrheinischen Pfalz wurden staatliche Zivilstandsregister durch die Bürgermeister, in den Landesteilen rechts des Rheines wurden für Evangelische und Katholiken Kirchenbücher durch die Pfarrer, für Dissidenten und Juden Register, je nach den Landesteilen, teils durch die Distriktspolizeibehörden, teils durch die Vorsteher der Kultusgemeinden bzw. Rabbiner, teils durch die christlichen Pfarrer geführt. Amtliche Beurkundungen (unbeschadet der rein kirchlichen Belange) erteilen in der bayrischen Pfalz für die Zeit von 1792—1876 die Bürgermeistereien.

Braunschweig: Für Lutheraner, Reformierte und Katholiken wurden Kirchenbücher durch die Prediger bzw. die Opferleute, für Juden wurden Zivilstandsregister durch den Rabbiner oder Vorstand der jüdischen Gemeinde, bezw. durch den Pfarrer der Parochie, für Dissidenten durch die Kirchenbuchführer der evangelisch-lutherischen Parochie geführt.

Bremen: In Bremen wurden in der Stadt allgemein Standesregister durch ein Mitglied des Senats, in den bremischen Städten Vegesack und Bremerhaven Register durch das Amt und im Bremer Landgebiete Register durch die protestantischen Kirchspielprediger geführt.

Elsaß-Lothringen: In Elsaß-Lothringen wurden allgemein Zivilstandsregister durch die Maires und deren Beigeordnete geführt. Die Zivilstandsregister und die obligatorische Zivilehe sind im Gebiete des Code civil mit dem 20. 9. 1792 eingeführt. Amtliche Beurkundungen für diese Zeit bis 31. 12. 1875 erteilen die Bürgermeistereien (Maires).

Hamburg: In Hamburg wurden allgemein Zivilstandsregister in der Stadt und den Landherrschaften durch besondere Beamte, in den Landgemeinden durch die herkömmlich damit betrauten Kirchenbehörden geführt. Einführung der Notzivilehe durch Gesetz vom Jahre 1849. Später ist durch Gesetz vom 17. 11. 1865 die Führung der Zivilstandsregister sowie die Vornahme der Eheaufgebote auf staatliche Beamte übertragen, durch das Gesetz vom 1. 7. 1861 die Zivilehe als fakultative erhalten geblieben.

Hessen: In Rheinhessen wurden allgemein die Zivilstandsregister durch die Gemeindevorsteher geführt, in den Provinzen Starkenburg und Oberhessen die Kirchenbücher für Evangelische und Katholiken durch die Pfarrer, welche auch die Geburtsfälle, Trauungen und Sterbefälle der Mennoniten in ihre Bücher einzutragen hatten. Amtliche Beurkundungen (unbeschadet der rein kirchlichen Belange) erteilen in den hessischen Gebieten links des Rheines für die Zeit vom 20. 9. 1792 bis 31. 12. 1875 die Bürgermeistereien.

Lippe: Für Christen wurden Kirchenbücher durch die Pfarrer, für Juden Register durch die Ämter und Magistrate geführt.

Lübeck: In Lübeck wurden allgemein Register durch die Stadt- und Landämter, in den lübeckischen Landbezirken und der lübeckischen Stadt Travemünde für Christen Register durch die Geistlichen und für Juden Register durch den Rabbiner geführt.

Mecklenburg-Schwerin: Für Evangelische und Katholiken wurden die Kirchenbücher durch die Geistlichen, für Juden die Register durch den Vorstand der jüdischen Gemeinde und für Dissidenten die Zivilstandsregister durch die Ortsobrigkeiten geführt.

Mecklenburg-Strelitz: Für Evangelische wurden die Kirchenbücher durch die Pfarrer und für Juden Zivilstandsregister durch den Landesrabbiner geführt.

Oldenburg: In der Provinz Birkenfeld, für welches der Code civil Landesgesetz war, wurden allgemein Zivilstandsregister durch die Standesbeamten geführt. In Oldenburg selbst und dem dazu gehörigen Landesteil Lübeck wurden für Christen, Juden und Dissidenten die Personenstandsregister durch die Geistlichen der anerkannten Religionsgesellschaften geführt.

Preußen: Vor dem durch § 55 des preuß. Personenstandsgesetzes vom 9. 3. 1874 (welches das rheinische und Frankfurter Recht in Geltung belassen hatte) mit dem 1. 10. 1874 für das Inkrafttreten dieses Gesetzes bestimmten Zeitpunkte wurden im Bezirke des Appellhofes Köln die Zivilstandsregister für die Preußische Rheinprovinz nach dem Code civil durch die Bürgermeister, Gemeindevorsteher oder besonders beauftragte Gemeindebeamte geführt.

Außer im Bezirke des Code civil bestanden in der ehemals freien Stadt Frankfurt a. M. staatliche Zivilstandsregister für alle Konfessionen des Frankfurter Gesetzes betr. die Standesbuchführung vom 19. 11. 1850, mit Gesetzeskraft vom 1. 5. 1851. Dies Gesetz blieb auch nach Erlaß des preußischen Gesetzes vom 9. 3. 1874 in Kraft bis zum Inkrafttreten des Reichspersonenstandsgesetzes vom 6. 2. 1875, d. h. bis zum 1. 1. 1876. Die Zivilstandsregister der Jahrgänge 1851 bis 1875 sind im Interesse der Zentralisation an die betreffenden Standesämter abgegeben worden. Vor der Organisation der Standesämter sind die Personenstandssachen in allen übrigen Teilen des preußischen Staates, bezüglich der Mitglieder der anerkannten Religionsgemeinschaften, durch die geistlichen Behörden erledigt worden (bis 30. 9. 1874).

Die Beurkundung der Geburten von Juden wurde bis zur Einführung des preußischen Personenstandsgesetzes im Gebiete des Preußischen allgemeinen Landrechts in den alten Provinzen (ausschl. der Rheinprovinz) nicht schon seit 1. 6. 1794, sondern erst gemäß § 8 des Gesetzes vom 23. 7. 1847 (mit Gesetzeskraft vom 15. 8. 1847) vom 1. 10. 1847 an von den Preußischen Kreis- und Stadtgerichten besorgt. Seit dem Jahre 1812 bis zum Jahre 1847 wurden die Personenstandsregister für die Juden infolge des Edikts vom 11. 3. 1812 und des hierzu ergangenen Hardenbergischen Erlasses von den Polizeiverwaltungen, also in Städten mit städtischer Polizei vom Magistrat, in den Städten mit königlicher Polizei (Berlin, Breslau u. a.) vom Kgl. Polizeipräsidium, und auf dem Lande von den Landratsämtern geführt.

Vor dem Jahre 1812 lag die Registerführung über den Personenstand bei den Juden den Synagogengemeinde-Vorstehern ob, und es waren damals die Gerichte hierfür nicht zuständig. Das Preußische Allgemeine Landrecht von 1794 regelt nur die Führung der Kirchenbücher für die christlichen Konfessionen, während es über die Registerführung der Juden in Teil II, §§ 501 ff. nichts bestimmt.

Durch Einführung der Hinweise ab 1. 1. 1926 wurde die schon längst ersehnte Verbindung der Registereinträge einer einzelnen Person bezw. Familie erreicht.

Sachsen: Für Evangelische und Katholiken wurden die Kirchenbücher durch die Pfarrer oder besonders dazu bestellte kirchliche Beamte, für Juden Register über Geburten, Verehelichungen und Sterbefälle durch die Vorsteher der jüdischen Religionsgemeinden und für Dissidenten Zivilstandsregister durch die Gerichte geführt. Durch Gesetz vom 20. 6. 1870 führte Sachsen die fakultative Zivilehe ein, aber nur für Anhänger solcher Religionsgesellschaften, welche weder der protestantischen noch der römisch-katholischen

Kirche angehörten; die Statthaftigkeit der Zivilehe blieb auf den Fall beschränkt, daß jeder Eheschließungsteil einer anderen vom Staate anerkannten Religionsgesellschaft angehörte. Durch Einführung der Hinweise ab 1. 5. 1930 wurde die Verbindung der Registereinträge einer einzelnen Person bezw. Familie erreicht.

In Leipzig wurden die bis 31. 12. 1875 erfolgten Sterbefälle nicht in den Kirchenbüchern, sondern in den Ratsleichenbüchern registriert, woraus heute noch vom Rat der Stadt Leipzig — Abt. f. Standesamtssachen — Auszüge erteilt werden.

Schaumburg-Lippe: Für Christen wurden Kirchenbücher durch die Pfarrer geführt;- Nichtchristen waren vor 1876 im Lande nicht ansässig.

Thüringen: 1) Sachsen-Altenburg: Für Christen wurden Kirchenbücher durch den Geistlichen geführt. Nichtchristen waren vor 1876 im Lande nicht ansässig.

2) Sachsen-Coburg-Gotha: Für Christen wurden Kirchenbücher durch den Pfarrer, Kirchner oder Schuldiener, für Nichtchristen Zivilstandsregister durch das Justizamt (Stadtgericht) geführt.

3) Sachsen-Meiningen: Für Christen wurden Kirchenbücher durch den Geistlichen, für Juden entsprechende Bücher durch den israelitischen Lehrer geführt.

4) Schwarzburg-Rudolstadt: Für Evangelische und Katholiken wurden Kirchenbücher durch die Geistlichen geführt. Nichtchristen waren vor 1876 im Lande nicht ansässig.

5) Schwarzburg-Sondershausen: Für Evangelische und Katholiken wurden Kirchenbücher durch die Geistlichen geführt, für Juden Register durch die Vorsteher der Synagogengemeinden und für Dissidenten Register durch die Justizämter.

6) Reuß ä. L.: Für Christen und Juden wurden Geburts-, Trau- und Sterberegister durch die Pfarrer geführt.

7) Reuß j. L.: Für Christen und Juden wurden Kirchenbücher durch die Pfarrer, Zivilstandsregister durch die Justizämter geführt.

8) Sachsen-Weimar-Eisenach: Für Evangelische und Katholiken wurden die Kirchenbücher durch die Pfarrer, für die Juden die Register durch den Rabbiner bezw. durch dessen Vertreter und für Dissidenten durch die Zivilgerichte geführt.

Waldeck: Für Evangelische und Katholiken wurden Kirchenbücher durch die Geistlichen geführt, für Juden durch den evangelischen Pfarrer, für Dissidenten durch den Geistlichen, wenn ein solcher bei einer mit Korporationsrechten versehenen Religionsgesellschaft angestellt und vom Landesdirektor bestätigt worden war.

Württemberg: Für Evangelische und Katholiken wurden Kirchenbücher durch die Pfargeistlichen, für Juden Register durch die Rabbiner, für Dissidenten und diejenigen, welche eine Notzivilehe geschlossen, durch die Bezirksrichter geführt; Kirchenbücher für einzelne, keiner Kirche zugeteilte Evangelische und Katholiken wurden durch den Pfarrer des Wohnortes und Register für Juden an Orten ohne Rabbiner durch die christlichen Ortsgeistlichen geführt. Durch Gesetz vom 1. 5. 1855 wurde die Einführung der Notzivilehe geschaffen. Sehr wichtige Quellen sind für Württemberg, obwohl sie nicht die Beweiskraft der Personenstandsregister haben, die seit 1808 im staatlichen Auftrage bei den Pfarrämtern, ab 1. 1. 1876 bei den Standesämtern geführten Familienregister.

Nachdruck aus: Archiv für Sippenforschung, 8.. Jg. (1931), S.340—342 (mit freundlicher Genehmigung des C.A. Starke Verlags, Limburg/Lahn).

Festrechnung

Viele Tagesbezeichnungen wie Jubilate, Cantate, Pentecoste (Pfingsten), Trinitatis u.a. können nur dann mit einem Datum in Verbindung gebracht werden, wenn bekannt ist, wann in dem fraglichen Jahr Ostern gefeiert wurde. Das Datum dieser Tage ist nämlich von der auf Ostern bezogenen Festrechnung abhängig. Das Datum des Osterfestes fällt auf den ersten Sonntag nach dem ersten Vollmond im Frühling und kann daher zwischen dem 22. März und dem 25. April liegen.

Man ordnet diesen möglichen Terminen sogenannte **Festzahlen** in aufsteigender Folge von 1 bis 35 zu:
22. März Festzahl 1,
23. März Festzahl 2 usw. bis
31. März Festzahl 10
1. April Festzahl 11 usw. bis
25. April Festzahl 35.

So lassen sich anhand von Festzahltabellen die Ostertage sofort bestimmen. Für die Zeit nach der Gregorianischen Kalenderreform bis 1799 sind die Festzahlen auf der folgenden Seite angegeben. (Beispiel: 1765 hat die Festzahl 17, also fällt Ostern auf den 7. April.)

Es muss beachtet werden, dass wegen der in evangelischen Gemeinden verspätet eingeführten Gregorianischen Kalenderreform dort teilweise bis 1699 andere Festzahlen, nämlich die des "Alten Stils" benutzt werden müssen. Die Festrechnung konnte also bis 1699 in katholischen und evangelischen Gemeinden erheblich voneinander abweichen.

Festzahlen des 17. Jahrhunderts nach dem Alten Stil:

	0	1	2	3	4	5	6	7	8	9
1600	02	22	14	34	18	10	30	15	06	26
1610	18	03	22	14	34	19	10	30	15	07
1620	26	11	31	23	07	27	19	04	23	15
1630	07	20	11	31	16	08	27	19	04	24
1640	15	35	20	12	31	16	08	28	12	04
1650	24	09	28	20	05	25	16	08	21	13
1660	32	24	09	29	20	05	25	17	01	21
1670	13	33	17	09	29	14	05	25	10	30
1680	21	13	26	18	09	29	14	06	25	10
1690	30	22	06	26	18	03	22	14	34	19

Festzahlen des 17. Jahrhunderts nach dem Neuen Stil:

	0	1	2	3	4	5	6	7	8	9
1600	12	32	17	09	28	20	05	25	16	29
1610	21	13	32	17	09	29	13	05	25	10
1620	29	21	06	26	17	09	22	14	33	25
1630	10	30	21	06	26	18	02	22	14	34
1640	18	10	30	15	06	26	11	31	22	14
1650	27	19	10	23	15	07	26	11	31	23
1660	07	27	19	04	23	15	35	20	11	31
1670	16	08	27	12	04	24	15	28	20	12
1680	31	16	08	28	12	32	24	09	28	20
1690	05	25	16	01	21	13	32	17	09	29

Festzahlen des 18. Jahrhunderts nach dem Neuen Stil:

	0	1	2	3	4	5	6	7	8	9
1700	21	06	26	18	02	22	14	34	18	10
1710	30	15	06	26	11	31	22	07	27	19
1720	10	23	15	07	26	11	31	23	07	27
1730	19	04	23	15	35	20	11	31	16	08
1740	27	12	04	24	15	28	20	12	24	16
1750	08	21	12	32	24	09	28	20	05	25
1760	16	01	21	13	32	17	09	29	13	05
1770	25	10	29	21	13	26	17	09	29	14
1780	05	25	10	30	21	06	26	18	02	22
1790	14	34	18	10	30	15	06	26	18	03

Revolutionskalender

Zunächst wurde während der Französischen Revolution (ab 14. Juli 1790 rückwirkend) 1789 als Jahr 1 bezeichnet, 1790 als Jahr 2, 1791 als Jahr 3 und 1792 als Jahr 4. Nach der Ausrufung der Republik am 22. September 1792 wurde 1792 "Jahr 1 der Republik" und 1793 "Jahr 2 der Republik" genannt, bis am 5. Oktober 1793 rückwirkend ab 22. September 1792 der Französische Revolutionskalender eingeführt wurde, der bis zum 31. Dezember 1805 galt.

Das Jahr I begann mit dem 1. Vendémiaire am 22. September 1792 und endete am 21. September 1793 mit dem 6. "Ergänzungstag" (jour complémentaire). Der Revolutionskalender kannte nämlich zwölf Monate zu 30 Tagen, und am Jahresende wurden 5, in Schaltjahren 6 Ergänzungstage hinzugefügt. Jeder Monat war in drei Dekaden mit jeweils 10 durchnummerierten Tagen gegliedert.

Für genealogische Forschungen in West- und Südwestdeutschland ist die Kenntnis des Französischen Revolutionskalenders für die Zeit der französischen Herrschaft linksrheinisch ab 1798, rechtsrheinisch ab 1810 notwendig, da die Datierung der Zivilstandsregister nach diesem Revolutionskalender erfolgte.

Die Tabelle auf Seite 199 gibt die Zuordnung der Monate wieder, wobei für die Jahre 1792-1797 gleiches gilt wie für das Jahr 1798.

Zuordnung der Jahre

Jahr	Zuordnung
Ende 1792	I
1793	I-II
1794	II-III
1795	III-IV
1796	IV-V
1797	V-VI
1798	VI-VII
1799	VII-VIII
1800	VIII-IX
1801	IX-X
1802	X-XI
1803	XI-XII
1804	XII-XIII
1805	XIII-XIV

Monatsnamen

Vendémiaire
Brumaire
Frimaire
Nivôse
Pluviôse
Ventiôse
Germinal
Floréal
Prairial
Messidor
Thermidor
Fructidor

Abb. auf der folgenden Seite:
Datierung nach dem französischen Revolutionskalender (Erftstadt-Lommersum, 27.03.1804)

STERBE-AKT.

N.° 17 MÂIRIE VON *Lommersum*

GEMEINDE-BEZIRK von *Cöllen*

Von *Sechsten* Tag des Monats *Germinal, zwölften* Jahr der frankischen Republik;

STERBE-AKT von *Maria Geil* verschieden den *sechsten Germinal* um *drey* Uhr des *morgens* seines Standes *Verheirathet* des Alters von *funfzig drey* Jahren, gebohren zu *Lommersum* Departements von *der Roer* wohnhaft zu *Lommersum*

Sohn, Tochter von *dem Verstorbenen Joannes Geil* und von *der verstorbenen Ursula Cadar*

'Auf die Declaration die mir gemacht worden von dem Bürger *Henrich Klein* wohnhaft zu *Lommersum* seines Standes *Leinenweber* als welcher gesagt, er sey *Nachbahr des* verstorbenen; und vom Bürger *Peter Trimborn* wohnhaft zu *Lommersum* seines Standes *ackarsman* als welcher gesagt, er sey *Nachbahr des* verstorbenen : und haben *beide Zeugen dieses ackt* unterschrieben. *Peter Trimborn* *Henrich Klein*

1798 01.01.-19.01.	**VI** 12.-30. Nivôse
20.01.-18.02.	Pluviôse
19.02.-20.03.	Ventôse
21.03.-19.04.	Germinal
20.04.-19.05.	Floréal
20.05.-18.06.	Prairial
19.06.-18.07.	Messidor
19.07.-17.08.	Thermidor
18.08.-16.09.	Fructidor
17.09.-21.09.	Jours compl.
22.09.-21.10.	**VII** Vendémiaire
22.10.-20.11.	Brumaire
21.11.-20.12.	Frimaire
21.12.-31.12.	01.-11. Nivôse
1799 wie 1798 bis	
17.09.-22.09.	Jours compl.
23.09.-22.10.	**VIII** Vendémiaire
23.10.-21.11.	Brumaire
22.11.-22.12.	Frimaire
21.12.-31.12.	01.-10. Nivôse
1800 01.01.-20.01.	11.-30. Nivôse
21.01.-19.02.	Pluviôse
20.02.-21.03.	Ventôse
22.03.-20.04.	Germinal
21.04.-20.05.	Floréal
21.05.-19.06.	Prairial
20.06.-19.07.	Messidor
20.07.-18.08.	Thermidor
19.08.-17.09.	Fructidor
18.09.-22.09.	Jours compl.
23.09.-22.10.	**IX** Vendémiaire
usw. bis	
1803 18.09.-23.09.	**XI** Jours compl.
24.09.-23.10.	**XII** Vendémiaire
24.10.-22.11.	Brumaire
23.11.-22.12.	Frimaire
23.12.-31.12.	01.-09. Nivôse
1804 01.01.-21.01.	10.-30. Nivôse
22.01.-20.02.	Pluviôse
21.02.-21.03.	Ventôse
22.03.-20.04.	Germinal
21.04.-20.05.	Floréal
21.05.-19.06.	Prairial
20.06.-19.07.	Messidor
20.07.-18.08.	Thermidor
19.08.-17.09.	Fructidor
18.09.-22.09.	Jours compl.
23.09.-22.10.	**XIII** Vendémiaire
usw, wie 1799/1800 bis	
1805 21.12.-31.12.	**XIV** 01.-10. Nivôse

Ansprechpartner für Forschungen ...

... in den alten Bundesländern?
Der jeweils regionale zuständige Verein (siehe Seite 202).

... in den neuen Bundesländern?
Arbeitsgemeinschaft für mitteldeutsche Familienforschung, Waldweg 5, 04416 Markkleeberg.

... in deutschsprachigen Gebieten außerhalb Deutschlands?
Belgien (Eupen-Malmedy):
Eupener Geschichtsverein und Museumsverein (Herr Pelzer), Burgundstr. 21, B-4700 Eupen.
Frankreich (Elsaß-Lothringen):
Cercle Généalogique d'Alsace, Archives du Bas-Rhin, 5 rue Fischart, F-67000 Straßburg.
Cercles Généalogiques de Lorrine (mit gemeinsamer Zeitschrift): C.G. de la Meurthe et Moselle (F-54180 Heillecourt), de la Meuse (F-55006 Bar le Duc Cedex), de Moselle (Archives Départementales, F-57070 St.Julien les Metz) und des Vosges (F-88804 Vittel Cadex).
Luxemburg:
Association Luxembourgeoise de Généalogie et d'Héraldique, 12 Sandtegaas, L-5404 Bech-Kleinmacher.
Österreich (einschl. Südtirol):
Heraldisch-Genealogische Gesellschaft "Adler", Haarhof 4a, A-1014 Wien 1.
Schweiz:
Schweizerische Gesellschaft für Familienforschung, Eggstr. 46, CH-8102 Oberengstringen.

... in den Vertriebenengebieten?
Arbeitsgemeinschaft ostdeutscher Familienforscher (Schriftführerin; Marianne Stanke, Dahlienweg 7, 53229 Bonn). Empfehlenswert ist hier auch die Internetseite genealogienetz.de.

... im übrigen Europa und in Übersee?
Kirche Jesu Christi der Heiligen der Letzten Tage (Mormonen), Abt. Genealogie, Max-Planck-Str. 23a, 61381 Friedrichsdorf, oder an die jeweiligen nationalen bzw. regionalen Vereine. Anschriften-Verzeichnisse im Taschenbuch für Familiengeschichtsforschung und im GRD (Genealogical Research Directory. Neue Ausgaben als Buch und CD-ROM bei Elizabeth Simpson, 2 Stella Grove, Tollerton/Notts., NG 12 4EY, United Kingdom; ältere Bände kostenlos gegen Portoersatz bei G. Eichbaum, Eifelweg 5, 34277 Fuldabrück-Bergshausen,Tel. 0561/ 581523). Internationaler Dachverband: Confédération Internationale de Généalogie et d'Héraldique, 448 New Jersey Avenue S.E., Washington D.C. 20003, USA.

... mit Hilfe von Kirchenbüchern ?
Der regional zuständige genealogische Verein oder ein kirchliches Archiv.

... in Archiven ?
Das jeweils zuständige kirchliche oder staatliche Archiv (S. 203-204).

... mit Hilfe von Literatur ?
Allgemein an die nächstgelegene große Stadt- oder Universitätsbibliothek, für Heimatgeschichte das Stadt- oder Gemeindearchiv, häufig auch das Pfarramt.

... mit dem Computer?
Verein für Computergenealogie, Schorlemmers Kamp 20, 44536 Lünen. Besonders kompetent: Dr. Günter Junkers, Bergische Landstr. 210, 51375 Leverkusen.

Genealogische Forschungsstellen
der Kirche Jesu Christi der Heiligen der Letzten Tage

Aktualisierungen im Internet:
www.kirche-jesu-christi.de

DEUTSCHLAND
01219 Dresden, Tiergartenstr. 40
03149 Forst, Spremberger Str. 52
04229 Leipzig, Öserstr. 39
08064 Zwickau, Gellertstr. 1A
09599 Freiberg, Hainichener Str. 64
10785 Berlin, Klingelhöfer Str. 24
17033 Neubrandenburg, Behmenstr. 14
17438 Wolgast, Tannenkampweg 81
22089 Hamburg, Wartenau 20
22415 HH-Langenhorn, Eberhofweg 90
23566 Lübeck, Rabenstr. 5
25421 Pinneberg, Saarlandstr. 11
24103 Kiel, Stiftstr. 17
24536 Neumünster, Kieler Str. 333
26384 Wilhelmshaven, Widukindstr. 26
27580 Bremerhaven, Parkstr. 28
28213 Bremen, Ottilie-Hoffmann-Str. 2
30519 Hannover, Hildesheimer Str. 344
31655 Stadthagen, Ecke Schacht-/Jahnstr.
33613 Bielefeld, Hainteich Str. 80
35578 Wetzlar-Blankenf., Im Amtmann 2
38118 Braunschweig, Triftweg 55
40740 D'dorf, Mörsenbroicher Weg 184a
41069 Mönchengl., An der Landwehr 51
42285 Wuppertal, Martin-Luther-Str. 6
44225 Dortmund, C.-v.-Ossietzky Str. 5
47059 Duisburg, Essenberger Str. 251
47805 Krefeld-Fischeln, Untergath 25
49074 Osnabrück, Siebensternstr. 65
50767 Köln, Forststr. 130
53123 Bonn, Rene-Schickele-Str. 8
54634 Bitburg, Thilmanystr. 8
55743 Idar-Oberstein, Hauptstr. 86
56068 Koblenz, Moltkestr. 3
59075 Hamm, Hammer Str. 215
60320 Ffm, Eckenheimer Landstr. 262-264
64287 Darmstadt, Richard Wagner Weg 78

64720 Michelstadt, Kreuzweg 10
65936 Ff.-Hoechst, Am Kapellenberg 9
66113 Saarbrücken, Kalmanstr. 88
67657 Kaiserslautern, Lauter Str. 1
68305 Mannheim, Lampertheimer Str. 98
69120 Heidelberg, Schröderstr. 94
70191 Stuttgart, Birkenwaldstr. 46
71691 Freiberg/Neckar, Riedstr. 20
73479 Ellwangen, Seb.-Merkle-Str. 8/1
73730 Esslingen, Drosselweg 16
74078 Heilbronn, Römerstr. 151
76135 Karlsruhe, Ernst-Frey-Str. 7
77654 Offenburg, Hildastr. 55
79115 Freiburg, Markgrafenstr. 87
80336 München, Rückertstr. 2
83026 Rosenheim, Finsterwalder Str. 46
86159 Augsburg, Agnes-Bernauer-Str. 32
90489 Nürnberg, Kesslerplatz 8
99094 Erfurt, Hochheimer Str. 14

ÖSTERREICH
1020 Wien, Böcklinstr. 55
4020 Linz, Spaunstr. 83
4600 Wels, Camillo-Schulz-Str. 30
5020 Salzburg, Andr.-Rohrbacher-Str. 20
8020 Graz, Eckert Str. 136

SCHWEIZ
3052 Zollikofen, Allmendstr. 16
4133 Pratteln, Wartenbergstr. 31
5400 Wettingen, Kapellenweg 6
6005 Luzern, Matthofstrand 2
8050 Zürich, Herbstweg 120
8280 Kreuzlingen, Kirchstr. 2
8400 Winterthur, Tösstalstr. 215
9015 St.Gallen-Winkeln, Kreuzbühlstr. 41
9642 Ebnat-Kappel, Steinfelsstr. 17

Staatliche Archive in Deutschland

Bundesarchiv::
Potsdamer Str. 1, 56075 Koblenz, u. a. mit Abteilungen in Freiburg/Br. (Militärarchiv), Frankfurt (Reich vor 1872), Potsdam (Norddeutscher Bund, Reich ab 1872, DDR) und der Zentralnachweisstelle der Deutschen Wehrmacht (www.bundesarchiv.de)

Ehem. Königreich/Land Preußen:
Geheimes Staatsarchiv (Stiftung Preußischer Kulturbesitz) in Berlin-Dahlem.

Archive der Bundesländer:

LHA	Landeshauptarchiv	HStA	Hauptstaatsarchiv
GLA	Generallandesarchiv	StA	Staatsarchiv
LA	Landesarchiv	PSA	Personenstandsarchiv

Baden-Württemberg:	HStA Stuttgart	
	GLA Freiburg/Br.	StA Ludwigsburg
	GLA Karlsruhe	StA Sigmaringen
Bayern:	HStA München	
	StA Bamberg	StA Augsburg
	StA Coburg	StA Nürnberg
	StA Landshut	StA Würzburg
Berlin:	LA Berlin	
Brandenburg;	LHA Potsdam	
Bremen:	StA Bremen	
Hamburg:	StA Hamburg	
Hessen:	HStA Wiesbaden	
	StA Darmstadt	StA Marburg
Mecklenburg-Vorpommern:	LHA Schwerin	LA Greifswald
Niedersachsen:	HStA Hannover	
	StA Aurich	StA Osnabrück
	StA Bückeburg	StA Stade
	StA Oldenburg	StA Wolfenbüttel
Nordrhein-Westfalen:	HStA Düsseldorf	
	StA Detmold	StA Münster
	PSA Detmold	PSA Brühl
Rheinland-Pfalz:	LHA Koblenz	LA Speyer
Saarland:	LA Saarbrücken	
Sachsen:	HStA Dresden	StA Leipzig
Sachsen-Anhalt:	LHA Magdeburg	
Schleswig-Holstein:	LA Schleswig	
Thüringen:	HStA Weimar	
	StA Meiningen	StA Rudolfstadt

Kirchliche Archive in Deutschland

Zentrale evangelische Archive:
Evangelisches Zentralarchiv Berlin, 10997 Berlin, Bethaniendamm 29 (www.ezab.org)
Archiv der Vereinigten Evangelisch-Lutherischen Kirche Deutschlands, 30177 Hannover, Richard-Wagner-Str. 26 (www.velkd.de).

Archive der ev. Landeskirchen:

ANHALT: Dessau, Friedrichstr. 22
BADEN: Karlsruhe, Blumenstr. 1
BAYERN: Nürnberg, Veilhofstr. 28, Kirchenbucharchiv: Regbg, Am Ölberg 2
BERLIN-BRANDENBURG: Berlin, Neue Grünstr. 19-22
BRAUNSCHWEIG: Alter Zeughof 1
BREMEN: Bremen, Franziuseck 2-4
HANNOVER: Kirchenbuchstelle Hildesheimer Str.
HESSEN/NASSAU: Darmstadt, Ahastr. 5a
WALDECK: Kassel-Wilhelmshöhe, Heinrich-Wimmer-Str. 4
LIPPE: Detmold, Leopoldstr. 27
MECKLENBURG: Schwerin, Münzstr. 8
NORDELBIEN: Kiel, Winterbeker W. 51
NORDWEST: Leer, Saarstr. 6
OLDENBURG: Philosophenweg 1
PFALZ: Speyer, Domplatz 6
POMMERN: Greifswald, Bahnhofstr. 35
RHEINLAND: Düsseldorf, Hans-Böckler-Str. 7, Kirchenbucharchiv: Boppard, Mainzer Str. 8
SACHSEN (ev.-luth.): Dresden, Lukasstr. 6; (ev. Konsistorium): Magdeburg, Am Dom 2
SCHAUMBURG-LIPPE: Bückeburg, Herderstr. 27
SCHLESIEN (Oberlausitz): Görlitz, Schlaurother Str. 11
THÜRINGEN: Eisenach, Schloßberg 4a
WESTFALEN: Bielefeld, Altstädter Kirchplatz 5
WÜRTTEMBERG: Stuttgart, Gänseheidestr. 4

Kath. Bistumsarchive:

AACHEN: Klosterplatz 7,
AUGSBURG: Hafnerberg 2/II
BAMBERG: Domplatz 3
BERLIN: Hinter der kath. Kirche 3
DRESDEN-MEISSEN: Bautzen, An der Petrikirche 6
EICHSTÄTT: Luitpoldstr. 1
ERFURT: Hermannsplatz 9
ESSEN: Zwölfling 16
FREIBURG: Herrenstr. 35
FULDA: Paulustor 5
HILDESHEIM: Pfaffenstieg 2
KÖLN: Gereonstr. 2-4
LIMBURG: Roßmarkt 4
MAGDEBURG: Max-J.-Metzger-Str. 1
MAINZ: Rochusstr. 9
MÜNCHEN und FREISING: München, Karmeliterstr. 1
MÜNSTER: Georgskommende 19
OSNABRÜCK: Domfreiheit 10
PASSAU: Luragogasse 4
PADERBORN: Domplatz 3
REGENSBURG: St.-Peters-Weg 11- 13
ROTTENBURG: Eugen-Bolz-Platz 1
SCHWERIN: Lankower Str. 14-16
SPEYER: Kleine Pfaffengasse 16
TRIER: Jesuitenstr. 13b
WÜRZBURG: Domerschulstr. 2

Große regionale genealogische Vereine (vgl. S. 37)

BADEN-WÜRTTEMBERG:
Verein für Familien- und Wappenkunde in Württemberg und Baden (Postfach 10544, 70047 Stuttgart).

BAYERN:
Bayerischer Landesverein für Familienkunde (Ludwigstr. 14/I, 80539 München).
Gesellschaft für Familienforschung in Franken (Archivstr. 17, 90408 Nürnberg).

BERLIN:
Herold (Archivstr. 11, 14195 Berlin-Dahlem).

BREMEN:
Die Maus. Gesellschaft für Familienforschung (Am Staatsarchiv 1, 28203 Bremen).

HAMBURG:
Genealogische Gesellschaft Sitz Hamburg (Postfach 302042, 20307 Hamburg).

HESSEN:
Hessische familiengeschichtliche Vereinigung (Karolinenplatz 3, 64289 Darmstadt).
Gesellschaft für Familienkunde in Kurhessen und Waldeck (Postfach 101346, 34013 Kassel).
Familienkundliche Gesellschaft für Nassau und Frankfurt (Mosbacherstr. 55, 65187 Wiesbaden).

NIEDERSACHSEN:
Niedersächsischer Landesverein für Familienkunde (Am Bokemahle 14-16, 30171 Hannover).
Genealogisch-Heraldische Gesellschaft mit dem Sitz in Göttingen (Postfach 2062, 37010 Göttingen).
Ostfriesische Landschaft. Arbeitsgemeinschaft Familienkunde (Fischteichweg 16, 26603 Aurich).
Oldenburgische Gesellschaft für Familienkunde (Lerigauweg 14, 26131 Oldenburg).

NORDRHEIN-WESTFALEN und RHEINLAND-PFALZ:
Westdeutsche Gesellschaft für Familienkunde, Sitz Köln (Unter Gottes Gnaden 34, 50895 Köln. Zuständig für das gesamte Rheinland).
Westfälische Gesellschaft für Genealogie und Familienforschung (Westfälisches Archivamt, 48133 Münster).
Arbeitsgemeinschaft für Pfälzisch-Rheinische Familienkunde (Rottstr. 17, 67061 Ludwigshafen).

SAARLAND:
Bezirksgruppe Saarbrücken im Bahn-Sozialwerk (Tannenstr. 15, 71083 Herrenberg).

SCHLESWIG-HOLSTEIN:
Schleswig-Holsteinische Gesellschaft für Familienforschung und Wappenkunde (Postfach 3809, 24037 Kiel).

THÜRINGEN:
Arbeitsgemeinschaft Genealogie Thüringen (Martin-Andersen-Nexö-Str. 62, 99096 Erfurt).

Abkürzungen

AF Ancestral File
AGmFF Arbeitsgemeinschaft für mitteldeutsche Familienforschung
AGoFF Arbeitsgemeinschaft ostdeutscher Familienforscher
ALU Ahnenlistenumlauf
ASTAKA Ahnenstammkartei des deutschen Volkes
DFA Deutsches Familienarchiv
DGB Deutsches Geschlechterbuch
DWR Deutsche Wappenrolle
DZfG Deutsche Zentralstelle für Genealogie
FANA Familienkundliche Nachrichten
FOKO Forscherkontakte
GDW Genealogische Datenbank Westdeutschland
GHdA Genealogisches Handbuch des Adels
GMRV Granite Mountain Records Vault
GRD Genealogical Research Directory
HOK Heimatortskartei
LDS Latter Day Saints (Mormonen)
PAF Personal Ancestral File
PRF Pedigree Resource File
RHR Reichshofrat
RKG Reichskammergericht

Sachregister